*publication P*N°1
Bibliothek der Provinz

Mella Waldstein & Manfred Horvath

Die Donau

Stationen am Strom

Die Donau

1. Kapitel: DIE QUELLEN vom klaren Bach zum geschundenen Strom *Seite* 7

2. Kapitel: WANDERUNGEN AN DER DEUTSCHEN DONAU von Beuron nach Regensburg *Seite* 23

3. Kapitel: DIE LETZTEN ZILLENBAUER Porträt eines oberösterreichischen Handwerks *Seite* 41

4. Kapitel: WACHAU Gegend für Genießer *Seite* 53

5. Kapitel: EISBRECHEN mit dem Motorschiff Eisvogel *Seite* 67

6. Kapitel: DER FRIEDHOF DER NAMENLOSEN oder Wiener Wasserleichen *Seite* 73

7. Kapitel: DIE BURG THEBEN und die Donau als Grenze *Seite* 81

8. Kapitel: BUDAPESTS BRÜCKEN zwei Städte rücken zusammen *Seite* 93

9. Kapitel: PUSZTA & PAPRIKA Bilder aus der Tiefebene *Seite* 1o5

10. Kapitel: BEGEGNUNG MIT BELGRAD eine Reise im Winter *Seite* 117

11. Kapitel: AM EISERNEN TOR die vergessene Landschaft *Seite* 125

12. Kapitel: DIE ÜBRIGE WELT HIESS DORT EUROPA Ruse/Rustschuk/Pyce *Seite* 139

13. Kapitel: DAS DELTA ein Abschied *Seite* 151

Anhang: Glossar *Seite* 174

Donau-Kapitäne *Seite* 186

Franz Kain DIE DONAU *Seite* 188

Quellennachweis *Seite* 190

DIE QUELLEN
VOM KLAREN BACH ZUM GESCHUNDENEN STROM

Es schmeckt. Es schmeckt frisch und kühl und nach nichts, wie Wasser zu schmecken hat: das klare Quellwasser.

Die Quelle heilt keine Wunden, ist auch für keine Wunder bekannt. »Je größer und bedeutender ein Strom, desto lebendiger das Interesse an seiner Quelle. Nur ungern mag sich da mancher Quellensuchende mit der Tatsache abfinden, daß viele Ströme aus der Vereinigung mehrerer Quellflüsse hervorgehen. Bisweilen versucht man das Unbehagen an dieser Situation mit den Mitteln hydrographischer Statistik zu überspielen: Gefragt wird dann nach dem längsten oder wasserreichsten Quellast, dessen Ursprung man flugs zur Quelle des Hauptflusses erhebt.«

So steht es – ganz ernsthaft – in einem Informationsprospekt. Es geht um einen Disput zwischen den Geologen (die sich an Wassermengen und Wasserzusammensetzung orientieren) und den Orts- und Flurnamenforschern. Sie meinen, daß der Name wesentlich sei. Zu dieser Gruppe fühlt sich natürlich Donaueschingen hingezogen.

Diplomatischer ist da die Feststellung, daß die Donau aus drei Quellen entspringt und sich deswegen auch in drei Mündungsarme teilt.

Die Breg, der eigentliche Quellfluß der Donau, entspringt in einem Schwarzwaldtal oberhalb von Furtwangen. Auf einer feuchten Wiese sammeln sich blaue Wasserlacken. Das also ist der Beginn der Donau. Die Brigach entspringt in einem Bauerngehöft, dem Kulmhof, nahe der Ortschaft St. Georgen im Schwarzwald. »Donauquelle!« steht hier vermerkt mit einem Rufzeichen. In diesem Haus hat man in den Jahren 1898/99 im Gewölbe der Küche einen behauenen Sandstein gefunden. Einen Hirsch sieht man darauf und Köpfe. Man stellte den Stein vor das Haus auf die Quellfassung. Heute steht dieser Stein im Museum von St. Georgen. Es ist das kelto-römische Dreigötterrelief der Brigachquelle. Die Forschung ergab allerdings, daß dieser Stein keinen Bezug zur Brigachquelle hatte und von auswärts hergebracht wurde.

Wie dem auch sei, unterhalb von Donaueschingen vereinigen sich die Quellbäche und machen sich gemeinsam auf den Weg Richtung Osten. 2.888 Kilometer quer durch Europa.

Nun ist die Donau ein munterer Bach. Er gurgelt, sprudelt, plätschert. Aber gleich muß er sich durch Kalkstein bohren. In Immendingen vor dem Städtchen Tuttlingen versickert die Donau. Sie verschwindet in einem unterirdischen Karstsystem. Teile des Wassers werden von hier nie das Schwarze Meer erreichen. Weil sogenannte Schwalllöcher das Wasser abzapfen, das im Aachtopf wieder erscheint. Mit der Aach kommt das abtrünnige Wasser in den Bodensee. Der Krähenbach bei Möhringen bringt wieder Verstärkung für die junge Donau.

So idyllisch die Umgebung ist, die die ungestüme Donau jetzt durchfließt, so still und ein wenig vergessen ist sie. Wirtschaftlich ist das enge Tal soundso uninteressant, und der Fremdenverkehr ist hier, zwischen den Magneten Bodensee und Schwarzwald, noch keine Massenware.

Es ist ein beschaulicher Beginn eines Flüßchens, das bald zu einem eleganten Fluß und dann zu einem mächtigen Strom wachsen wird.

Die Donau erhält ihr Wasser von über hundert Zubringerflüssen und hat ein Einzugsgebiet von 805.000 Quadratkilometern. Ihr Grundwassersystem versorgt 76 Millionen Menschen und sie durchfließt zehn Städte, die über 100.000 Einwohner zählen.

Das ist die nüchterne Eingangsbilanz für einen Strom, der halb Europa durchquert. Vom Schwarzwald bis zur fränkischen Jura, von der Wachau bis zu den Auen östlich von Wien, von den Schüttinseln der Slowakei bis zur ungarischen Tiefebene, von der fruchtbaren Vojvodina bis zum Durchbruch am Eisernen Tor, von den sanften Hügeln der Dobruschda bis zum – in Europa einzigartigen – Delta am Schwarzen Meer: die landschaftliche und kulturelle Vielfalt macht die Donau zu einem der schönsten Ströme der Erde.

Die Donau passiert neun Länder, Deutschland, Österreich, die Slowakei, Ungarn, Kroatien und Serbien, Bulgarien, Rumänien und die Ukraine. Und damit beginnen die Probleme: unterschiedliche Gesetzgebungen im Umweltbereich und das starke West-Ost-Gefälle des Lebensstandards, die Trennung zwischen Ost- und Westeuropa bis 1989 und die damit verbundenen Schwierigkeiten der Zusammenarbeit seien als Beispiele angeführt.

Um diese Probleme aufzuzeigen, gibt es die IAD, die Internationale Arbeitsgemeinschaft Donauforschung, der seit 1956 verschiedenste Wissenschaftler angehören und die ein Büro in jedem Donau-Staat unterhält.

Es gibt die Naturschutzorganisation WWF-Auen-Institut, die sich in Österreich und Deutschland und zunehmend auch in den ehemaligen Ostblockstaaten für die Erhaltung der Auwälder einsetzt.

Es gibt die Bukarester Deklarationen aus dem Jahre 1985, die alle Donauländer unterzeichnet haben, und durch die sich die Staaten zum Schutz des Donauwassers gegen Verschmutzung verpflichtet haben. Und es gibt die Ramsar-Konvention zur Erhaltung der Feuchträume.

Es gibt zahlreiche lokale Bürgerinitiativen, die sich mit den spezifischen Problemen und Gefahren an ihrem Donauabschnitt auseinandersetzen. Das erfolgreichste Beispiel ist die Besetzung der Hainburger Au im Winter 1984/85.

Der französische Meeresbiologe Jacques Cousteau hat mit seinem Team die Donau in den Jahren 1991/92 erforscht. Es ist die erste gesamte Bestandsaufnahme der Donau. Da die Donau nicht nur aus ihrem Wasser allein besteht, hat das Team Sedimente, Grundwasserströme, Augebiete und Dämme untersucht. Cousteau ist mit einem Forschungsschiff donauabwärts gefahren. Für hundert verschiedene Parameter haben die Wissenschafter um Cousteau 100.000 Messungen durchgeführt.

Da die Donau in jedem Land, das sie durchfließt, auch ein wichtiger wirtschaftlicher Faktor ist, vor allem für die Gewinnung von Elektrizität und in geringerem Maße für Fischfang und die Schiffahrt, bringt die Stauhaltung die meisten Umwelt-Probleme mit sich.

Auf den ersten tausend Kilometern der Donau – also von Deutschland bis nach Ungarn – gibt es, wenn das Kraftwerk Wien-Freudenau fertiggestellt sein wird, 58 Kraftwerke und nur mehr drei nennenswerte freie Fließstrecken. Es steht also 58:3 gegen Donaufische und Auwälder. Die drei übriggebliebenen Fließstrecken sind der bayerische Abschnitt bei Deggendorf, die Wachau und die Aulandschaft östlich von Wien.

Nicht nur, daß sich das Bild der Donau geändert hat. Auch die Fauna, Flora, der Grundwasserspiegel und das Mikroklima werden durch die Stauhaltung beeinflußt und aus dem Gleichgewicht gebracht.

Das erste Beispiel ist Geisling bei Straubing in Bayern, wo nach der Errichtung der Staumauer im Jahre 1985/86 die Zuckmückenpopulation zu Plagegeistern anwuchs. Die veränderten Lebensbedingungen für Fische, Frösche und andere Insektenfresser veränderten das Gleichgewicht von Räuber und Beute. Die Räuber verschwanden. Die Zuckmücke vermehrte sich ungehindert. Die Zuckmücke sticht nicht, ist aber in ihrem Massenauftritt äußerst lästig. Obendrein hat sie die Hauswände mit ihrem Kot verdreckt. Als man nachwies, daß durch die Stauhaltung der Fischbestand zurückging und die Zuckmücke überhandnahm, mußte die Rhein-Main-Donau AG die Kosten der frisch gefärbelten Fassaden übernehmen. Um den Fischen wieder einen attraktiven Lebensraum zu geben, mußten Änderungen im Staubereich vorgenommen werden. Man rekonstruierte Flachwasserbereiche zu ökologischen Nischen. Die Zuckmückenpopulation ging zurück. Aber sie ist wiedergekommen. Auch unterhalb der Stauhaltung plagt sie nun die Anrainer. Man wird sich weiterhin um einen steigenden Fischbestand kümmern müssen.

Wenn die linearen Dämme wieder zurückgebaut werden, das heißt, wenn der Lauf des Flusses wieder annähernd sein ursprüngliches Gesicht bekommt, nennt man das Renaturierung. Die Dämme werden eingerissen, um die Böschungen zu bepflanzen, die Geradlinigkeit wird zu Mäandern umstrukturiert, das Wasser erhält Buhnen – Steinschüttungen, in deren Strömungsschatten Fische wieder Laichplätze finden. Durch die wiederhergestellte Beziehung zwischen Wasser und Ufer, durch den sanften Übergang vom Nassen ins Trockene, wird Krebsen, Amphibien und Libellen wieder Lebensraum geschaffen. Unterhalb von Sigmaringen im Blochinger Sandwinkel hat man einen ökologischen Umbau in Angriff genommen. Die Fließstrecke wurde von einem Kilometer auf 1,4 Kilometer verlängert. Die Kosten dafür betrugen rund 14 Millionen Schilling.

Es gibt aber auch kritische Stimmen, die im Umbau der Dämme nur das »grüne Mäntelchen« sehen und ein radikales Umdenken in der Energiewirtschaft fordern. Oder auch wie der Münchner Biologe Josef H. Reicholf, der den künstlich bepflanzten Böschungen nichts abgewinnen kann, außer einer weiteren Verbreitung von Monokulturen, die den Lebensraum von Eidechsen und Schlangen zerstören. Diese sonnen sich gerne am warmen Beton, finden in dessen Ritzen Lebensraum.

Die Begegnung der Donau mit Radioaktivität beginnt früh. In Bayern sind fünf kerntechnische Anlagen in Betrieb. Gundremmingen an der Donau mit zwei Blöcken und die Kernkraftwerke »Isar 1«, »Isar 2«, die ihre radioaktiven Abwässer über die Isar in die Donau einleiten. Die Isar dient auch dem Forschungsreaktor Garching als Vorfluter für seine radioaktiven Ableitungen. Zur Feststellung der Emissionen und Immissionen werden das Flußwasser, Schwebstoffe und Sedimente, Fische und Wasserpflanzen, Brunnen, Seen und Trinkwasseranlagen, Niederschläge und Böden jeweils oberhalb und unterhalb der Kraftwerke analysiert. Im Jahresbericht der Internationalen Arbeitsgemeinschaft Donauforschung aus dem Jahre 1993 wird berichtet, daß die gemessenen radioaktiven Isotope im wesentlichen ident sind mit denen der vergangenen Jahre. »Es ist außer den natürlichen (K-40, Be-7 und Ra-226) die Tschernobylnuklide Cs-134 (gering) und Cs-137, die vor allem in Sedimenten (weniger im Fischfleisch und in Wasserpflanzen) vorkamen, und Tritium, das in den Abwasserfahnen der Flüsse in der Nähe der genannten kerntechnischen Einrichtungen zu finden war, nachgewiesen worden.«

Im kernkraftwerksfreien Österreich sind Staudämme und eine rigorose Stromregulierung die großen Belastungen für die Ökologie der Donau. Von den 360 österreichischen Donaukilometern sind 280 in einer Staukette eingebunden. Um die Sicherung des Schiffahrtsweges zu gewährleisten, wurde 1773 die »Kaiserliche Navigationsdirektion« eingesetzt. Diese führte in der Folge zur großen Donauregulierung im Jahre 1869. Mit dem »Wiener Durchstich« wurde die hauptstädtische Donaufläche um 39 Prozent verringert, von 14,8 auf 9 Quadratkilometer. In anderen Streckenabschnitten der österreichischen Donau, im Tullner Feld und unterhalb von Wien zum Beispiel, war die Regulierung weniger drastisch. Man beließ den Hauptstrom in seiner Lage, dämmte die Nebenarme nur oberwasserseitig ab und baute die Hochwasserschutzdämme so weit vom Strom, daß der Großteil der Nebenwässer innerhalb des Überschwemmungsgebietes blieb. Der nächste Schub einschneidender Änderungen an der regulierten und in den Beckenlandschaften von Hochwasserschutzdämmen gesäumten Donau begann in den 50er Jahren. In einem Zeitraum von 30 Jahren wurden neun Laufkraftwerke errichtet. Als Beispiel seien die Stauräume Greifenstein und Altenwörth unterhalb von Tulln erwähnt. Die Blockwürfe dominieren das Uferbild. Die grauen Steinwürfel geben den Ufern auch optisch ein monotones Bild. Diese sind als Brutzonen für Fische völlig ungeeignet. Strukturverbesserungen wurden mit dem Einbau von Buhnenfeldern geschaffen, die der Stabilisierung der Schiffahrtsrinne dienen und auch den Fischen »Halt« im sonst so reißenden Fließwasser bieten. Denn nicht alle Donaufische mögen die Strömung. Es gibt Flußfische, die das stehende Wasser benötigen. Auch für rheophile (strömungsliebende) Fischarten führt das sich rasch bewegende Wasser zu einem »hydraulischen Streß«, weil sie ständig in Bewegung sein müssen. Außerdem ist im schnell fließenden Wasser zu wenig Nahrung, das Zooplankton.

Die Donau gehört zu den fischartenreichsten Flüssen Europas. Das bringt ihre geographische Lage mit sich. Fische des alpinen, des mitteleuropäischen und des ponto-kaspischen Raumes finden hier ihren Lebensraum. In Österreich überschneiden sich die Äschenregion und die Barbenregion, die zwei großen Gruppen der Fischfamilien. Sechzig heimische Fischarten wurden auf der oberen Donau beschrieben, davon sind aber folgende Arten ausgestorben oder derzeit nicht heimisch: Ukrainisches Bachneunauge, Hausen, Glattdick, Waxdick, Sternhausen, Hundsbarbe, Mairenke, Goldsteinbeißer, Regenbogenforelle, Bachsaibling, Renken, Giebel, Amur, Tolstolob, Aal, dreistacheliger Stichling und Sonnenbarsch. Bleiben also noch 43 Fischarten über. Neben den bekannten wie Zander, Wels, Karpfen, Hecht und Schleie gibt es die Exoten oder kleinen Fische wie das Moderlieschen, den kürzlich wiederentdeckten Hundsfisch, die marmorierte Grundel, die Kessler Grundel oder die Aalrutte.

Die Fischerei an der Donau wird im österreichischen Abschnitt praktisch nur mehr als Hobby ausgeübt und von Fischereivereinen verwaltet. Hauptsächlich wird mit der Angel gefischt, mit Netzen ist das Fischen während der Laichzeit in Niederösterreich zum Beispiel verboten.

In der Au östlich von Wien sind alle verbliebenen Fischarten noch anzutreffen. Diese Au, die nun ein Nationalpark ist, war jahrhundertelang ein wirtschaftlich wenig genütztes Überschwemmungsland. Die alljährlichen Überschwemmungen verhinderten auch die Besiedelung des Gebiets. Heute weiß man, daß Auen sehr wohl eine Bedeutung haben. Sie sind nicht nur eine romantische Landschaft, die schön anzuschauen ist und in der Vögel und Fische ihre Heimat finden. Augebiete sind das wichtigste Trinkwasserreservoir des Tieflandes. Die Feuchtgebiete sind Zufluchts- und Regenerationsraum der Tier- und Pflanzenwelt. Sie sind natürliche Rückhaltebecken für Hochwässer, die das überschüssige Wasser wie ein Schwamm aufsaugen können. Und in Trockenzeiten sind sie Wasserspeicher der Umgebung. Sie sind ein großräumiger Luftbefeuchter, der das Kleinklima der angrenzenden Agrarsteppen positiv beeinflußt. Nicht zuletzt sind Auen naturnahe Erholungsgebiete.

Da Auen durch Überschwemmung entstanden sind, haben sie ein flexibles Antlitz. Was heute unter Wasser steht, kann morgen ausgetrocknet sein. Die Wasserpegeldifferenzen sind die großen Atemzüge dieser Landschaft und kön-

nen in manchen Jahren sechs Meter betragen. Und durch den nahrhaften Schlamm, der nach den Überschwemmungen das Land bedeckt, wird die Au zu einem tropisch anmutenden Wald. Dieser Urwald macht es Menschen schwer, ihn zu betreten. Wie Mauern schieben sich die Gewächse ineinander. Da verknotet sich wilder Hopfen mit der Waldrebe zu einem undurchdringlichen Netz und Ranken halten den Besucher zurück. Der modrige Boden läßt einen den Halt unter den Füßen verlieren.

Nicht nur die Flora hat sich dem Wechsel von Trocken und Naß angepaßt. Auch die Fauna. Da gibt es Tiere, die Eier legen, die über viele Jahre die Trockenheit überdauern. Die Tiere schlüpfen dann bei den ersten Spuren von Wasser. Auf einmal wimmelt die Lacke voller Leben. Ein Beispiel ist der Kiefernflußkrebs, der sogar in wassergefüllten Tierspuren auftauchen kann. Daher erzählte man früher den Kindern, der Krebs würde mit den Regentropfen vom Himmel fallen.

In den oberen Etagen der Au sind die Vögel zu Hause. Für 109 Brutvogelarten wären in einer durchschnittlichen europäischen Landschaft 800 Quadratkilometer nötig, in den Donau-Auen ist diese Dichte schon auf 80 Quadratkilometern möglich. Der als ausgestorben registrierte Seeadler machte in den letzten Jahren wieder Brutversuche in der Au. Auf der roten Liste stehen Biber, Schwarzmilan, Wiedehopf, Sumpfschilfkröte und Teichmolch – um nur einige aufzuzählen –, sie haben in der Au ihr Überlebensgebiet gefunden.

Geschätzte 5.000 Tierarten werden in der Au vermutet. Artenvielfalt braucht auch eine Biotopvielfalt. Da gibt es den offenen Strom, Kies- und Sandbänke, Stillwasser. Oder Pionierstandorte, das ist Land, welches eben erst aus dem Wasser geboren wurde und nun besiedelt wird. Es gibt Uferabbrüche, Spülsäume, Feuchtwiesen, Verlandungsgesellschaften und Heißländen. Heißländen nennt man jene Stellen in der Au, die sehr trocken sind und keinen Grundwasseranschluß haben; sie gleichen einer Steppe und werden auch vom Hochwasser fast nie erreicht. Dann gibt es Neben- und Altarme.

Die Altarme der Auen sind die Zeugen der alten Stromlandschaft, so wie sie vor dem Eingriff der Menschen bestand. Bevor die Ströme reguliert waren, verzweigten sie sich im Tiefland, fanden bei Überschwemmungen immer wieder neue Flußbette und riegelten alte mit Schotter wieder ab. Daraus wurden die Altarme.

Das Ausystem östlich von Wien ist eines der letzten großen Augebiete Europas. Bekannt wurde die Hainburger Au im Winter 1984/85, als Tausende engagierte Menschen die Au »besetzten«, um sie vor den Motorsägen der Donau-Kraftwerksbetreiber zu schützen.

Das Kraftwerk würde das Landschaftsbild zerstören und das Trinkwasserbecken gefährden. Elektrischen Strom könne man nicht trinken. Das Überschwemmungsgebiet würde aufhören zu existieren und damit auch die Lebensgrundlage dieser reichen Tier- und Pflanzenwelt. Durch die Dämme wäre die Au von der Donau abgetrennt, ein unterirdischer Grundwassersumpf würde an den dichten Wänden der Stauwanne entstehen. Die Sauerstoffwerte des Grundwassers würden in der Nähe des Dammes gegen Null sinken. Das Uferfiltrat würde seine Funktion verlieren. All das kann man beim Kraftwerk Gabčikovo in der Slowakei genau studieren.

Seit 1978 beschäftigen sich österreichische Gremien mit der Frage, ob die Donau-Auen nationalparkwürdig seien. 1978 beginnt die Planungsgemeinschaft Ost mit ihren Untersuchungen. Ihr Ergebnis ist, daß die Donau-March-Thaya-Auen eine der letzten ursprünglichen Landschaften Europas sind und daher nationalparkwürdig. 1984 wird entgegen den Bestimmungen des niederösterreichischen Naturschutzgesetzes und der »Ramsar Konvention zum Schutz der Feuchtgebiete« das Kraftwerk Hainburg genehmigt.

Nachdem sich Österreich in einer Volksabstimmung gegen das Atomkraftwerk Zwentendorf ausgesprochen hat, wird in der Hainburger Au zum zweiten Mal grüner Widerstand geleistet. Die Au wird friedlich besetzt. Die Regierung beschließt eine Denkpause. Wieder wird eine Kommission gegründet, die sich wiederum klar für den Schutz der Auwälder ausspricht.

Trotzdem wird der Wille zum Schutz der Au abermals verraten. Auschützer Professor Dr. Bernd Lötsch schreibt: »Als wir erfuhren, daß die Donaukraft AG im Begriffe sei, große Teile der Donau-Auen am Südufer zwischen Haslau und Wildungsmauer durch einen Spekulationskauf in ihren Besitz zu bringen, gelang es innerhalb weniger Wochen mit Hilfe großzügiger Besicherer, einen Gesamtbetrag von 76 Millionen Schilling aufzustellen, in die Verhandlungen einzutreten und die Süduferauen zwischen Fischafluß und Bad Deutsch Altenburg samt Fischerei und anderen Besitzrechten unter die Kontrolle der Nationalparkplanung Donau-Auen und des WWF zu bringen.«

Mit der Aktion »Natur freikaufen« wurde die Bevölkerung abermals aktiv. Das Geld für den 411 Hektar großen Au-Grund wurde mit dieser Au-Patenschaft aufgebracht. Wieder beteiligten sich viele engagierte Umweltschützer. 120.000 Spender und Spenderinnen brachten das erforderliche Geld auf. 1996 findet die feierliche Eröffnung des Nationalparks statt.

Jeder Staudamm, der unterhalb von Industrieanlagen steht, die verdreckte Abwässer in die Donau leiten, ist Auffanglager für potentielle Chemiebomben. Eine solche Situation ist bereits am Staudamm Eisernes Tor eingetreten. Und die Bombe kann auch jederzeit in Gabčikovo zu ticken beginnen.

Das Gebiet um Gabčikovo umfaßt Auen von 6.000 Hektar auf der ungarischen und 23.000 Hektar auf der slowakischen Seite. Das Gebiet ist besonders interessant, weil es vor drei Millionen Jahren das Delta der Donau war. Durch das Elektrizitätswerk Gabčikovo wird das Augebiet zerstört. Wer Gabčikovo jemals aus der Luft zu sehen bekam, sieht eine riesige Wunde im Gesicht der Erde.

Abseits des natürlichen Betts der Donau hat man das künstliche errichtet. Nicht nur, daß dem angrenzenden Ungarn plötzlich die Donau abhanden kam. Auch das Ökosystem hat man restlos zerstört.

Energie- und Schiffahrtsstudien zeigen, sagt das Team Cousteau, daß Gabčikovo keinen ökonomischen Vorteil erbringt. Die Elektrizität, die hier erzeugt wird, steht in keinem Zusammenhang mit den tatsächlichen Anforderungen für die Zukunft und ist in jedem Fall zu gering. Der Damm wird auch nicht der Schiffahrt gerecht, ausgenommen in einem einzigen Sektor. Cousteau meint, daß der Plan von Gabčikovo unter »demokratischen« Umständen das Reißbrett nie verlassen hätte.

Seine Forderungen: 95 Prozent des Wassers müssen wieder in das alte Bett der Donau geleitet werden. »Denn die Donau ist kein Labor, in dem man Experimente machen kann«, so Jacques Cousteau.

In einer Studie der slowakischen Wissenschaftler für die Internationale Arbeitsgemeinschaft Donau liest man: »Es wurden erste Erkenntnisse über den Einfluß der Richtungsverschiebung der Donau in den lateralen Kanal nach der Inbetriebsetzung des Wasserkraftwerkes Gabčikovo gewonnen. Infolge der Herabsetzung des Wasserspiegels im alten Flußbett und der Verminderung der Stromgeschwindigkeit begann sich der ursprünglich kiesige Boden im Donauabschnitt zwischen Gabčikovo und Palkovicovo mit sandigem Schlammsediment zu bedecken. Aus diesem Donauabschnitt verschwanden beinahe die Fische. Das Wehr in Cunovo und die Talsperre in Gabčikovo bilden eine unüberwindbare Barriere bei der Migration der Fische aus den unteren Donauabschnitten.«

Gabčikovo hat eine Wunde geschlagen, aber noch gibt es große Augebiete, die unbedingt zu erhalten sind.

In der ungarischen Region Gemenc bedeckt das Augebiet ungefähr 47.000 Hektar, 18.000 Hektar davon sind unter Naturschutz.

Kopacki Rit umfaßt 50.000 Hektar und liegt zwischen der Drau und der Donau. Dieses Gebiet ist zwischen Kroatien und Serbien aufgeteilt. Momentan kann über den ökologischen Zustand der Auwälder kein Bericht abgegeben werden, die Kriegssituation machte Forschungen des Teams Cousteau unmöglich.

Das bulgarische Sebrarna-Gebiet ist ein Überschwemmungsgebiet mit 600 Hektar.

Die Augebiete von Crapina, Brates und Brăila in Rumänien sind teilweise eingedämmt. Das hat sich negativ auf den Fischfang im nahen Delta ausgewirkt.

Ein Teil der Studie des Teams Cousteau befaßt sich mit der Radioaktivität im Strom und seiner unmittelbaren Umgebung. Untersucht wurden künstliche und natürliche Radioaktivität. Die Untersuchungen umfaßten 2.200 Kilometer Stromlauf und neun Kernkraftwerke und Industriezonen. Zusammenfassend schreibt Cousteau: »Die Donau und ihr Einflußgebiet sind in ihrer Gesamtheit frei von radioaktiver Strahlung. Die einzige Radioaktivität, die beobachtet wurde, basiert auf dem Tschernobyl-Unfall aus dem Jahre 1986. Sie ist aber relativ gering und nimmt systematisch von Budapest zum Schwarzen Meer ab.«

Aber weiters wurde in der bulgarischen Industriestadt Ruse und der gegenüberliegenden rumänischen Stadt Giurgiu Radon 226 gemessen, das bei der Verbrennung in Kohlekraftwerken entsteht. Besonderes Augenmerk wurde auf zwei Kernkraftwerke gelegt: In Paks in Ungarn ist das Flußsystem unverschmutzt. Im bulgarischen Kraftwerk Kozludej aber wurde radioaktive Kontamination gemessen. 1978 hatte ein Wassersystem des Kraftwerkes ein Leck, welches bis jetzt nicht restlos behoben ist. Nach neuesten Studien gehört Kozludej zu den gefährlichsten AKWs Europas. Industrielle Radioaktivität wurde auch in der Schiffswerft von Galați in Rumänien festgestellt. Weiters

hat man in Rumänien eine bisher unentdeckte kontaminierte Zone gefunden.

Im Baustopp ist das Kernkraftwerk Belyane auf einer Donau-Insel in Bulgarien, nahe der Industriestadt Ruse. Das halbfertige Kraftwerk soll seit 1989 zu einem Gaskraftwerk umgerüstet werden, im Moment fehlen dazu allerdings die finanziellen Mittel. Dieses Kraftwerksprojekt ist auch ein Streitpunkt zwischen den beiden Donauanrainerstaaten Rumänien und Bulgarien. Noch unter Ceaușescus Zeiten gab es deswegen bilaterale Krisen. Die Ruse gegenüberliegende rumänische Stadt Giurgi produzierte durch chemische Industrie so viel Emissionen, daß sich die Luft über Ruse in einen giftigen Nebel verwandelte. All diese schädlichen Stoffe wie Schwefeloxide, Stickoxide und Aerosole registrierte man im städtischen Krankenhaus unter dem Sammelbegriff »Ruse-Lunge«. In den Jahren 1980 bis 1981 sollen sich, laut bulgarischen Angaben, Lungenerkrankungen verdoppelt haben: von 76.512 auf 132.758 Fälle. 1987 kam es in Bulgarien, noch unter dem Regime von Todor Schiwkoff, zu einer Demonstration besorgter Umweltschützer. Erst 1988 gab Rumänien offiziell zu, daß in Giurgiu flüssiges Chlor hergestellt wird. Rumänien wollte von seiner chemischen Misere ablenken, indem es heftig gegen das grenznahe Kernkraftwerksprojekt protestierte. (Rumänien hatte damals kein Atomkraftwerk.) 1991 fand auf der Donau-Brücke zwischen Giurgiu und Ruse ein Rockkonzert statt. Es wurde nur auf der bulgarischen Seite veranstaltet, die rumänische Regierung hatte diese Veranstaltung auf ihrer Seite verboten. Das Rockkonzert war ein kräftiges Lebenszeichen der Bevölkerung gegen die Verschmutzung ihrer Umwelt.

Heute ist der chlorproduzierende industrielle Komplex geschlossen, ebenso wie das Kraftwerk Belyane momentan ruht.

Die Studie Cousteaus stellt fest: In der Gesamtheit ist die Donau nicht chronisch verschmutzt. 10.000 Messungen führten die Wissenschaftler durch, als sie Pestizide, PCB, Verbrennungsrückstände, Öl und industrielle Abwässer untersuchten. Wohl gibt es ›hot spots‹, aber mit Ausnahme des Insektizids Lindane ist der Strom weniger mit chlorierten Kohlenwasserstoffen und PCB verpestet als andere westliche Flüsse. Allerdings steigen von der oberen Donau zur unteren die Pestizidwerte um das Fünfzigfache. Öl und Ölrückstände gibt es in den ›hot spots‹, den Industrie- und Großstädten, sie sind aber generell niedriger als in anderen verschmutzten Flüssen. Der Schwermetallanteil der Donau-Sedimente ist sehr hoch. In manchen kontaminierten Stellen ist der Quecksilberanteil zum Beispiel um das Siebenfache höher als der festgelegte Höchstwert, welcher bei der Verkappung von Abfällen in der Nordsee erlaubt ist. Auch der Bleigehalt steigt in den kontaminierten Stellen der Donau ums Vierfache gegenüber dem des Nordsee-Limits. Am Rhein ist der Bleigehalt nur der doppelte, in der Loire – zum Vergleich – bleibt er unter dem Limit von 100 Mikrogramm (ein Millionstel Gramm) pro Gramm.

Die gemessene chemische Gruppe Coprosterol, die in Fäkalien vorkommt, ist streckenweise beängstigend hoch. Die Coprosterolwerte übersteigen die der Rhone in Frankreich um das Doppelte.

Bei der Gesamtabschätzung der Verschmutzung reagieren die Naßzonen besonders sensibel. Ein Viertel dieser Naßzonen sind stark verschmutzt. Das sind die Auen und die Überschwemmungsgebiete. Gemessen wurden dabei Nitrate, Phosphate und organische Verschmutzung. Als stark verschmutzt schätzt das Team von Cousteau das Gebiet um Bratislava ein und den ungarischen Fluß Tisza, der in die Donau mündet. Das wirkt sich auf das umliegende Trinkwasser aus, das aus dem Grundwasser gewonnen wird.

Keine verläßlichen Werte sind zur Zeit aus Ex-Jugoslawien zu bekommen. Die Belgrader sagen – und das gehört zu ihrem Sarkasmus –, daß ihnen die Donau seit dem Krieg viel sauberer vorkommt. Stehen doch viele Fabriken wegen des internationalen Embargos still.

Landschaftlich einmalig in Europa ist das Donaudelta. Der Strom verästelt sich in tausende Kanäle und schafft eine schwer zugängliche Landschaft. Im Delta wohnen 15.600 Menschen, verstreut auf 28 Ortschaften. Das Delta hat 18 Naturschutzgebiete und bietet Pflanzen und Tieren einen großen Lebensraum. Er ist lebensnotwendig für die Zugvögel aus Nordeuropa, die während ihres Fluges nach Afrika hier Station machen. Aus Afrika kommen wiederum Vögel ins Delta, um im Sommer zu brüten. Zum Beispiel die Rosa-Pelikane. Allerdings hat man nur mehr 800 Brutpaare gezählt.

Europas größtes Feuchtgebiet sollte unter Ceaușescu für industrielle Landwirtschaft, Schilfbau und Fischzucht erschlossen werden. Bald nach der politischen Wende, 1990, zählte man mehr als 100.000 Hektar eingedeichte Flächen, also zirka ein Sechstel der Gesamtfläche. Das Delta bedeckt

591.200 Hektar. Von diesen 100.000 Hektar waren über die Hälfte für die Landwirtschaft bestimmt, 44 Prozent für die Fischzucht und knapp fünf Prozent für die Forstwirtschaft. Weitere Kanäle und Wasserregulierungen hätten für die erforderliche Infrastruktur gebaut werden müssen. Für das Delta kam der Zusammenbruch der rumänischen Planwirtschaft gerade noch rechtzeitig. Große Fischfarmen, wie die in Popina mit 8.000 Hektar und die in Dranov (5.000 Hektar), mußten aufgegeben werden. Sie erwirtschafteten nur rote Zahlen. Die industriell geführten Fischzuchten liegen in eingedeichten Gebieten, die ›Fischpolder‹ genannt werden. Innerhalb der Deiche bilden sich riesige Seen. Solche Polder bedecken acht Prozent des Deltas, also 36.000 Hektar. Viele Wasserflächen sind salzig geworden.

Die Schilfausbeute erlangte schon 1963 ihren traurigen Höhepunkt. Man erntete jährlich 226.000 Tonnen.

Auch die Schiffahrt ist ein alltäglicher Gefahrenfaktor für das Ökosystem des Deltas. 1989 befuhren 2.327 Schiffe den mittleren der drei Hauptkanäle, den Sulina-Arm. Die Schiffe transportierten insgesamt 5,2 Millionen Tonnen Frachtgut. Der größte Hafen im Donaudelta, Galaţi, schlägt jährlich 15,2 Millionen Tonnen Fracht um. Wenn im Jahre 1991 das russische Schiff Rostock, das im Sulina-Arm ein schweres Leck hatte, Öl geladen gehabt hätte, wäre es zu einer ökologischen Katastrophe gekommen.

Als erstes nahm der WWF Kontakt mit den lokalen Umweltschutzgruppen auf. Der WWF arbeitet nun mit ›Pro Delta‹ in Tulcea, Rumänien, und ›Ecocenter Delta‹ in Vilcovo, Ukraine, zusammen. Das erste Renaturierungsprojekt wurde bereits durchgeführt.

Der WWF berichtet: »Von den für die Renaturierung vorgesehenen Gebieten wurden die eingepolderten Inseln Babina und Cernovca als Pilotprojekt für die erste Arbeitsphase ausgewählt. Sie bilden eine Dreiergruppe, zu der auch noch die ukrainische Ermakov-Insel gehört. Auch für diese wurden ökologische Verbesserungsmaßnahmen ins Auge gefaßt.

Im Frühjahr 1994 war es dann so weit, daß die Bagger anrollen konnten. Der zur Trockenlegung angelegte über 20 Kilometer lange Ringdeich wurde an vier Stellen geöffnet und so das Gebiet wieder an das Überflutungsregime der Donau angeschlossen.

Die ersten Auswirkungen waren sensationell: Anfang Mai wurden große Fischschwärme beobachtet, die zum Ablaichen in das Gebiet zurückkehrten. Schwärme von Wasser- und Sumpfvögeln nutzten die Insel als Rast- und Brutstätte. Auch die gebietstypischen Röhrichte konnten sich dank Zufuhr von frischem, fließendem Wasser erholen. Auf den Rohbodenflächen konnte sich im Randbereich der Insel auch die Silberweide großflächig verjüngen. Die Renaturierung des ehemaligen Feuchtgebietes war also voll im Gange.«

Mit diesem Beispiel zeigt die Natur, und besonders die Donau, ihre Regenerationsfähigkeit, ihre Kraft und ihre Geduld. Wir müssen ihr nur mehr Chancen geben.

Seite 9 Die Brigachquelle
Seite 12 Die Brigach
Seite 16 An der Breg
Seite 17 Entsteinen der Wiese entlang der Brigach
Seite 18 »Brigach und Breg bringen die Donau zuweg«
Seite 22 Die erste Donauinsel

WANDERUNGEN AN DER DEUTSCHEN DONAU
VON BEURON NACH REGENSBURG

Die Dame im Reisebüro stapelt Berge von Prospekten auf den Tisch: Ferien am Fluß, Die junge Donau, Ulm: Freizeitspaß für jung und alt, Tour de Baroque, Kanu-Touren auf Iller und Donau.
Vor allem empfiehlt sie Radtouren. Touren von Donaueschingen nach Ulm oder von Sigmaringen nach Passau oder gleich bis hinunter nach Budapest. Abholung und Rückführung der gemieteten Räder inbegriffen, Angebote aller radlerfreundlichen Nächtigungsbetriebe, Radwerkstätten undsoweiter.
Die zeitgemäße Fortbewegungsart entlang der deutschen Donau ist zweifelsohne das Radfahren. Vor den Auslagenscheiben des Tuttlinger Reisebüros strampeln sie vorbei, die Donauradler, auf bunten Rädern und in bunten Gewändern, nein Dressen, mit bunten Satteltaschen und bunten Sonnenbrillen auf den Nasen. Wenn die ersten warmen Sonnenstrahlen die blassen Wadeln zu kitzeln beginnen, strömen sie donauabwärts durch das Felstal bei Beuron, über das Hügelland nach Ulm, entlang den barocken Fassaden der Klöster und Schlösser an der Donau.
Wie einen unsichtbaren Ball schupfen die Felswände des Beuroner Tals Motorradgedröhne hin und wieder zurück. Großformatige Plakate beschwören die 4.000 Auto- und Motorradfahrer, die an stark besuchten Wochenenden gezählt wurden, auf die Bahn umzusteigen. Oder in ein Kanu und auf das Rad.
Aber man hört auch das Summen der Bienenvölker zwischen den Obstbäumen des Klostergartens Beuron. Unterhalb des Klosters glitzert die Donau wie bewegtes Glas.
Lao-tse fragt einen sterbenden Weisen namens Chang Yung, ob er ihm noch Unterweisungen geben könne. Chang öffnet seinen Mund und fragt: »Ist da meine Zunge?« Lao-tse bejaht. »Und sind da meine Zähne?« Laotse verneint. »Weißt du, was das bedeutet? Bedeutet es nicht, daß die Starken verschwinden und die Schwachen und Biegsamen bleiben?« – So muß die Landschaft hier entstanden sein. Die starken Steine verschwanden und die biegsamen Wasser blieben. Sie blieben und formten das Felstal und warteten auf die Menschen, damit sie es besiedeln.
Und sie kamen früh, wie Funde aus der Alt- und Jungsteinzeit beweisen. Das enge Durchbruchstal der jungen Donau durch die Schwäbische Alb hat sich halbkreisförmig erweitert. Sie siedelten auf den Terrassen, die vom Talkessel ansteigen, und an denen liegt heute die mächtige Benediktinerabtei. Die Gründung des Klosters geht auf das frühe 11. Jahrhundert zurück. Von St. Gallen kamen die Augustiner-Chorherren und bauten im Jahre 1077 das Kloster Beuron. Bis zum Dreißigjährigen Krieg sorgten die Herren von Beuron für eine wirtschaftliche und kulturelle Blüte. Nach den Kriegswirren erholte sich das Leben im Kloster schnell und es wurde zur Abtei erhoben. Während der napoleonischen Kriege am Anfang des 19. Jahrhunderts wurde die Abtei aufgelassen, säkularisiert und ging in den Besitz der Fürsten von Hohenzollern über. Der Abt von Beuron und die 15 Chorherren wurden mit einem fürstlichen Dekret pensioniert: Der Abt mit 2.500 Gulden jährlich und zwei Pferderationen und die Pater mit 500 Gulden.
Sie hinterließen eine Bibliothek mit über 20.000 Bänden. »Nach der Aufhebung des Klosters stund die Bibliothek für jedermann offen... Gemeine Leute nahmen nun, was ihnen unter die Hände kam, und Gelehrte das Bessere und Beste«, liest man in den Stift-Annalen.
Mit den neu einziehenden Benediktinern im Jahre 1862 kam auch eine neue Zeit für Beuron. Das beweisen im besonderen die Werke der ›Beuroner Kunstschule‹, eine eigenständige und frühe Form des Jugendstils. Zwei deutsche Maler in Rom, Peter Lenz und Jakob Würger, hegten die Idee eines Künstlerklosters. Verwirklichen konnten sie diesen Wunsch in Beuron. Sie traten in das Kloster ein, und ihre Arbeiten im Präfektorium und die Gestaltung der Mauruskapelle sind eine radikale Absage an den Historismus und den Naturalismus. Eine Ausstellung in der Wiener Sezession im Jahre 1905 machte die Arbeiten von Lenz und Würger erst einer breiteren Öffentlichkeit bekannt. Der Journalist Ludwig Hevesi bezeichnete sie als die ersten Sezessionisten, »und würde man nicht die Datierung seiner (Lenz, Anm.) Zeichnungen wissen, glaubte man, einen Schüler Otto Wagners vor sich zu haben.« In Beuron ist der Jugendstil der Mauruskapelle ein anregender Gegensatz zur Lieblichkeit der Landschaft.
Von Beuron steigt die Straße an, verläuft in Serpentinen zur Ruine Wildenstein. Sie ist heute eine Jugendherberge in luftiger Höhe. Für den Radfahrer wäre jetzt ein Mountainbike von Nutzen. Die wenigen, die oben verschwitzt, keuchend und zitternden Knies ankommen, entschädigt eine Aussicht über die Schwäbische Alb und hinüber zum Fürstenbergischen Schloß Werenwang für die steile Bergstrecke.

Die zweite Etappe führt nach Sigmaringen. Auf den Wanderwegen, die einmal links- und dann wieder rechtsufrig die Donau begleiten, springen Wanderer ab und zu verschreckt in die Büsche. Dann ist soeben wieder eine Rad-Kolonne vorbeigezogen oder ein einsamer Flitzer um die Kurve gebraust. Noch ist das gemeinsame Leben der Fußgänger und Radfahrer nicht konfliktfrei.

Über Sigmaringen ist der Himmel in Aufruhr. Die blauschwarzen Gewitterwolken geben einen passenden Rahmen zu dem im Historismus umgebauten Schloß inmitten des Städtchens.

Die Donau brachte den Fürsten von Hohenzollern-Sigmaringen nicht immer Glück. Karl verließ Sigmaringen im vorigen Jahrhundert, um als König Carol I. von Rumänien von dort verjagt zu werden. Verjagt wurden die Hohenzollern auch, um der Vichy-Exilregierung Platz zu machen. Einen Tag gab ihnen die Gauleitung Zeit, um zu packen. Der Familie Fürstenberg wurde ein Schloß der Stauffenberger zugewiesen, die ihrerseits vertrieben wurden, nach dem mißglückten Attentat auf Hitler. Doch zwei Jahre zuvor wurde noch eine große Hochzeit, prunkvoll mitten im Zweiten Weltkrieg, gefeiert. Die russische Prinzessin Marie »Missie« Wassiltschikow war geladen, und in ihren Tagebuchaufzeichnungen steht zu lesen:

»Wir gingen zum Schloß hinauf, das inmitten der kleinen Stadt auf einem Felsen liegt und nur aus Dächern, Giebeln und Türmchen besteht, wie die Lebkuchenburg in deutschen Märchen.

Die ganze Prozession – zuerst die Gäste, dann die Brautleute und unmittelbare Familienangehörige – bewegte sich langsam und feierlich aus dem Schloß, über die vielen Innenhöfe, eine breite Freitreppe hinunter, durch die Stadt in die Kirche. Die ganze Gegend schien sich am Weg aufgestellt zu haben; dazu kamen einige Dutzend Fotografen und Kameraleute der Wochenschau. Die Zeremonie dauerte fast zwei Stunden; der zelebrierende Bischof hielt eine endlose Rede, die fast ausschließlich die christlichen Tugenden früherer Generationen der beiden Familien zum Thema hatte. Dann wurde ein Telegramm von Papst Pius XII. verlesen; es folgte ein wundervolles Hochamt…

Das Mittagessen, ein richtiges Bankett, wurde im portugiesischen Zimmer serviert – so genannt wegen der prachtvollen Wandteppiche. Das Essen war vorzüglich, es begann mit Krabbencocktail und mit Kaviar gefüllten Pastetchen, die Weine waren der reine Nektar.«

Auch Marie Wassiltschikow gehörte dem engeren Kreis um Graf Stauffenberg an und verlor bei den gnadenlosen Hinrichtungen viele ihrer Freunde.

Es liegt etwas Düsteres über dem Schloß, nicht nur die Gewitterwolken. Vielleicht empfand das auch der französische Dichter Louis-Ferdinand Céline, der hier einquartiert war, gemeinsam mit Marschall Pétain der Vichy-Regierung und anderen Kollaborateuren Frankreichs, um hier das Kriegsende zu erleben. Céline, der absolute Nihilist, der in seinem Roman »Reise ans Ende der Nacht« die Grausamkeit des Ersten Weltkrieges beschwor, den Wahnsinn, das Blut, die Fratzen des Todes, die nackte Angst und die nackten Knochen, sah die Herankunft der Barbaren sehr genau. Sie kamen – und Céline folgte ihnen.

Von Céline erzählt die Führerin beim Schloßrundgang nichts, sie zeigt endlose Salonfluchten, die Trophäen, die der König von Rumänien erlegte: einen Karpatenbären, einen kapitalen Hirsch aus Giurgiu, Auerhähne. Und sie führt in das Zimmer, in dem das Ehepaar Pétain schlief. Das Bett Pétains ist leer.

Die Gästebetten Sigmaringens sind ausgebucht. Gleich müden Pferden lehnen sich die Räder in die Fahrradständer. Nicht einmal ein kleines Beselkämmerle sei zu haben, schwabelt eine liebe Hausfrau und Zimmervermieterin in die enttäuschten Gesichter der Zuspätgekommenen. Da nützt kein Mitleid heischender Blick, den kennen sie wohl schon, die Bewohner an den Durchzugsrouten der Radfahrer. Auch in den umliegenden Ortschaften ist man zufrieden mit der Saison. Alles belegt, bis zur letzten Luftmatratze, heißt es auch hier.

Ein deutscher Reiseschriftsteller aus dem vorigen Jahrhundert, Eduard Duller, hat in seinem Werk »Die malerischen und romantischen Donauländer« den Rhein mit der Donau verglichen. Zwischen den Zeilen verbirgt er nicht, daß ihm der Rhein besser gefällt. »Anmutig« sei der Rhein, »deutscher« obendrein und »ungleich wilder« die Donau. Eine unzulässige Gegenüberstellung und obendrein in der wohlgeformten Landschaft zwischen Sigmaringen und Ulm ziemlich unzutreffend.

Das nächste Ziel ist Blaubeuren, östlich von Ulm und gar nicht an der Donau gelegen. Allerdings floß sie hier, vor Urzeiten, einmal vorbei, bevor sie sich für das heutige Flußbett entschied. Im Kessel des Urdonautals liegt das ehemalige Benediktinerkloster Blaubeuren. Raufereien und Totschlag soll es unter den Mönchen gegeben haben, bis

die Grafen Württemberg auf das Recht der Abtwahl bestanden und das Kloster somit zu einem friedlichen Zentrum werden ließen. Das war im 15. Jahrhundert. Und seit dem 16. Jahrhundert bis heute ist das ehemalige Kloster Ausbildungsstätte für evangelische Theologen.

Die geologische Attraktion von Blaubeuren ist der Blautopf, ein Quelltrichter im Karst der Schwäbischen Alb und von einer leuchtend blauen Farbe. An diesem Tage will sich das gerühmte Blau nicht zeigen. »Das kommt davon, weil es geregnet hat«, erklärt der Führer, »da werden die Schlammpartikelchen aufgewirbelt.« So gleicht die Farbgebung heute eben mehr der eines Suppentopfes. Im Inneren des Quelltrichters geht es weiter zu Karsthöhlen mit lustigen Namen wie »Lift«, »Düse«, »Kartoffeldüse«, »U-Bahn« und poetischen Namen wie »Wolkenhalle«, »Tintenfaß«, »Donauhalle« und »Mörike-Dom«. Eduard Mörike schreibt in seinem Märchen Hutzelmännlein: »Der Blautopf ist der große und runde Kessel eines wundersamen Quells bei einer jähen Felswand gleich hinter dem Kloster. Gen Morgen sendet er ein Flüßchen aus, die Blau, welche der Donau zufällt. Dieser Teich ist einwärts wie ein tiefer Trichter, sein Wasser ist von Farbe ganz blau, sehr herrlich, mit Worten nicht wohl zu beschreiben; wenn man es aber schöpft, sieht es ganz hell in dem Gefäß. Zuunterst auf dem Grund saß ehmals eine Wasserfrau mit langen fließenden Haaren.« Die Wassernixe war die Frau eines Wasserkönigs und hatte ihm nur tote Kinder geboren. So bestrafte er sie, indem er ihr das Lachen nahm, und verbannte sie in den Blautopf. Der Kontakt zu allerhand lustigen Menschen aus Blaubeuren brachte ihr das Lachen wieder zurück und sie kehrte heim ins Schwarze Meer.

»Die Urdonau«, erklärt der Führer die Geologie weiter, »floß aus dem Schweizer Raum bei uns vorbei und führte das Wasser des später von der Donau abgetrennten Rheins mit sich. Das war vor über zwei Millionen Jahren. Die Quelle der Urdonau befand sich am St. Gotthard. Es gab aber schon eine Nebenquelle im Schwarzwaldgebiet. Durch Erosion und tektonische Verschiebungen trennte sich der Rhein vor etwa 500.000 Jahren ab, die Schwarzwald-Quellen wurden die Hauptquellen der neuen Donau.«

Doch das konnte der Reiseschriftsteller Eduard Duller im Jahre 1840 noch nicht wissen.

In Ulm kommt das Donaugefühl zurück. Man ahnt schon seine Größe, seine Stärke. In Ulm wird die Donau erwachsen. Sie wird schiffbar. Am linken Ufer liegt Ulm, noch schwäbisch und gegenüber, bereits bayerisch, Neu-Ulm. Manche behaupten, daß ein Ulmer mit einem Neu-Ulmer wenig Gemeinsames habe, aber der Besucher der Doppelstadt kann das nicht erkennen. Beide Ufer nehmen die Gäste freundlich auf, die schattigen Promenaden am Glacis, die einladenden Gastgärten, der Blick zum Ulmer Münster mit dem höchsten Kirchturm der Welt.

Müden Radlerbeinen könnte der Reiseführer einen Rundgang im Apothekergarten im Kobelgraben empfehlen. Der Garten ist dem Klostergarten von St. Gallen in der Schweiz nachgebildet. Übersichtlich, in einzelne Beete zusammengefaßt, wachsen Kräuter gegen Herz- und Kreislaufbeschwerden, stoffwechselwirksame Drogen, Heilpflanzen zur Behandlung von Hautkrankheiten und für die Frauenheilkunde. Asthmamittel, Brechmittel, Stopfmittel. Aber leider, gegen müde Radlerbeine ist noch kein Kraut gewachsen.

Das Auswandererdenkmal – ein Kreuz mit einem Boot – erinnert daran, daß von Ulm, mit der Ulmer Schachtel oder anderen Donauschiffen, im Laufe der Zeit 150.000 Menschen auswanderten. Sie zogen ostwärts. Sie besiedelten das »desertum«. Die von Türkeneinbrüchen verwüsteten Landstriche benötigten wieder Menschen, abendländische Menschen – die Donauschwaben. Schon Karl der Große brauchte nach der Unterwerfung der Awaren im Jahre 798 zuverlässige Siedler in der Pannonischen Mark und der Mark Karantanien. Und König Stephan von Ungarn (997-1038) gab seinem Sohn den Rat: »Denn schwach und vergänglich ist ein Reich, in dem nur eine Sprache gesprochen wird und einerlei Recht gilt.« Kaiserin Maria Theresia und ihr Sohn Joseph II. sowie die russische Zarin Katharina II. heuerten die als fleißig und ordentlich titulierten Schwaben an. Sie zogen in das ungarische Mittelgebirge, in die schwäbische Türkei, in das Banat und nach Slawonien, in die Batschka und in die Dobruschda, in die Bukowina, nach Bessarabien und auf die Krim, sie wurden zu Wolgadeutschen und Siebenbürger-Sachsen.

Sie starben an Sumpffieber, Entbehrung und Heimweh – oder sie bearbeiteten den Boden, schufen ihre Dörfer, behielten Sprache und Kultur, und Hitler holte sie wieder heim. Sie verloren ihre Heimat ein zweites Mal.

Auf dem Weg nach Ingolstadt zeigt sich barocker Prunk, wohin das Auge blickt. Günzburg, Lauingen und Dillingen, Donauwörth und Neuburg. Während einer Rast in einem schattigen Gastgarten wird eine Vermutung wahr.

Zwei Gäste fachsimpeln über Scheibenbremsen, Kilometerzähler, elektronische Gangschaltung, Pulsfrequenzmesser, Herzfrequenzmonitor… Der Bordcomputer am Fahrrad ist schon Wirklichkeit.

Wo geputzte Städte perlen und sich Kloster an Kloster, Schloß an Schloß reiht, ist Ingolstadt eine Ausnahme des 20. Jahrhunderts an der deutschen Donau. Nicht, daß Ingolstadt keinen ebenso schönen alten Stadtkern hätte. Aber doch ist die Lebendigkeit einer Industriestadt eine andere als die eines Touristenstädtchens: vorwärtsgewandt anstatt rückblickende Beschaulichkeit. »Die Pioniere von Ingolstadt« heißt doch das Buch von Marieluise Fleißer. Ihr sozialkritischer Vorstoß gegen die verlogene Kleinstadtmoral der Vorkriegszeit geriet zum Skandal. Ingolstadt war auch die erste Universitätsstadt Bayerns. Bis ins Jahr 1799, dann wurde die Universität nach Landshut verlegt. Angeblich prügelten sich die Soldaten gerne mit den Studenten.

Die Ingolstädter Universität wählte die junge englische Schriftstellerin Mary Shelley aus, um hier ihre Romanfigur Victor Frankenstein studieren zu lassen. Und in diesem unschuldigen Ingolstadt wurde dann auch das unsterbliche Monster von Frankenstein zusammengebraut und geboren.

Der erste Besuch führt ins Liebfrauenmünster. Eine Sage berichtet über das Schicksal eines Soldaten:

Als Herzog Albrecht V. wieder einmal Soldaten zum Dienst requirieren ließ, nahm man einer Bäuerin auch ihren einzigen Sohn. Da half keine Audienz, keine Bitte und kein Flennen. Der Bub wurde Soldat. Da halfen auch keine Gebete; bis die verzweifelte Mutter ins Liebfrauenmünster ging und der Madonna ihr Kind wegnahm. »Nun kannst du sehen, wie das ist, wenn man kein Kind hat«, rief sie in die Stille des Kirchenraums. Die Begebenheit erregte Aufsehen. Als Herzog Albrecht V. sie zu hören bekam, ließ er den jungen Mann wieder nach Hause gehen.

Ob die Pioniere von Ingolstadt diese Geschichte kennen?

Der nächste Abschnitt gehört zum landschaftlich spektakulärsten Teil an der Donau. Der Fluß hat die Schwäbische Alb bei Sigmaringen hinter sich gelassen, schlängelt sich gemütlich von Ulm bis Neustadt. In seinem neuerlichen Kampf mit dem Kalkstein durchbricht er die Fränkische Jura bei Weltenburg. Und wo sich links und rechts senkrechte Mauern formieren, liegt am rechten Donauufer das Kloster Weltenburg. Der Besucher erblickt völlig unerwartet die altrosa Fassade des Klosters, als wäre Weltenburg angeschwemmt worden und an der sichelförmigen Schotterbank gestrandet.

Das älteste bayerische Kloster wurde im Jahre 617 gegründet. Sein heutiges Aussehen bekam es durch die mutige Entscheidung des Abtes Maurus Bächl, der im 18. Jahrhundert zwei jungen Männern den Auftrag erteilte, Weltenburg neu zu bauen. Cosmas Damian Asam war mit 29 Jahren ein unbekannter Maler und als Baumeister noch völlig unerfahren. Sein um sechs Jahre jüngerer Bruder Egid Quirin ein Stukkateur und Bildhauer, der mit seiner Ausbildung soeben fertig geworden war. Die Brüder Asam schufen in Weltenburg das, was in ihrer weiteren Laufbahn als bayerisches Rokoko weltbekannt wurde. Ist die Fassade des Klosters streng und einfach gehalten, so ist das Innere der Kirche eine barocke Explosion. Der heilige Georg reitet auf einem gold schimmernden Roß und mit flammendem Schwert in den Zuschauerraum. Der Drache links zu seinen Füßen windet sich im Todeskampf, die Prinzessin auf der rechten Seite hat erschrocken die Hand gehoben und spreizt die Finger, als ob sich ihre letzte Kraft bis in die Fingerspitzen ballte. Ihr Gesicht ist in Angst erstarrt und doch nicht regungslos. Die Szene ist so dynamisch, als müßte sie jede Sekunde weitergehen. Als müßte ein Schrei aus dem Mund der Prinzessin fallen, der Drache Schwefel speien und aus der Brust des heiligen Georgs würde ein Stöhnen dringen. Als wäre das Theatrum Sacrum – das himmlische Theater des Barock – irdische Wirklichkeit. Am Bühnenbild schwebt die Jungfrau Maria gen Himmel, Engel, Gott Vater und der Heilige Geist beleben den Hintergrund.

Die Brüder Asam bedienten sich illusionistischer Kunstgriffe und ergänzten sich gegenseitig. Die Malerei Cosmas' beginnt dort, wo die Möglichkeiten der Architektur zu Ende sind. Und Egid Asam stellt die Plastiken so, daß er mit Hilfe seiner figürlichen Darstellungen den Betrachter in die Welt der Scheinmalerei hinlockt. Und längst weiß der Betrachter nicht mehr, wo das Sein aufhört und der Schein beginnt. »Ein Raumbild entsteht«, schrieb der Italiener Andrea Pozzo über die beiden Künstler, »zwischen denen ja kein anderer Unterschied ist, als daß der eine mit Kalk und Mörtel, der andere mit Linien und Farben zu bauen pflegt.« Ungeschminkt ausgedrückt schrieb Pozzo weiter, »habe der Künstler die Mittel so einzusetzen, daß die Augen der Zuschauer artig betrogen werden.« Betrug oder Illusion setzt sich in der Deckengestaltung der

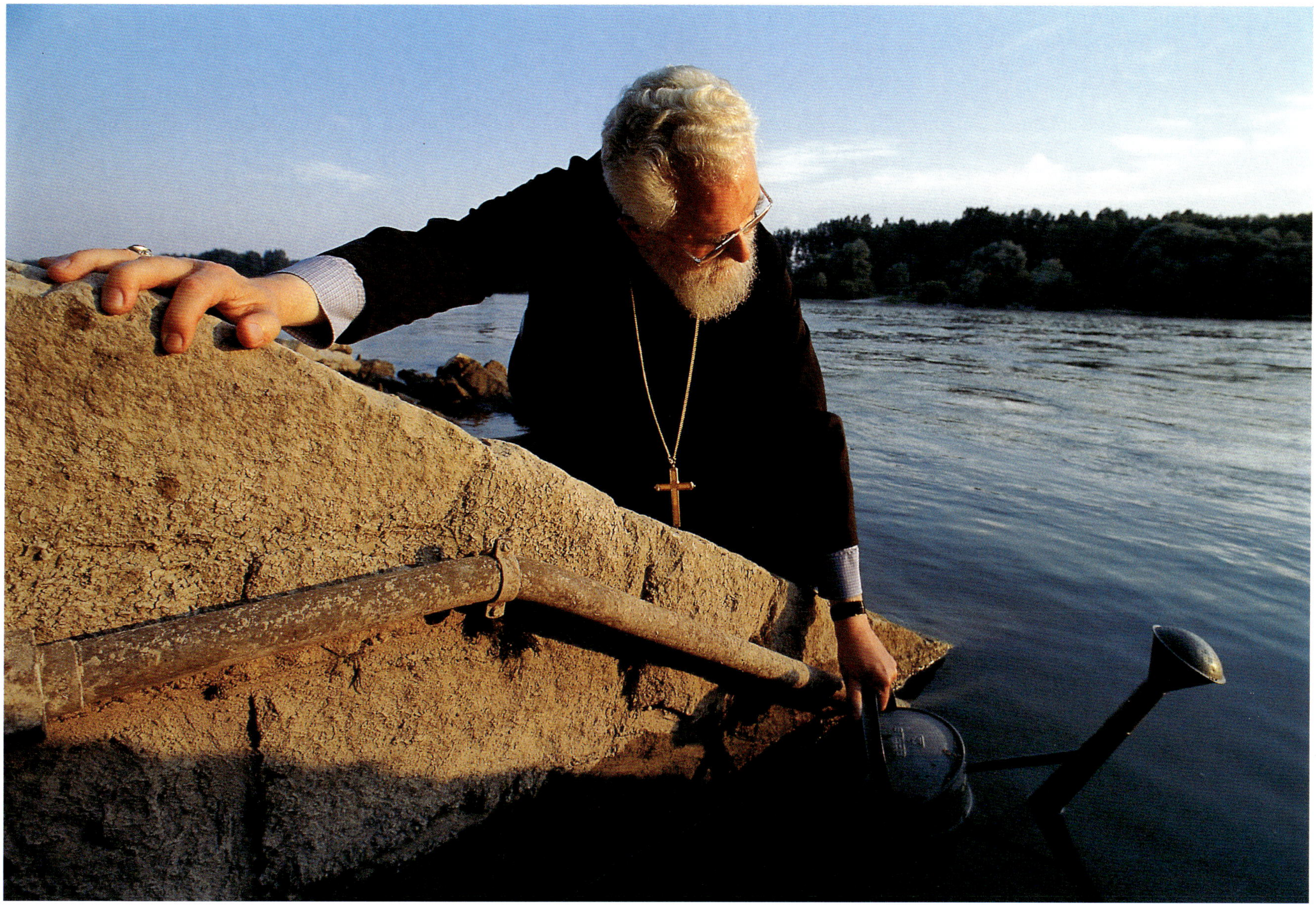

Weltenburger Kirche fort. Hier bricht das himmlische Jerusalem über den Betrachter herein. Wo enden die Wände und wo beginnt die Kuppel? Wie tief ist der Kuppelraum, oder ist er nur Illusion? Wo hört der Raum zu existieren auf, wo beginnt die Scheinarchitektur? Was ist Licht, was Farbe? Was ist Malerei, was Stuck? Was ist Marmor, was marmoriert? Auch der auf Scheinarchitektur spezialisierte Barockkenner kapituliert vor dem ersten Meisterwerk der Brüder Asam.

Noch liegt über Weltenburg Tau und Schweigen. Noch ist es zu früh für den täglichen Ansturm der Besucher, noch zu früh für Lieferwägen und Betriebsamkeit der Klostergaststätte. Es ist auch noch zu früh für die Sonnenstrahlen, in die Enge des Donaudurchbruchs einzudringen. Aber als der Schatten vergeht, kommen die ersten Besucher an, füllen den Hof mit fröhlichen Stimmen. Männer mit Badehosen sind zu sehen, als wären sie hergeschwommen, und Frauen mit Sonnenbränden. Unter den Kastanien wird Maß um Maß ausgeschenkt, Weltenburger Dunkles aus der eigenen Brauerei. Hier wird Bayerns ältestes Bier gebraut, seit dem Jahr 1050. Kellnerin Katharina hat sich einmal einen Kilometerzähler an den Füßen befestigen lassen. 21 Kilometer habe sie an einem Tag zurückgelegt, im Gepäck Bier, Spätzle und geröstete Knödel.

Und während unter den Kastanien sich die Bier- und Spätzlefrequenz ihrem mittäglichen Höhepunkt nähert, huschen die Pater, geübt den hochgestemmten Tabletts der Kellnerinnen ausweichend, in die Kirche zum Gebet. Sie haben im Chorgestühl Platz genommen, die Kirchenbesucher gehen aus und ein, sehen ihnen bei der Andacht zu, als ob auch das Gebet ein Theatrum Sacrum wäre.

Hinter Weltenburg wird die Mauer der Kalkfelsen immer enger. Und so steil sind die Felsen, daß an den Ufern kein Platz für eine Straße ist. So kann man den Donaudurchbruch nur mit dem Schiff erleben. Wo die Altmühl in die Donau mündet, sieht man auf einem Waldrücken einen Rundbau griechischer Provenienz. Die Befreiungshalle ist die nächste Attraktion.

»Irgendwie unelegant«, meint die Dame mit den fliederfarbenen Stöckelschuhen. »Echt klotzig«, wiederum der Träger eines türkisen Jogginganzuges. »Ein Tempel«, flüstert eine Stimme. Ob das ehrfürchtig oder erschrocken über die Lippen kam, ist nicht zu deuten, denn ein großer Strohhut verdeckt das Gesicht. »Das erschlägt einen ja«, entrüstet sich eine resolute Mittvierzigerin. Ihr Mann sagt gar nichts, er ist damit beschäftigt, mit der ununterbrochen surrenden und zoomenden Videokamera das Auge zu verdecken.

Ein Autobus hat soeben wieder Schulausflügler ausgespuckt. Sie sind nur an einem interessiert. Sie zählen die Stufen, die zur Befreiungshalle hinaufführen. Die meisten kommen auf 87. In einem Büchlein über die Geschichte des Denkmals liest man von 84 Stufen, 54 toskanischen Säulen, 16.725 Kilo Kupferdach und 34 Siegesgöttinnen mit Flügeln dran, die sonst nur Friedensengel tragen.

Die Befreiungshalle von Kehlheim ist ein Kind des Bayernkönigs Ludwig I. Und sie ist bei weitem nicht sein einziges Kind. Die Idee zu diesem Bau sei ihm gekommen, als er in Griechenland auf den Trümmern des antiken Tiryns stand und dabei das Schicksal des griechischen Volkes mit dem des deutschen verglich. Die Befreiungshalle solle an das napoleonische Joch erinnern. Gedenktafeln im Inneren des Rundbaus listen neben Feldzügen und Schlachten verdiente Feldherren auf. Hier ein kleiner Auszug: Karl Fürst von Schwarzenberg, Johann Graf Radetzky, Ferdinand Graf Bubna und Littiz ...

Als der Grundstein zur Befreiungshalle gelegt wurde, hatte Ludwig I. am Vortag soeben der Taufe des zweiten Kindes, der Walhalla, beigewohnt. Das war am 18. Oktober 1842, dem Jahrestag der Völkerschlacht bei Leipzig. Das dritte Kind bildet eine Ausnahme unter den Denkmälern Ludwigs. Es soll an gar nichts erinnern und ist genau genommen ein Riesenspielzeug des Monarchen: Die Bavaria in München. Die 16 Meter große Figur ist im übrigen die Stilmutter der Liberty von New York.

»Nero und ich sind die einzigen, die so Großes gemacht haben, seit Nero keiner mehr«, hat der König einmal seinen Hang zum Überdimensionierten erklärt. Die Befreiungshalle wurde auch an einem 18. Oktober eröffnet. Das war im Jahre 1863. Der 77jährige Ludwig nahm daran teil, nicht mehr als König, seine Regierungszeit hatte das Revolutionsgetöse des 48er-Jahres nicht überlebt Er mußte zugunsten seines Sohnes abdanken. Den Bau der Befreiungshalle hat er aus seinem Portemonnaie bezahlt.

Ebenso wie die Befreiungshalle erhebt sich die Walhalla über dem linken Donauufer östlich von Regensburg. Sie ist eine Nachbildung des Parthenons auf der Akropolis in Athen und trägt den Namen eines Ortes aus der nordischen Mythologie. Ein Widerspruch. »Sie dient allen rühmlich ausgezeichneten Teutschen«, so Ludwig I. »Geweiht sei diese Stätte allen Stämmen teutscher Sprache; sie ist das große Band, das verbindet.« Die Walhalla könnte man als Kuriosum des 19. Jahrhunderts betrachten, hätte der Bayernkönig nicht listig vorgesorgt: In seinem Testament verpflichtet er die Nachgeborenen, seinen Tempel weiterhin mit großen Deutschen zu füllen. Die bayerische Regierung als Testamentvollstreckerin ist diesem Wunsch seit 1945 bereits neunmal gefolgt. Der letzte, der als bleiche Marmorbüste in die Walhalla einzog, war Albert Einstein. Das war 1990. Übrigens, drei Frauen dürfen an der ehrwürdigen Männerrunde teilnehmen: Kaiserin Maria Theresia, Zarin Katharina und Amalie von Hessen.

Auf dem Weg nach Regensburg, der letzten Etappe, zeigt sich erneut der Zeitgeist am Rad. Da parkt ein Radfahrer am Straßenrand, stützt sich lässig am Sattel ab und ist in ein Gespräch vertieft. Das Handy fährt Rad. Gelangweilt sitzt seine Begleiterin auf einem Koppelzaun und hält das Gesicht in die Sonne. Ihre Nase wird von neongelbem Plastik bedeckt. Ein Nasenschützer gegen Sonnenbrand sei das, erklärt der Verkäufer in einem Radgeschäft. Für viele Radler kommt der Nasenschützer zu spät. Glutrote Punkte leuchten in den Gesichtern der Vorbeiziehenden.

Der schönste Weg, um nach Regensburg zu gelangen, führt über die Steinerne Brücke. Die Brücke wurde in den Jahren 1135 bis 1146 erbaut und ist ein Meisterwerk hochmittelalterlicher Ingenieurskunst. »Der Brucken gleiche keine in Deutschland«, sagte Schuhmacher und Meistersinger Hans Sachs über sie. Im wesentlichen ist sie bis zum heutigen Tag unverändert geblieben.

Unverändert ist auch die Altstadt geblieben. Die Fassaden der Häuser atmen Geschichte aus. »Hier wohnte die Gürtlerstochter Barbara Blomberg, Mutter des Seehelden Don Juan d'Austria (1547-1578), natürlicher Sohn Kaiser Karl V.«, erinnert eine Gedenktafel. Don Juans Standbild steht vor dem Alten Rathaus. Oder das Haus »Zum blauen Hecht«, in dem der Astronom Johannes Kepler im Jahre 1630 starb. Oder das einstige Gasthaus »Zum weißen Lamm« in dem Goethe und Mozart abgestiegen sind. Durch mittelalterliche Bögen hindurch, »Unter den Schwibbögen« heißt es hier, nahe dem Donauufer, findet sich eine Bierstube mit dem schönen Namen Shalom. An einem Platz, in dem sich die Ruhe gefangen hat, vielleicht war es der Alte Kornmarkt oder der Kohlenmarkt, stehen die Fenster eines Hauses weit offen. Kerzenschein beleuchtet den Raum, und ein Mann beginnt Motetten zu singen. Dann bricht etwas unerwartet das 20. Jahrhundert herein. Ein Chevrolet in Stretchversion scheppert über das Kopfsteinpflaster, die drei Burschen drinnen nehmen eine Überdosis Acidrock.

Die gotische Schönheit des Domes bringt die Stille des Steins wieder zurück. Und um den Dom herum, wie eine Stadt in der Stadt, reihen sich die Dombauhütte, der Domgarten, das Domkapitelhaus, der Bischofshof.

Unter der Steinernen Brücke legen sich die letzten Sonnenstrahlen in das Donauwasser. Vielleicht stand die Sonne genauso tief, als Friedrich Barbarossa über die Brücke zog. Oder als die russische Gesandtschaft im Jahre 1576 am Reichstag zu Regensburg teilnahm. Unter Zar Iwan dem Schrecklichen begann das russische Reich langsam aus seiner geographisch und historisch bedingten Isolierung zu treten. Es war die Türkengefahr, die die Kontaktaufnahme mit dem Heiligen Römischen Reich deutscher Nation notwendig machte. Die fremdländischen, exotischen Gestalten in ihren merkwürdigen Trachten erregten großes Aufsehen unter der Bevölkerung. Ein entsprechender Empfang wurde ihnen zuteil, »500 Reiter ritten ihnen entgegen, sie fuhren über eine Brücke aus Stein und zogen in die Stadt ein, vorbei am kaiserlichen Hof und über den Marktplatz und durch die Straßen, und von den Stadttoren bis zum Gesandtschaftshof stand ein Spalier von 2.000 Mann mit Gewehr und Harnisch.« So steht es im russischen Bericht.

Aus den alten Steinen von Regensburg lösen sich lange Schatten. Und in einem radlerfreundlichen Gasthof findet sich auch noch ein Quartier.

Seite 23 Benediktinerabtei Beuron
Seite 24 Pförtner in Beuron
Seite 27 Beim Gebet in Beuron
Seite 28 Schloß Sigmaringen
Seite 29 Münster zu Ulm: der höchste Kirchturm der Welt (161 m)
Seite 32 Schwörmontag in Ulm
Seite 34 Hier wird jeden Sonntag im Sommer eine Messe gelesen
Seite 35 Abt Emanuel Jungclaussen aus Niederalteich
Seite 38 Seitenarm in Winzer bei Osterhofen
Seite 39 Die junge Donau bei Werenwang

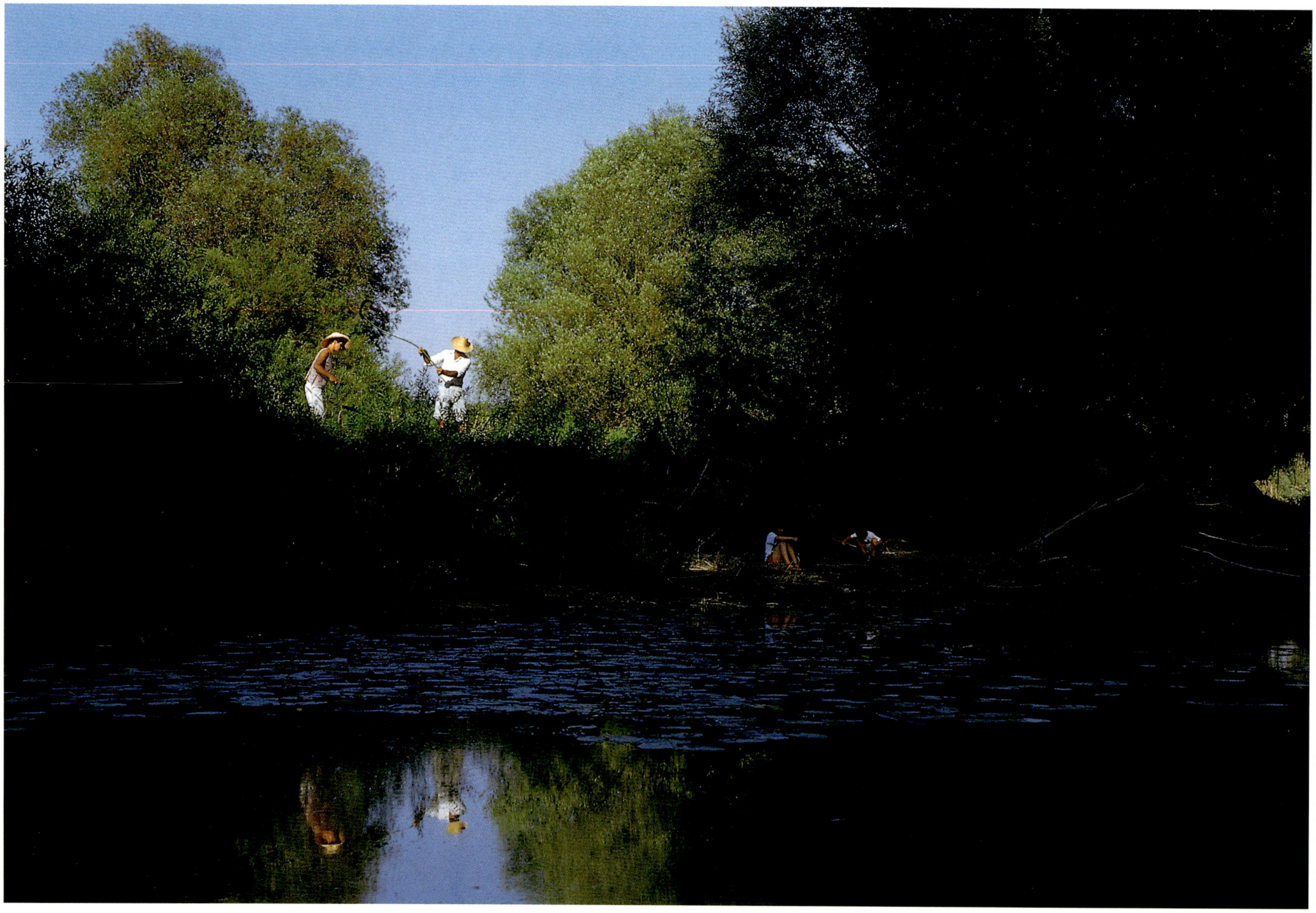

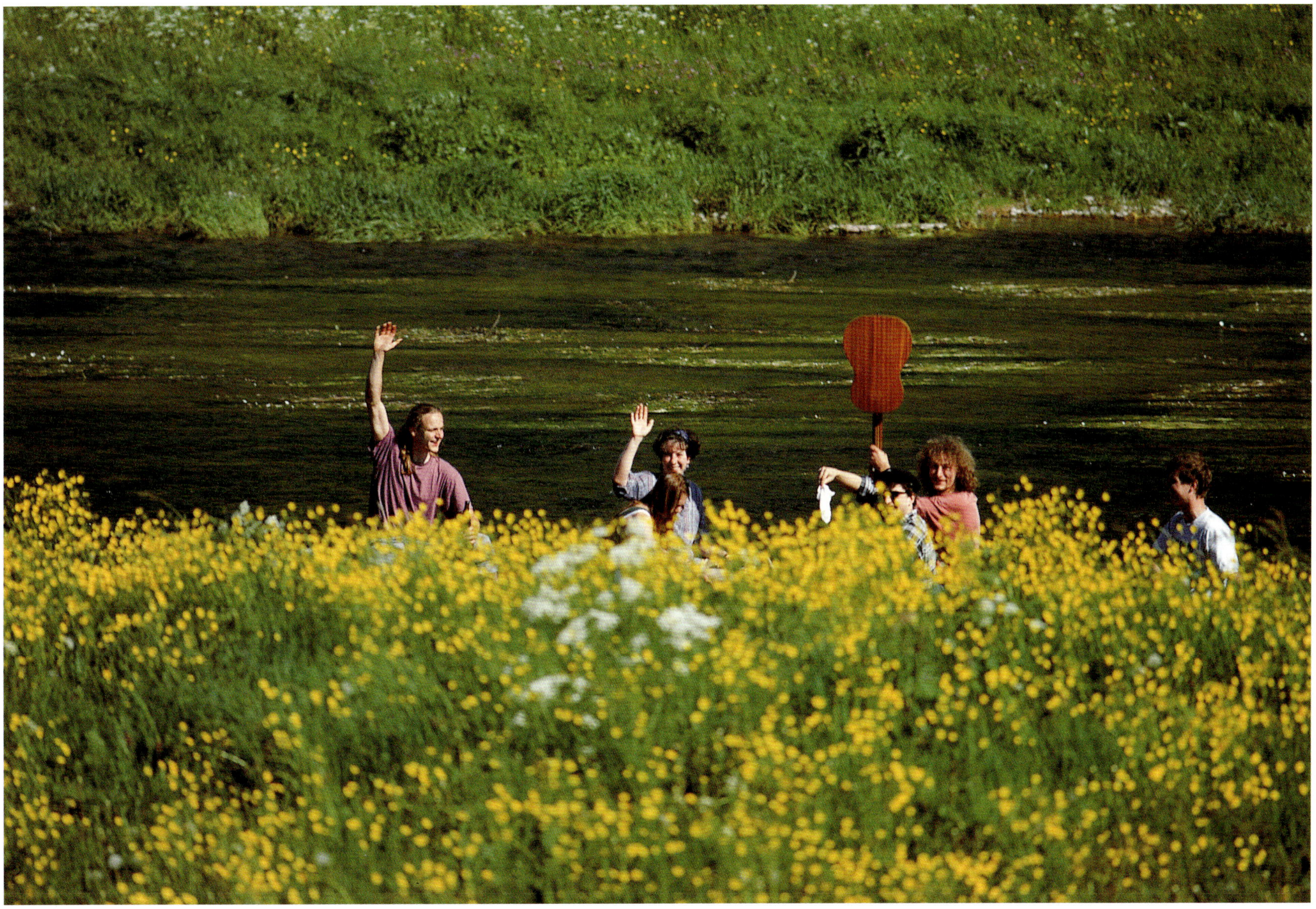

DIE LETZTEN ZILLENBAUER

PORTRÄT EINES OBERÖSTERREICHISCHEN HANDWERKS

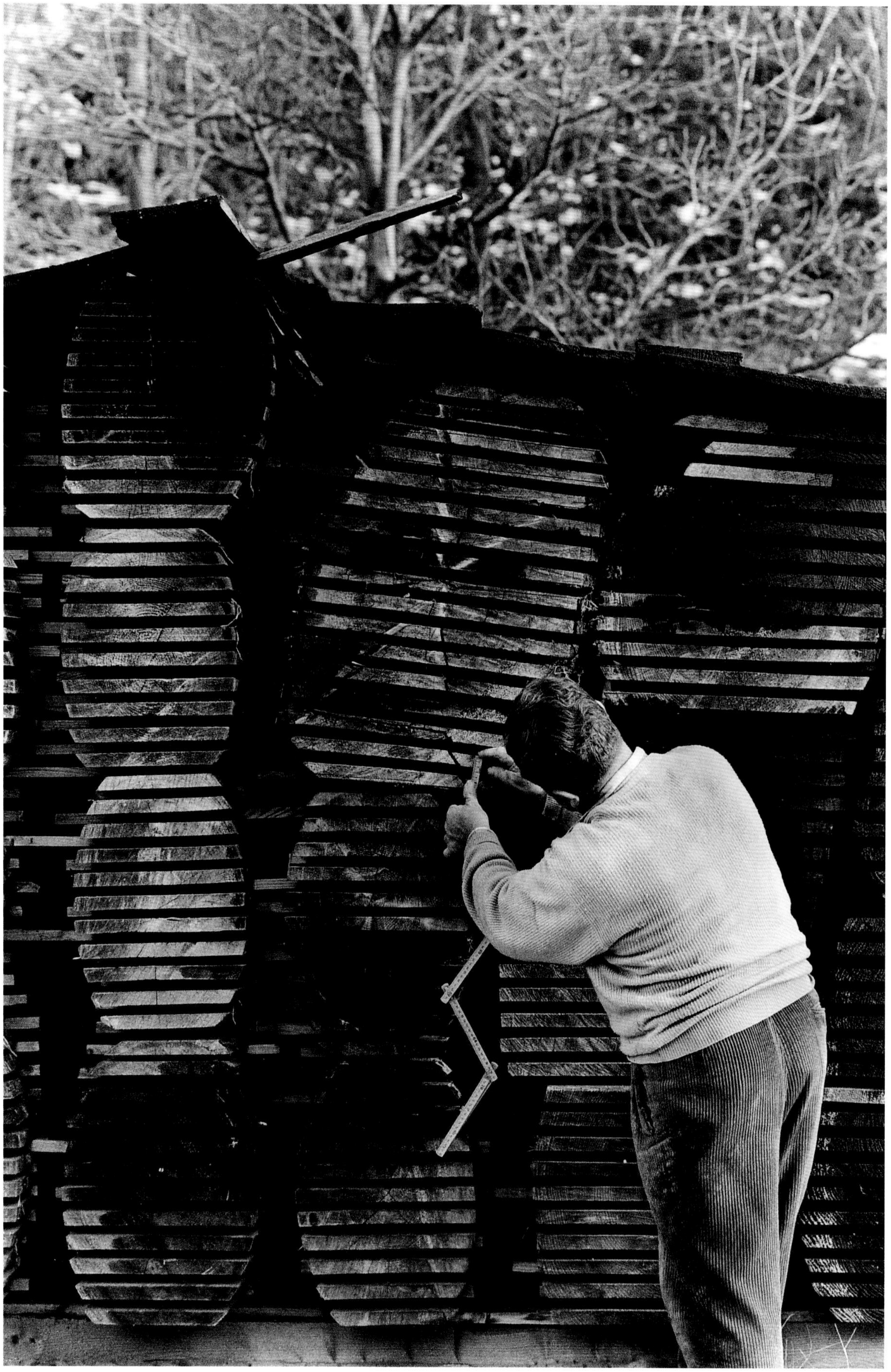

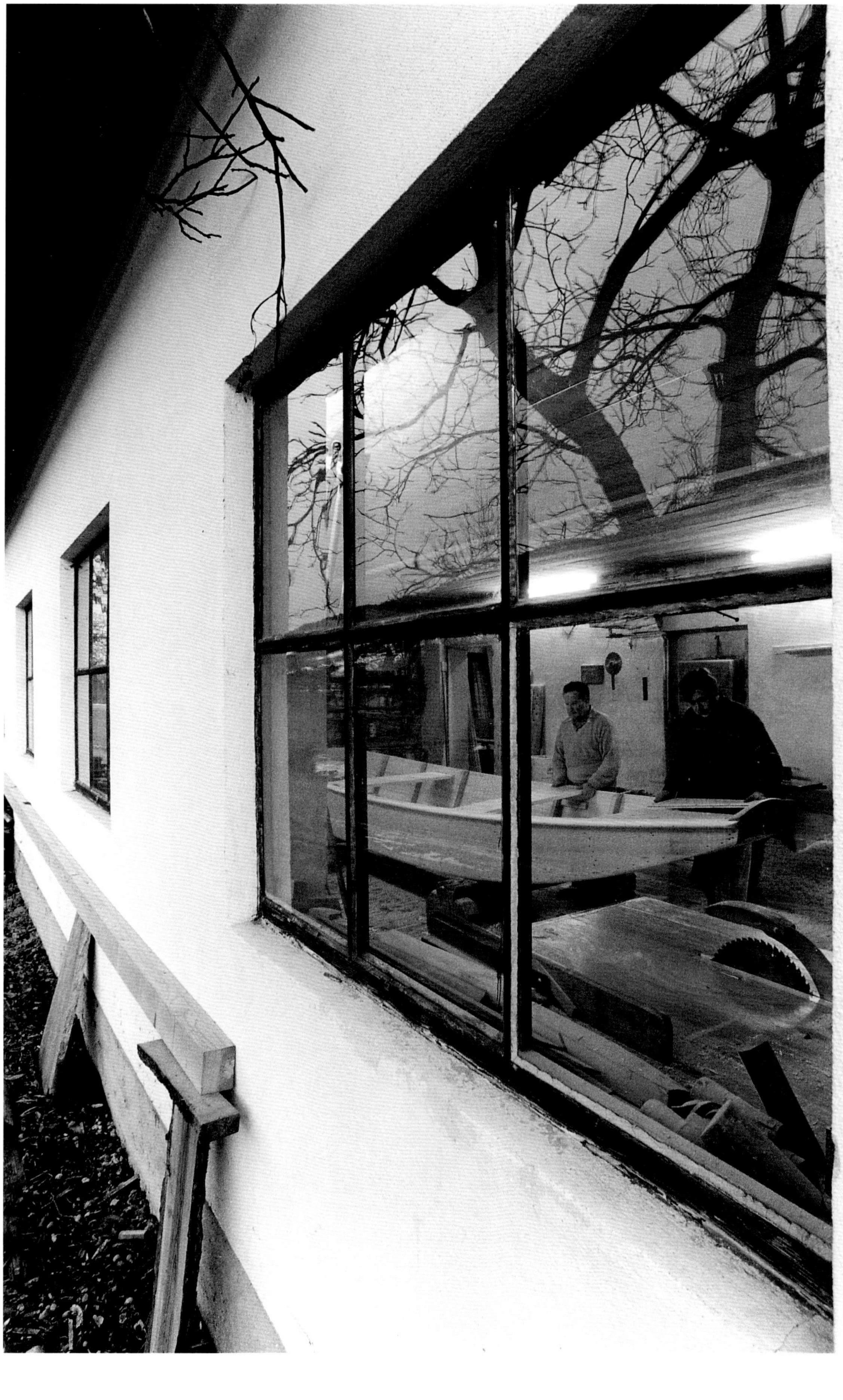

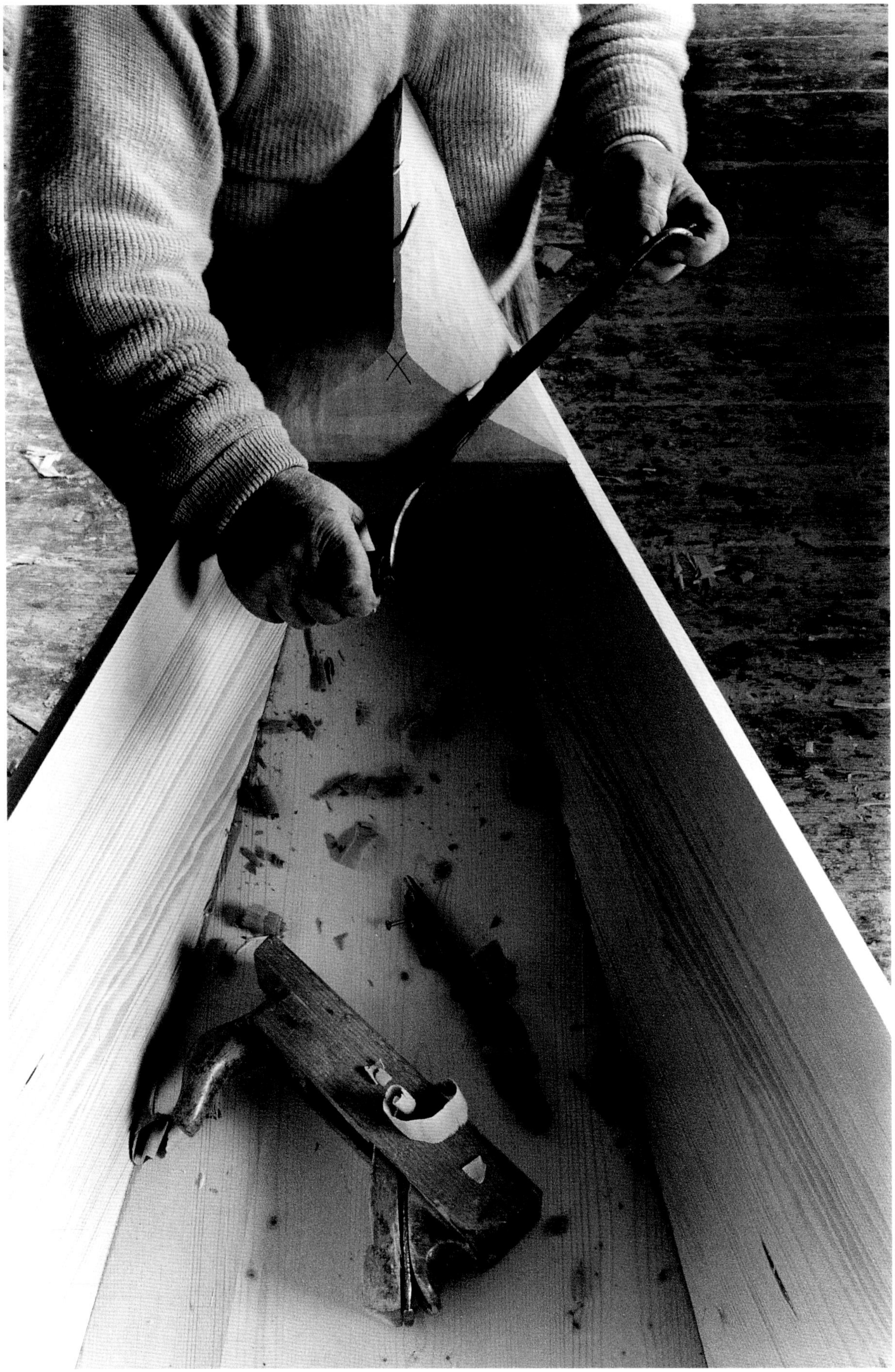

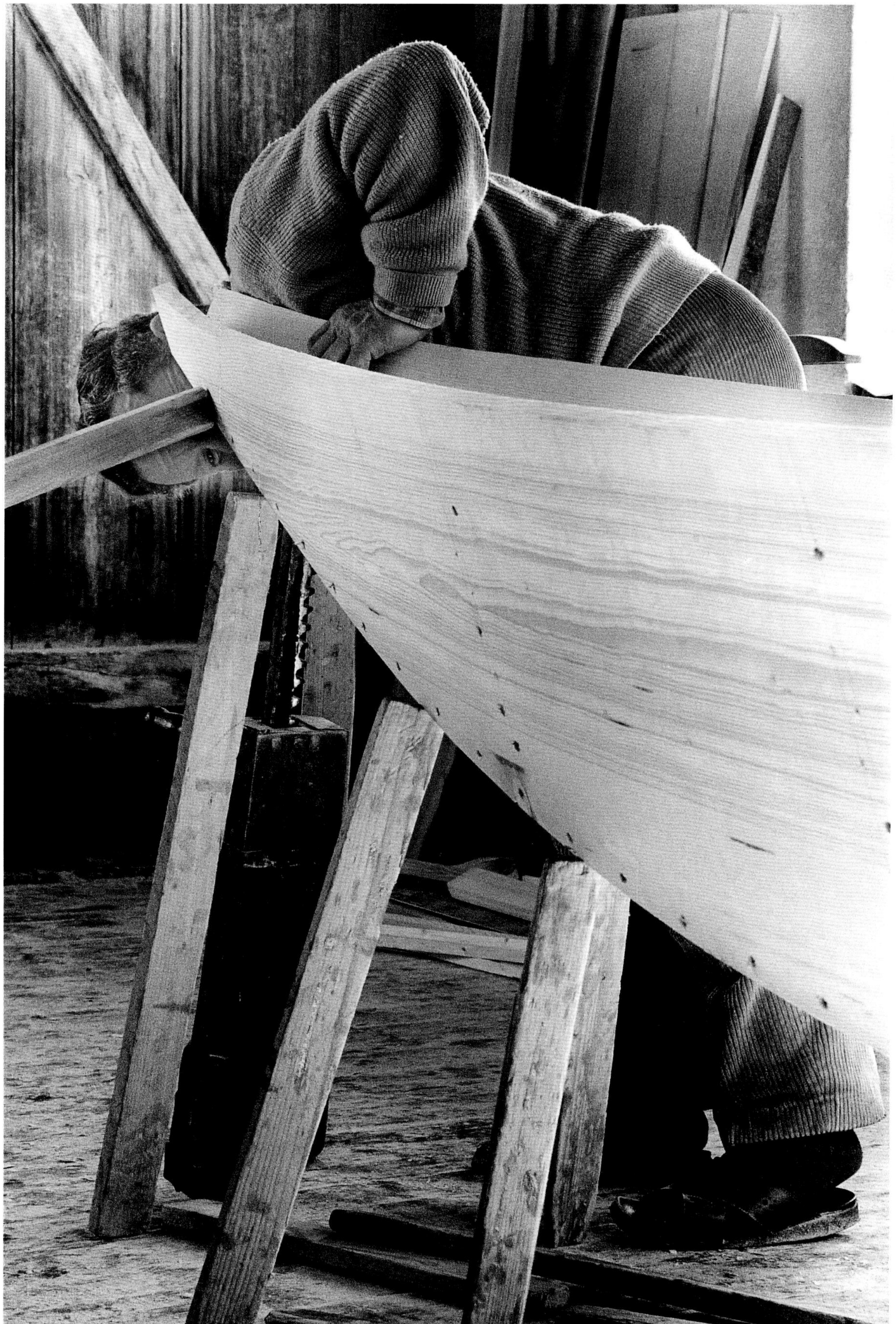

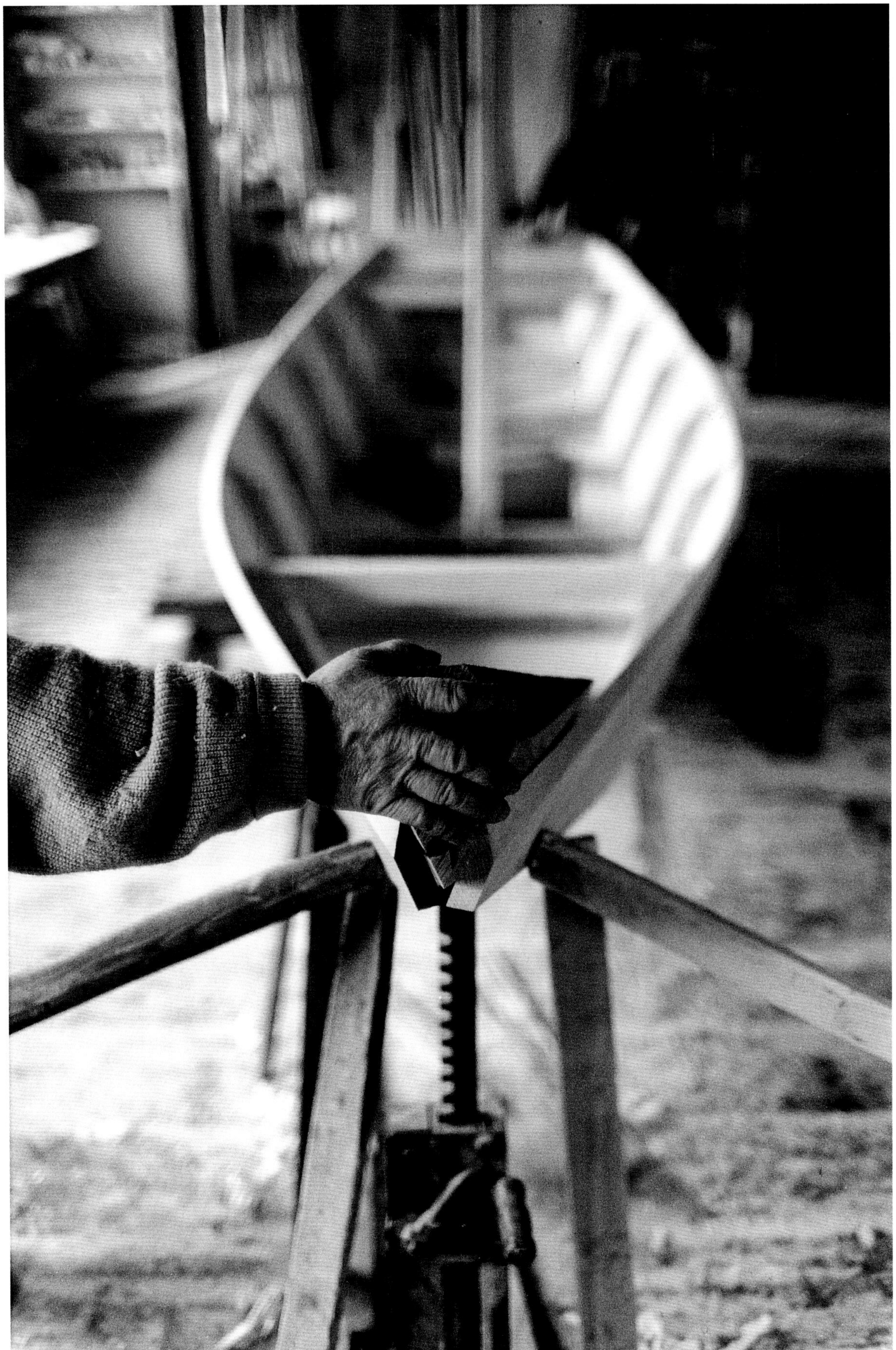

Manchen Landschaften steht der Regen gut zu Gesicht. Er ist gewissermaßen kleidsam. Aus den Wäldern zaubert er milchige Schleier, macht den sanft geformten Bergen bedeutende Schultern, lackiert die Zäune der Gärten und Weiden. Im Wasser spiegelt sich der Wald, der es dunkel färbt. Auf den Wellen der Donau reiten graue Regenwolken.

Niederranna heißt die Ortschaft, die unter einer Betonbrücke liegt. Die Brücke hat den entfernten Winkel Oberösterreichs näher an die Welt angeschlossen. Hier heißt die Welt Linz und Passau, und dazwischen liegt waldreiches Land. Die Brücke hat aber dem Fährmann Toni Huber von Wesenufer – dem Ort vis-à-vis Niederranna – um seinen Beruf gebracht. Heute ist er Pensionist. Sein Haus klebt auf dem Berghang, hoch über der Donau, der Straße und der Brücke, und seine Frau vermietet Zimmer. Mittwochnachmittagsverlassenheit liegt über dem Land und es schüttet, als ob der Himmel den Regen soeben erfunden hätte.

So wie die Fährmänner entlang der Donau langsam aussterben, so sind die Handwerker, die vom Wasser leben, längst verschwunden. Eine versunkene Welt ist die der Flößer, der Schiffsmeister, die der Schopper, der Nauführer, der Plättenschinder, die der Roßknechte und wie sie sonst noch geheißen haben, diese Schiffsleut. Doch zwei Zillenbauer-Betriebe sind geblieben. Die Familien Königsdorfer und Witti sind die letzten Zillenbauer Österreichs, ja Europas. Seit Generationen sind sie mit der Donau verwachsen. Betritt man die Werkstatt von Rudolf Königsdorfer, stolpert man über Bretter. Kreissägen und Hobelmaschinen erfüllen die Luft mit Lärm, vermischt mit dem Geruch von Holz und Leim. An den Wänden hängt altes Werkzeug; es sieht einerseits nicht so aus, als wäre es gerade weggelegt; andererseits ist noch kein musealer Staub angewachsen. Am Boden der Werkstatt ist der Grundriß einer Zille aufgemalt. Darüber ist eine Zille eingespannt – noch ist sie ein Skelett. Ein bis zwei Tage arbeiten der Meister und sein Geselle daran, je nach Größe und Ausfertigung. Die Königsdorfers sind jung in diesem Beruf, in den 60er Jahren hat die Familie einen eigenen Betrieb aufgebaut.

Nicht so im nahen Freizell: Wenige Kilometer stromabwärts, entlang eines Güterweges mit traktorreifengroßen Wasserlacken, wohnt Anton Witti. Der Familienbetrieb Witti baut seit dem Jahr 1739 Zillen. 22 Häuser standen in Freizell, und in zwölf davon wurden Zillen hergestellt. 1930 gab es immerhin noch drei Schiffsmänner und den Witti. Heute sind fünf Häuser übergeblieben. Durch den Bau des Donaukraftwerkes Aschach in den 60er Jahren reichte der Rückstau bis nach Freizell, er zerstörte den größten Teil des alten Dorfes.

Als im Jahre 1819 Carl Friedrich Zelter in einem Brief an Goethe seine Reiseerfahrungen an der oberen Donau beschrieb, ist er an Wittis Zillenwerkstatt vorbeigekommen. Dem Schiffsreisenden Zelter war die Donaufahrt nicht ganz geheuer, denn er war »westliche« Schiffe gewöhnt, die einen Kiel hatten, geteert waren und eventuell auch Segel hissen konnten. Carl Friedrich Zelter glaubte, die roh gezimmerten, aus Weichholz gefertigten Bretter der Donauschiffe wären mit Draht zusammengenäht. Das konnte bei flüchtiger Betrachtung auch wirklich so aussehen, denn die mit Moos abgedichteten Zillen waren obendrein mit kleinen Eisenklampfen versehen. Nichtsdestotrotz wurde seine Reise ein Erfolg, und mit ihm fuhr buntgemischtes Volk. »Meine Reisegesellschaft bestand in einem Doktor medicinae aus Irland, einem teutschen Kupferstecher, der ganz wunderliche Reden über die Kunst hielt und an Mund und Kinn nach Art des Mittelalters behaart war, einem Apotheker, einem Fleischer, einem Schwertfeger, einem Kapuziner, Frauen, Kindern, Huren, Handwerksburschen und – meiner Wenigkeit.«

Eine Zille unterscheidet sich durch ein ganz wesentliches Merkmal von allen anderen Booten. Sie hat keinen Kiel. Das ermöglicht auch sehr flaches Gewässer zu befahren, verlangt aber vom Schiffsführer große Geschicklichkeit beim Lenken, bis sie so richtig im Wasser »rinnt«. Flußabwärts wird die Zille gerudert, flußaufwärts gestangelt. Dabei stakt sich der Schiffer mit vier bis sieben Meter langen Stangen voran. Der Zille wurden unzählige Namen gegeben, doch die Bauart ist von Grund auf immer die gleiche. Da gibt es die, die nach der Herkunft benannt sind, wie die Kehlheimer und die Trauner. Oder die Ordinari, die den regelmäßigen Personenverkehr an der Donau übernahm. Oder sie wurden nach der Größe benannt, wie die Siebnerin, die sieben Meter lang ist und auch heute noch gerne gebaut wird, weil sie so gut im Wasser liegt. Die Plätte findet man auf den Seen des Salzkammergutes, und warum die Fliestein so heißt, kann man heute nicht mehr eruieren. Das einzige größere Donauschiff, das die Zeiten überdauert hat, ist die Ulmer Schachtel, die alljährlich zu ihrer nostalgischen Fahrt antritt. Im Jahre 1835 passierten noch 129 dieser Fahrzeuge von bekannter schwäbischer Qualität das k.u.k.-Mautamt in Engelhartszell auf ihrer Reise nach Wien. Sie kehrten nicht in ihre Heimat zurück. Der Aufwand, ein Schiff mit Pferden von Budapest oder gar von Belgrad nach Ulm zu ziehen, war einfach zu groß. In Deutschland nannte man die Ulmer Schachtel Wiener Zille. Den schlampigen österreichischen Namen Ulmer Schachtel empfand man als Beleidigung und forderte die Regierung auf, diese schmähliche Bezeichnung abzuschaffen.

In den frühen Anfängen des Zillenbaus schnitt man die Bretter nicht, sondern hackte sie. Daher hießen die Schiffbauer auch Schiffhacker. Doch diese unwirtschaftliche Methode wurde im 17. Jahrhundert eingestellt. Wesentlich länger behielt man die zeitraubende Technik bei, die Spanten – das sind die Querverstrebungen im Schiffsbauch – aus einem ganz bestimmten Teil des Baumes herzustellen. Da ein solcher Spant einen Winkel von etwas mehr als 90 Grad braucht, nahm man einen Teil des Stammes und die dicke, oberste Wurzel eines jungen Nadelbaums. Anton Witti jun. hat unlängst eine historische Zille für ein Museum in Passau nachgebaut und dabei das Holz vom Stamm und einem dazugehörigen starken Ast genommen, welches zusammen den gewünschten Winkel ergibt. Wenn man bedenkt, daß die »Kehlheimer« 42 Meter lang war und bis zu 3.500 Zentner Last befördern konnte, so mußten mindestens 50 Paar Spanten in das Schiff eingebaut werden, um es stabil zu machen.

Hat der Schiffsrumpf Gestalt angenommen, geht es ans »Ganzmachen«. Die aufgeschwungenen Enden werden mit einem »Gransl« versehen. Das ist der Bug, der aus einem Stück herausgearbeitet wird. Herr Königsdorfer nimmt dafür zum Beispiel Birnenholz, welches er mit einer Schnitzerei verziert. Die ist dann seine Unterschrift. Dann wird die Zille geschoppt. Bis vor kurzem verwendete man zum Schoppen, so nennt man das Abdichten der einzelnen Spalten zwischen den Planken, Moos. Da sich Baummoos wenig dafür eignet, fährt man zur »Schattseit'n« – wie Witti jun. sagt –, um feuchtes, fettes Wiesenmoos zu rechen. Das war früher die Arbeit der Frauen. Das »Mias« lagert nun bergeweise am Dachboden über Wittis Werkstatt. Es riecht nach Laub und sauren Wiesen und ist so reichlich, daß auch noch der Sohn von Witti jun. damit Zillen schoppen kann. Auf das Dach pocht der Regen, und fast vermeint man statt Moos dunkelgrüne Gewitterwolken vor sich zu sehen.

Wenn ein Kunde sich Moos zwischen den Brettern wünscht, bekommt er es, sonst aber haben die beiden oberösterreichischen Zillenbauer vor kurzem umgestellt und verleimen die Boote.

Das Moos war nicht nur Goethes Freund Zelter ungeheuer, auch die Kanzlei der Kaiserin Maria Theresia beschäftigte sich damit. Im Jahre 1771 wurden zwei Zillenschopper von Traun nach Klosterneuburg beordert, um dort von ungarischen Schiffbauern das anderswo längst übliche Kalfatern – das Abdichten der Fugen mit Teer – zu erlernen. Die Schopper sahen sich das an, hörten geduldig zu und fuhren wieder heim. Und es blieb alles beim alten – bis fast zum heutigen Tag. Das Abdichten der Zille war ein derart wichtiger Vorgang, daß manche Schiffsmeister ihren Schopper mit auf die Reise nahmen. Dieser hatte seine Schopperkiste umgehängt und war mit Spannsäge, Schöppel, Schlägel, Klampfen, Bohrer und natürlich getrocknetem Moos gegen alle Widrigkeiten gerüstet.

In einigen Gegenden wurden abschließend die Wände der Zille gebrannt und mit einem Zebramuster versehen. Ob dies ausschließlich Verzierung war, oder ob es die Spannung aus den Wänden nahm, ist nicht überliefert worden. Schlußendlich kommt die Zille in die Donau, sie wird dort gewässert. Das Moos quillt auf, füllt die Spalten zwischen den Brettern – und hält dicht.

Früher, als das Schiff das bequemste, schnellste und billigste Verkehrsmittel war, lebte ganz Niederranna von der Donau. Die einen fällten Holz, das bis nach Budapest geflößt wurde. Die anderen bauten Zillen oder waren Schiffsmeister, die damaligen Transportunternehmer. Der »Salzweg« und der »Weinweg« nahe von Niederranna erinnern noch an den Knotenpunkt von wichtigen Handelsstraßen mit dem Strom. Die Frauen sammelten Moos und die Mutigen waren Lotsen. Kurz vor der gefährlichen Schlögener Schlinge stiegen kräftige Burschen zu, um »um die Schlögen zu fahren«. Hier macht der Lauf der Donau ein U fast zu einem O. Dementsprechend unberechenbar und gefährlich war die Strömung in diesem Abschnitt. So hatten die Schlögenfahrer auch ihren eigenen Sitzplatz in der Kirche von Wesenufer. Sie saßen in der letzten Bank nahe dem Eingang. Denn auch sonntags kamen Flöße donauabwärts, und um die Heilige Messe nicht zu stören, ging der Schifführer in die Kirche, tippte einem Mann aus der hintersten Reihe auf die Schulter und nahm seine Dienste in Anspruch. Dann bekam er am Floß oder auf dem Schiff eine Jause als Stärkung. Anton Witti sen. aus Freizell – Vater des heutigen Meisters – erinnert sich an seinen Großvater: »Die eigentliche Arbeit begann in Schlögen und erstreckte sich je nach Wasserstand und Wind bis Geißhäusl, konnte sich bei ungünstigen Verhältnissen bis Salladoppl ausdehnen. Dann wurden die Schlögenfahrer wieder an Land gebracht, und gingen über den Schlögenfahrersteg wieder nach Freizell zurück. Im günstigen Fall waren sie in zwei Stunden wieder daheim, und das nächste Floß konnte wieder durch die Gefahrenstellen der Donau bei Schlögen geleitet werden. Mein Großvater brachte es pro Jahr auf 300 bis 400 Schlögenfahrten.«

Schaut man heute aus Wittis Werkstattfenstern, fließt davor die regulierte, gezähmte Donau vorbei. Dahinter wächst gerade eine Zille, Planke um Planke. Auf der Wiese neben dem Haus stapelt sich Holz, geschützt unter Planen. Zwei Jahre muß es abliegen, »sonst brauchst gar nicht anfang'n«, meint der Zillenmeister. Eine Katze schaut zwischen den Brettern hervor, zieht den Kopf schnell ein und putzt sich einen Regentropfen vom Schnurrbart. Regen verbindet den Himmel mit der Erde.

Für eine gute Zille nehmen die Zillenbauer das Kernholz der Lärche. Für die Außenhaut des Bootes eine Rüster, für den Bug eine Birne und für den Spiegel – das Heck – eine Eiche. Die Allerweltszille ist aus Fichtenholz. Fischer, die Holz einem schwimmenden Polyesterwandl vorziehen, bestellen bei Königsdorfer und Witti, und die österreichische Freiwillige Feuerwehr ist soundso der größte Kunde. Sie braucht die Zillen bei Hochwassereinsätzen. Auch die Polizei und die deutsche Wasserwacht will bei ihren Einsätzen mit traditionellen Donauzillen fahren. Und aus der Schweiz, Frankreich, aus Skandinavien, ja sogar aus dem wüstentrockenen Saudi-Arabien kommen Bestellungen nach Niederranna.

In den Anfängen der Donauschiffahrt fuhr man den Strom nur abwärts. »Nauwärts« nennen das die Schiffer. Man fuhr bis zur nächsten Schiffsmühle, bis zum Markt in Linz oder bis nach Wien und Preßburg. Fuhr man gar – mit Salz beladen – von Hall bis nach Wien, dauerte die Fahrt acht bis zehn Tage, bis der Wunderturm des Stephansdomes auftauchte. Dort hatte dann der Plättenschinder sein Geschäft. Die meisten Zillen wurden zerschlagen und als begehrtes Brennholz für Wiener Wohnungen verkauft.

Bessere und größere Schiffe wurden gebündelt und als Leergut wieder zurückgebracht. Bis zum 14. Jahrhundert pflegte man Schiffe einzeln – von Menschen gezogen – hinaufzutransportieren. Danach spannte man Pferde vor. Im Gegensatz zur Naufahrt war das die hohe Nau. Die »Hohenau«, wie man die Schiffszüge in der Schiffersprache nennt, waren für die damalige Zeit eine organisatorische Großleistung, bei der exakt agiert werden mußte. Pferde gingen die Treppelwege entlang und zogen den Konvoi von großen und kleinen Schiffen stromaufwärts. Das nannte man dann Treideln. Die Treppelwege gibt es heute noch entlang der Donau und sie dienen Wanderern und Radfahrern. Das größte Schiff, die Kehlheimerin, war an der Spitze. Ihr folgten zwei, drei Lastenboote, die »Gamsen« oder »Schwemmer.« Weiters gab es Nebenschiffe: Die Einstellplätze, mit denen die Zugpferde stromabwärts transportiert wurden. Sie waren nieder gebaut, damit die Pferde leicht ein- und ausspringen konnten. Über die Seilplätte lief der komplizierte Mechanismus der Seile, die Plätte fuhr zwischen der Kehlheimerin und dem Ufer. Dann folgten die Futterplätten für die Verpflegung der Pferde und einige Waidzillen, die dem Verkehr zum Ufer und als Rettungsboote dienten.

Obwohl – gerettet hat man nicht immer. Unter den Schiffsreitern grassierte lange der Aberglaube, daß das Wasser jährlich einen von ihnen haben müßte. Der bayerische Hofrat und Reiseschriftsteller J. A. Schultes schreibt zu Beginn des 19. Jahrhunderts: »Es ist also nicht an Hilfe zu denken, wenn einer ins Wasser fällt. Jeder sieht den Hineingefallenen als das für dieses Jahr bestimmte Todesopfer an und ist froh, daß nicht er es ist, den der Flußgott auserehen hat. Jeder greift nach dem Hut des Ertrinkenden, nicht aber nach dem Ertrinkenden selbst.«

Unter den berüchtigten Strudeln von Grein in Oberösterreich hat man viele Münzen, auch solche aus vorrömischer Zeit, gefunden. Sie wurden dem Flußgott geopfert. Die katholische Kirche hat diesen heidnischen Brauch christianisiert. So durfte der Pfarrer von St. Nikola bei Grein nach einer geglückten Durchfahrt Opfergeld einsammeln. In dem Kirchlein kann man heute einen Opferbeutel sehen, der auf einer langen Stange montiert ist. Die Sage erzählt, daß der Pfarrer den Klingelbeutel beim Kirchenfenster hinausgehalten habe. – Vielmehr aber fuhr der Meßdiener mit einer Zille zum vorbeifahrenden Boot und kassierte ab.

Bis in unser Jahrhundert war es für einen Zillenfahrer fast Bedingung, nicht schwimmen zu können. So mußte er bei einem Unglück auch das Boot retten, um sich selbst zu retten.

Die Pferde wurden paarweise oder einzeln eingespannt. Die größten Schiffszüge hatten 40 bis 60 Pferde vorgespannt. Sie waren wohl die geschundensten Kreaturen in diesem Unternehmen. Sekkiert von Donaugelsen, angetrieben von den Schiffsreitern, mußten sie sich bei glühender Hitze auf schmalen Treppelwegen, durch Altarme und Gebüsch plagen. Wurden sie auch getrieben und gehetzt, zum Fressen bekamen sie, soviel sie wollten. Schultes beschreibt: »Bald müssen sie in Sümpfen waten, bald halbe Tage über felsiges und höckeriges Uferland hinwegklettern, überall ihren langen Schiffsschwanz hinter sich schleppend und sich nicht scheuen, die Donauarme, die überall quer in den Weg treten, wie Enten zu durchschwimmen.«

Neben den Schiffsreitern, die im Damensattel auf den Pferden saßen, gab es den Kommandanten – ebenfalls hoch zu Roß, den Kommandanten des Schiffes, genannt der »Stößtaler«, die Seilträger, die Hilfsruderer, den Schiffsschreiber, den Reserveschiffmann, den Koch und die Schwemmfahrer. Die Geschwindigkeit der Hohenauer war gering. Der Wasserburger Schiffsmeister Buchauer zum Beispiel brauchte vom ungarischen Pest bis nach Hall in Tirol 76 Tage. Und überall, wo ein Schiffszug auftauchte mit Peitschengeknall und Männern mit starken Worten zwischen den Zähnen, liefen die Menschen neugierig zusammen, um sich das Spektakel zu Wasser und zu Lande anzusehen. Und angeblich kann man noch heute, in dunklen weihnachtlichen Rauhnächten, Pferdegetrappel hören, das Singen der Seile, das Knarren der Holzboote, das Fluchen der Schiffsleute.

Als das erste Dampfschiff »Maria Anna« 1829 die Donau bei St. Nikola passierte, saß der Schiffsmeister Schwaiger an seinem Erkerfenster. Mißtrauisch beobachtete er die herannahende Rauchwolke. »Jetzt is' aus«, soll sein letzter Satz gewesen sein, dann fiel er tot um. Mit der englischen Ingenieurskunst zog auch eine völlig unbekannte Sprache an die Donau. Der Schopper verschwand, das »shipping« kam. Plötzlich gab es »backbord« und »stop the engines«. Das »Nahui, in Gott's Nam« war nicht mehr zu hören.

Das Reisen mit einem Donauschiff dürfte dem bayerischen Hofrat Schultes nicht besonders behagt haben. »Das Fahren auf der sogenannten Ordinari hat zwar alle Bequemlichkeiten und Annehmlichkeiten einer sicheren und durchaus gefahrlosen Wasserfahrt, allein auch das Unangenehme, daß man dort vorübereilen muß, wo man gerne verweilen möchte, und dort oft Tage lang liegen bleibt, wo der Schiffer, nicht aber der Reisende Interesse und Unterhaltung findet. ... Eine weitere Ungelegenheit bei einer Fahrt auf der Ordinari ist das Abenteuer der Nachtherberge. Fällt diese wegen Windes oder Nebels auf ein kleines Dorf, so ist man gewöhnlich in mehr als einer Hinsicht zu beklagen. Man erhält dann nämlich entweder eine schlechte Herberge, da ein Dorfwirtshaus zur Aufnahme von 50 oder mehr Personen wenig geeignet ist, oder überhaupt kein Unterkommen.«

Der Schiffszug gehörte einem Schiffsmeister, der berühmteste war Matthias Feldmüller aus Persenbeug in Niederösterreich, der reichste kam aus Regensburg in Deutschland. Ernst Gottinger, der letzte Schiffsmeister von Oberösterreich, starb vor wenigen Jahren. Auch er kam aus Niederranna. Größtenteils flößte er Holz nach Ungarn. Für ein Floß benötigte Gottinger 18 Schiffsleute. Auf dem schwimmenden Holz stand eine Schlaf- und eine Wohnhütte mit einem Ofen. Herr Selle aus Wesenufer kochte. Bei normalem Wasserstand und normaler Witterung dauerte die Fahrt nach Budapest acht bis 18 Tage. Die Mannschaft fuhr nur bei Tag, im flachen, gefahrlosen Ungarn allerdings auch in Vollmondnächten. Ab und zu stiegen Zigeuner zu, sie brachten Abwechslung aufs Floß und spielten auf. Seine letzten Fahrten auf dem Floß machte Ernst Gottinger während des Zweiten Weltkrieges. Frau Leitner, seine Nichte aus Niederranna, weiß mit ihren Geschichten die Geschichte der Schiffahrt lebendig zu erhalten. Sie setzte schon als Kind mit der Zille ans andere Ufer über. Wenn man mit der Donau aufgewachsen ist, kann man das, auch wenn es die Mutter nicht wissen durfte. Ihr Mann, der sozusagen aus dem Binnenland – aus Mattighofen bei Braunau – kommt, fuhr täglich nach der Arbeit mit der Zille nach Hause. Allerdings nur bei Tageslicht. In der Nacht hat's ihm seine Frau verboten. Als er eines Tages nach Einbruch der Dunkelheit die Zille bestieg, kam er schweißüberströmt und weit nach Mitternacht zu Hause an. Zweieinhalb Stunden hatte er gekämpft, um auf die andere Seite zu gelangen. Der größte Feind der Schiffer, der Nebel, nahm ihm die Orientierung, sodaß er nicht einmal mehr wußte, an welchem Ufer er angelangt war.

Frau Leitner hat so manches Unglück an der Donau gesehen. Als ein von Pferden gezogener Schiffsverband zu weit in die Strommitte kam, zog es die Pferde ins Wasser. Als Zugpferde konnte man sie nicht mehr gebrauchen, erzählt Frau Leitner, sie scheuten, sobald sie Wasser sahen.

Heute fährt man mit einer Zille nicht mehr von Niederranna nach Linz, Wien und Budapest. Heute übt man die Kunst des Zillenfahrens bei Wettbewerben oder historischen Schaufahrten. Da packt dann Anton Witti sen. seinen Hut aus und seine braunkarierte Joppe, da zeigt Rudolf Königsdorfer seine Geschicklichkeit im »Stangeln«. Dabei ist es noch gar nicht so lange her, da fuhren die beiden Zillenbauer gemeinsam mit einem Dutzend neuer Zillen donauabwärts, um sie zu verkaufen. Es ist auch noch nicht lange her, da kehrte der Fährmann Toni Huber, während er auf die nächste Fuhr wartete, im Stüberl der Familie Leitner ein. Oder, daß Schiffsmeister Gottinger frische Salami aus Ungarn mitbrachte. Es ist noch nicht so lange her, als man sich ein kräftiges »Nahui, in Gott's Nam!« zurief, wenn man sich am Wasser begegnete.

Vor den Werkstattfenstern bedeckt der Regen die Landschaft. »Da wird das Hochwasser kommen«, sagt Witti jun. Dann werden seine Zillen wieder zum Einsatz kommen.

Seite 42 Anton Wittis Holzlager
Seite 43 Werkstatt in Freizell
Seite 44 Das »Gransl« wird aus einem Stück geschnitzt
Seite 45 Früher schoppte man Moos, heute wird die Zille geleimt

WACHAU

GEGEND FÜR GENIESSER

Reisender, darf ich Sie zu einem Rundgang durch die Wachau einladen? Ich weiß, Sie haben bereits im Richard Löwenherz zu Dürnstein gespeist, Sie sind durch die Kremser Landstraße flaniert, Sie kehrten bei einem Heurigen in Rossatz ein und Sie standen auf der Ruine Aggstein. Doch will ich Ihnen neben Bekanntem auch Verborgenes zeigen.

Nehmen Sie die Wachau als gängige geographische Bezeichnung, schauen Sie aber über ihre Grenzen hinaus. Bereisen Sie den Strudengau und den sogenannten Nibelungengau, wandern Sie im Voralpenland, im Dunkelsteinerwald, dringen Sie ins Waldviertel vor.

Noch einen Tip habe ich für Sie. Nähern Sie sich der Wachau von der »Maschikseite«, wie wir in Österreich zu der Hinterseite sagen. Obwohl es in der Natur dieses Tales liegt, es von Osten nach Westen oder umgekehrt zu bereisen. Beginnen Sie lieber im Hinterland. Es eröffnet Ihnen überraschende Blicke auf das Ziel: den berühmtesten und schönsten Abschnitt der Donau. Kommt man von Gföhl im Waldviertel, fährt man an Ortschaften vorbei, die zum Beispiel Eisenbergeramt, Schiltingeramt oder Tautingeramt heißen. Diese seltsamen Dorfnamen stammen aus der Verwaltungsform früher Grundherrschaften. Die weit verstreuten, einsam gelegenen Bauernhöfe und Holzfällersiedlungen wurden jeweiligen Ämtern, also Kanzleien, zugeordnet. Dann führt die Straße nach Senftenberg und weiter hinunter ins Kremstal, in dem Industrieanlagen des beginnenden 20. Jahrhunderts liegen, bis Sie plötzlich inmitten der Stadt Krems landen. Die Stadt feierte 1995 ihr tausendjähriges Bestehen. In ihrer Brust schlagen zwei Herzen: das steinerne, ehrwürdige alte und ein junges, geschäftstüchtiges, genußvolles. Oder fahren Sie von St. Pölten durch den Dunkelsteinerwald Richtung Aggsbach Dorf. Vor Ihnen liegt die Kartause Aggsbach. Wie alle anderen Klostergebäude des Kartäuserordens wurde auch Aggsbach unter dem reformfreudigen Herrscher Joseph II. aufgelassen. Alles an dem einsamen Kloster ist schmal und hoch, sonst hätte es in diesem engen Seitental der Donau kaum Platz gefunden. Der Kirchenkörper ist einschiffig, die Dächer spitz aufragend, der Getreidespeicher magersüchtig. Eine alte Frau, die das Pfarrhaus bewohnt, beruhigend rund und rotwangig, öffnet Interessierten die Ausstellungsräume, die dem Leben der Kartäusermönche gewidmet sind. Außerdem verkauft sie Wein, dessen Erlös der Kirchenerhaltung zugute kommt. Wenige Kurven entfernt liegt dann Aggsbach Dorf, und die Ortschaft gibt den Blick zur Donau, in die Landschaft der Wachau frei.

Landschaft gibt es nur mit dem dazugehörenden Betrachter. Landschaft ist eine Erfahrung der Menschen, und Menschen haben Landschaft im höchsten Maße geprägt. Die Weinterrassen der Wachau, über 900 Jahre alt, haben die Wachau erst zu dem gemacht, was uns so lieb ist. Die Stufen, die sich bis 400 Meter über den Meeresspiegel und 200 Meter über das Donauniveau hinaufziehen, wurden händisch angelegt. Stein um Stein wurde zu Mauern gefügt, Trockenschichtung nennt das die Fachwelt. So hat man den abschüssigen Bergen der Böhmischen Masse stückchenweise Land für Wein und Obst entlockt. Der Böhmischen Masse, jenem Granitmassiv des Waldviertels, ist es auch zu verdanken, daß die Donau dieses Tal geformt hat. Geologisch gesehen sollte sie sich durch die weicheren Gebiete, die zwischen den Alpen und dem Granitmassiv liegen, graben. Sie hat es nicht getan. Sie drängte sich in Sprünge und Risse der harten Böhmischen Masse, die sie dann auswusch. Der Dunkelsteinerwald am südlichen Ufer ist geologisch noch ein Teil des nördlichen Waldviertels.

Die Wachauer Landschaft hat der Mensch nicht nur kultiviert. Er hat ihr auch Wunden zugefügt. Unter Kaiserin Maria Theresia begann man, gefürchtete Felszacken, Steinmugeln, Flußinseln zu beseitigen. Für das 18. Jahrhundert eine fast unlösbare Aufgabe. Erst 50 Jahre später war die Fahrrinne bei Grein auf 25 Meter verbreitert worden. Eine weitere Insel, der Hausstein, wurde um 1860 gesprengt. Wie solche romantischen, aber für die Schiffahrt verhängnisvollen Inseln ausgesehen haben, sieht man heute nur mehr vor dem Schloß Schönbühel: Die »Kuh«, die das »Kalb« gebiert. Reiseschriftsteller J. G. Kohl hat beschrieben, wie er eine Fahrt durch die Strudeln bei Melk im vorigen Jahrhundert erlebte: »Wir hörten den Lärm schon von weitem, und für unser kleines Schinakel, mit dem wir nahe hinzufuhren, gingen die Wellen oder, wie meine Leute sagen, die ›Wallen‹ ziemlich hoch. Wieviel kräftiger ist doch dieses volltönende ›Wallen‹. Wie schade, daß wir es zu den schmächtigen ›Wellen‹ geschmälert haben. Es erinnert gleich direkt an das Wallen, Sieden und Zischen. ›Die Wallen und Würbel da an den Fölsen‹, wie viel mächtiger, ich möchte sagen donauhafter klingt es als die ›Wellen und Wirbeln an den Felsen‹.«

Ein Eingriff mit nicht nur landschaftlichen Veränderungen war der Bau des Turbinen-Kraftwerkes Ybbs-Persenbeug.

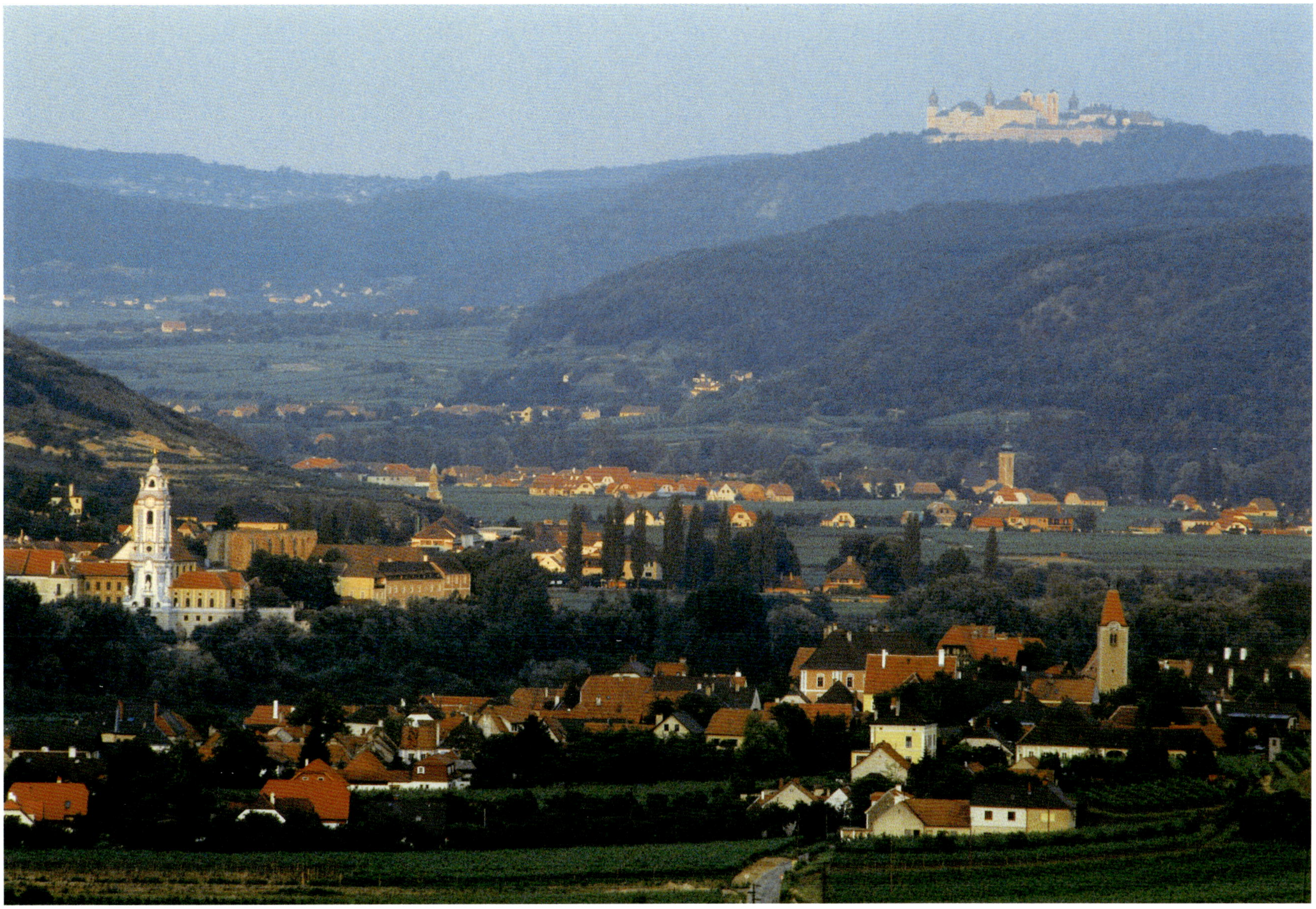

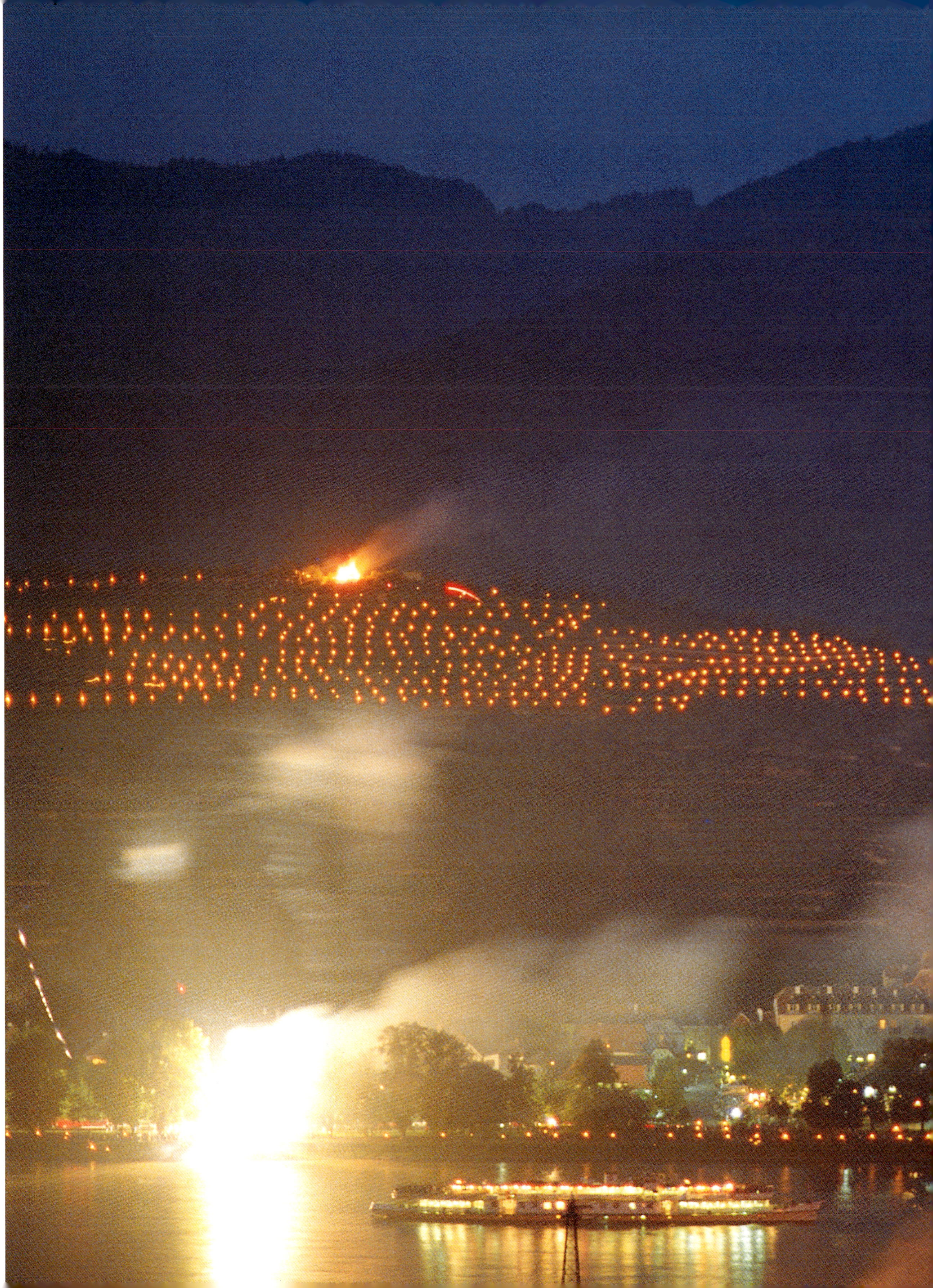

Was heute undenkbar wäre, mußte in den 50er Jahren wirtschaftlichem Kalkül weichen: Das Schlößchen Donaudorf lag vis-à-vis dem Schloß Persenbeug: es wurde gesprengt.

Die Wachauer Bundesstraße, die sich streckenweise »Romantikstraße« nennt, wird diesem Namen nicht immer gerecht. Als sie in den Wirtschaftswunderjahren ausgebaut wurde, nahmen die Planer zuwenig Rücksicht auf die landschaftlichen Gegebenheiten. Das rächt sich zum Beispiel beim Wächterfelsen in Dürnstein. Der Felsbruch ist mit engmaschigen Gittern umspannt, da ständig Geröll nachrieselt. Allerdings wurde im Jahre 1985 der Schwerverkehr stark eingeschränkt – die erste verkehrsberuhigende Maßnahme dieser Art. Glück hatten die Dürnsteiner während des Zweiten Weltkrieges. Die deutsche Wehrmacht wollte den Felsen zwischen der Stadt und dem Ufer aussprengen, um Platz für Panzer zu schaffen, die nicht durch die engen Gassen kamen. Der damalige Bürgermeister konnte das verhindern. Nach dem Krieg erzwangen die Dürnsteiner die Untertunnelung der Stadt. Der Tunnel hat das Verkehrsproblem in Dürnstein weitgehend gelöst, aber der Tourismus ist längst Massenprodukt. Man rechnet an sonnigen Wochenenden mit 3.000 durchziehenden Radfahrern pro Tag, und einem Dürnsteiner stehen 24 Besucher gegenüber. Dafür kann es vorkommen, daß man an Herbst- und Wintertagen durch ein menschenleeres Dürnstein spaziert.

Der letzte große Eingriff im Gebiet der Wachau ist die Staustufe Melk. Hier verschwand natürliche Aulandschaft und es entstand jene Natur, die die Planer gerne »Erlebnispark« nennen. Das Niveau der Donau ist so weit angestiegen, daß die stromaufwärts gelegene Stadt Pöchlarn nicht mehr an, sondern unter der Donau liegt.

Gegenüber von Pöchlarn liegt Klein Pöchlarn. Wenn es nach den Wünschen des vom Strom getrennten Ortes ginge, hätte Pöchlarn die 1934 abgetragene alte Wiener Reichsbrücke haben wollen. Diese kühne Idee hielt den technischen Überprüfungen nicht stand. So gibt es hier eine der wenigen Fähren, die auf der österreichischen Donau noch in Betrieb sind.

Zwei berühmte und sehr unterschiedliche Persönlichkeiten wurden in Pöchlarn geboren. Erstere ist Rüdiger von Bechlaren (Pöchlarn) aus dem Nibelungenlied. Die Straßen der braven Reihenhaussiedlungen nennen sich Dietlinde-, Gernot-, Giselher-, Gunther-, Ute-, Gotelinde-, selbstverständlich Nibelungen- und Rüdigerstraße. In der Rüdigerstraße wohnt Franz Knapp, pensionierter Fährmann. Als Franz Knapp, der gelernte Zuckerbäcker, die Fähre übernommen hatte, löste er jenen Fährmann Maier ab, der in der Nacht des 4. Juli 1914 mit der Überfuhr der Leichen des Thronfolgerpaares Franz Ferdinand und Herzogin Sophie betraut war.

Das nächtliche Gewitter muß den Pöchlarnern, die im Spalier auf den Trauerzug warteten, das Gefühl gegeben haben, daß Charon die Leichen über den unterirdischen Fluß Styx führte. Als Höllenhund Cerberus kann man die Hofmafia betrachten, die den ungeliebten Thronfolger noch im Tode eine grausige Fahrt zumutete. Zeitzeuge Franz Ellegast aus Pöchlarn berichtet: »Dunkle Wolken bedeckten den Himmel, als der Zug mit den Trauergästen und den Leichen des Thronfolgerpaars in der Station Pöchlarn eintraf. Nach Mitternacht zuckten die ersten Blitze auf und Donnerrollen durchbrach die nächtliche Stille. Der Himmel öffnete seine Schleusen und unter strömenden Regen wurden die beiden Särge ausgeladen und in das Vestibul des Bahnhofes gebracht. Selbes war mit schwarzen Tüchern ausgeschlagen und in eine Aufbahrungshalle umgewandelt worden. Die Särge wurden auf ein Katafalk gestellt. Ein einziger Kranz lag zwischen den beiden Särgen: der Kranz der Kinder des Thronfolgerpaares. Der Stadtpfarrer von Pöchlarn, Mathäus Bauchinger, nahm die Einsegnung vor. Gegen drei Uhr morgens hatte sich das Gewitter verzogen. Der Trauerzug formierte sich und setzte sich in Richtung Rollfähre in Bewegung. Veteranen, Feuerwehrleute und eine riesige Menschenmenge bildeten links und rechts der Straße Spalier. In tiefer Ergriffenheit ließen sie den Trauerzug vorbeiziehen. Die Rollfähre war erreicht und langsam fuhren die beiden Leichenwagen auf diese. Als die Rollfähre mitten auf der Donau war, zuckte ein einzelner Blitz auf und schlug in die Donau ein. Ein fürchterlicher Donner durchriß die Stille. Die Pferde, die den Leichenwagen zogen, scheuten und machten einen Sprung nach vorne. Ulanen, die links und rechts des Leichenwagens Ehrenwache hielten, konnten die Zügel der Pferdegeschirre ergreifen und die Pferde zurückreißen. Diesem entschlossenen und mutigen Eingreifen war es zu verdanken, daß nicht Pferde und die Wagen mit den Särgen in die Donau stürzten. Das Nordufer des Stromes war erreicht. Der Trauerzug setzte sich wieder in Bewegung, um nach Artstetten zu gelangen, wo die Ermordeten ihre letzte Ruhestätte fanden.«

Einem Fotografen, der in dieser Nacht das Geschehen festgehalten hatte, ist dank den Gewitterblitzen eine kleine Sensation gelungen. Das Foto zeigt die hochaufgerichteten scheuenden Pferde auf der Fähre. Er drückte genau zu dem Zeitpunkt ab, als das Unwetter die Szenerie an der Donau erhellte. Die Technik kannte das Blitzlicht noch nicht, die Natur kam ihr zuhilfe.

Hoch über der Donau und vor dem Hintergrund dunkler Waldwände liegt Schloß Artstetten, in dem heute das Franz-Ferdinand-Museum untergebracht ist. Vor dem Schloß steht das örtliche Kriegerdenkmal. Die ersten Namen sind Erzherzog Franz Ferdinand und Herzogin Sophie von Hohenberg. Sie sind auch die ersten Opfer des blutigen Weltkrieges.

Der pensionierte Fährmann Franz Knapp ist heute Maler. Auch er hat die schaurigen Momente der Überfuhr auf Papier gebracht. Das Zeichnen hat Franz Knapp beim zweiten berühmten Pöchlarner, Oskar Kokoschka, gelernt. Während seiner Zeit als Fährmann zeichnete er seine Passagiere. Schnelle, aus dem Handgelenk geschüttelte Skizzen von Bekanntschaften, die so lang dauerten, wie die Donau breit ist. Heute ist Knapp eine lebende Legende, voller Geschichten und Jugendlichkeit. Täglich radelt er zur Donau, Handtuch und Badehose am Gepäckträger, um ein paar Tempi zu schwimmen, sommers wie winters. Leichen mußte er nicht über den Strom führen. Doch während seiner 25jährigen Dienstzeit begegnete ihm auch Tragisches: Ein frisch vermähltes Paar durchbrach mit dem Auto den Schranken zur Rollfähre und ertrank hilflos.

Knapps Sohn, ebenfalls Maler und Hobby-Historiker, hat der Stadt Pöchlarn ein Nibelungen-Denkmal beschert. Unterhalb des neugebauten Uferdammes steht ein Halbrund aus Beton, die Anlage ist durch exakte Zahlenmystik dimensioniert. Die Betonsäulen tragen Mosaike mit den Wappen der Städte, in denen der Nibelungenzug Station gemacht hat. Vor seinem Denkmal kommt Herr Knapp junior in Fahrt. Giselher und Etzel, Kriemhild, Siegfried und Hagen ziehen stramm vorbei, herbeigeholt von den beschwörenden Worten des Erzählers.

Vielleicht wird Sie jetzt kein noch so duftender Nibelungenbraten in einem Nibelungengasthaus halten können. Vielleicht wenden Sie sich lieber Oskar Kokoschkas Bildern zu.

Das Entree der Donau in die Wachau, sowohl donauabwärts Richtung Wien als auch donauaufwärts Richtung Linz, ist gottesfürchtig. Stift Melk an einem Ende, Stift Göttweig am anderen. Der barocken Opulenz begegnet man in der Wachau auf Schritt und Tritt. Das Benediktinerstift Melk, erbaut von Jakob Prandtauer und fertiggestellt von dessen Schwiegersohn Josef Munggenast, verfehlt seine – ein wenig boshafte – Wirkung auch nicht im Vatikan: Daß die Kuppel der Kirche der vom Petersdom gleicht, ist den geistlichen Herren in Rom nicht entgangen. Dem barocken Stift Melk liegt ein reizvoller Kontrapunkt zu Füßen. Im Villenviertel des Städtchens liegen Jugendstilbauten des slowenischen Otto Wagner-Schülers Joseph Plečnik.

Im alltäglichen Leben hatte man sich mit anderen kirchlichen Herren herumzuschlagen: mit den mächtigen Passauer Bischöfen. Die bayerische Ostmission begann unter Pilgrim von Passau (971-991). Er erkannte die seßhaft werdenden Magyaren als neuen Machtfaktor an der Donau und träumte von einem geistig-weltlichen Fürsterzbistum von Passau bis nach Budapest. Die Entstehung des ungarischen Erzbistums Gran (heute Esztergom) hat er nicht mehr erlebt. Die Spuren seines Wirkens sind bis heute erhalten geblieben. Die Magyaren, an der Schnittstelle zwischen byzantinischem Osten und römischem Westen, entschieden sich für das katholische Abendland.

Andererseits haben die Bistümer Passau, Regensburg, Freising und Salzburg, vielmehr der Durst von Dutzenden bayerischen, schwäbischen und österreichischen Bischöfen, Pröpsten und Äbten der Wachauer Weinkultur zur Hochblüte verholfen. Die begnadete Lage der Weinterrassen, das schützende Donautal, die verschiedenen Höhenlagen, die unterschiedlichen Neigungswinkel der Bergrücken, die Luftströmungen; all das führt zu dem ausgeprägten und eigenwilligen Mikroklima der Weingärten. Während man an manchen Septembertagen in Tallagen schon mit zischendem Frost rechnen muß, sind ein paar Meter weiter oben die Blätter grün und leuchtend geblieben. Die topographischen Eigenheiten der Wachauer Weingärten begründen auch den Rieden-Charakter der Weine.

Nicht zu vergessen ist die Unterlage, die jeder Weinsorte anders bekommt. Veltliner und Traminer gelten als Erdweine, die auf dem kühlen Lößboden reich und duftig werden. Der Riesling wiederum verlangt nach dem steinigen Bett des Glimmerschiefers. Während der langen, heißen Sommertage erwärmt sich das Gestein und strahlt die gespeicherte Glut nachts in die Rebwurzeln ab.

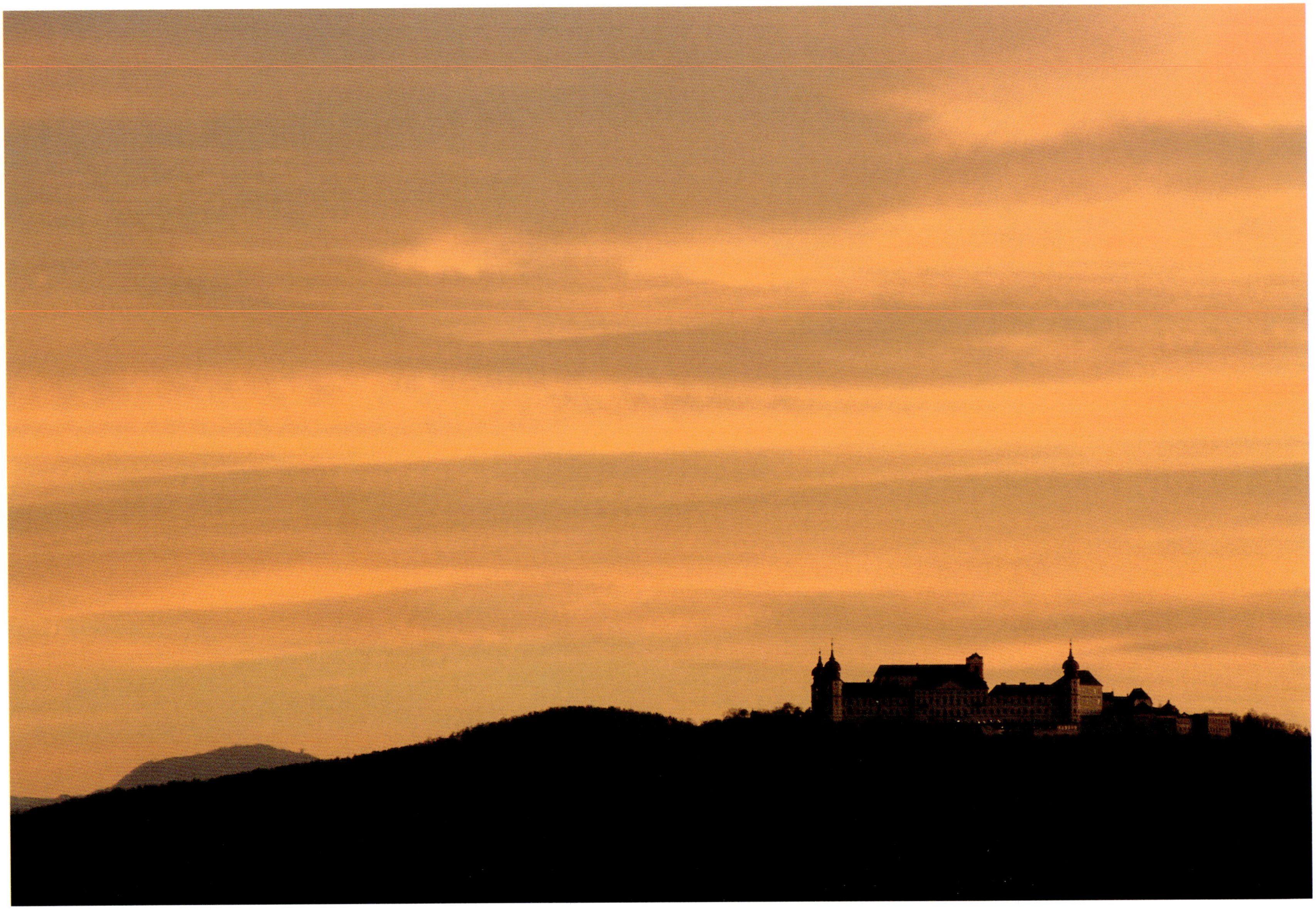

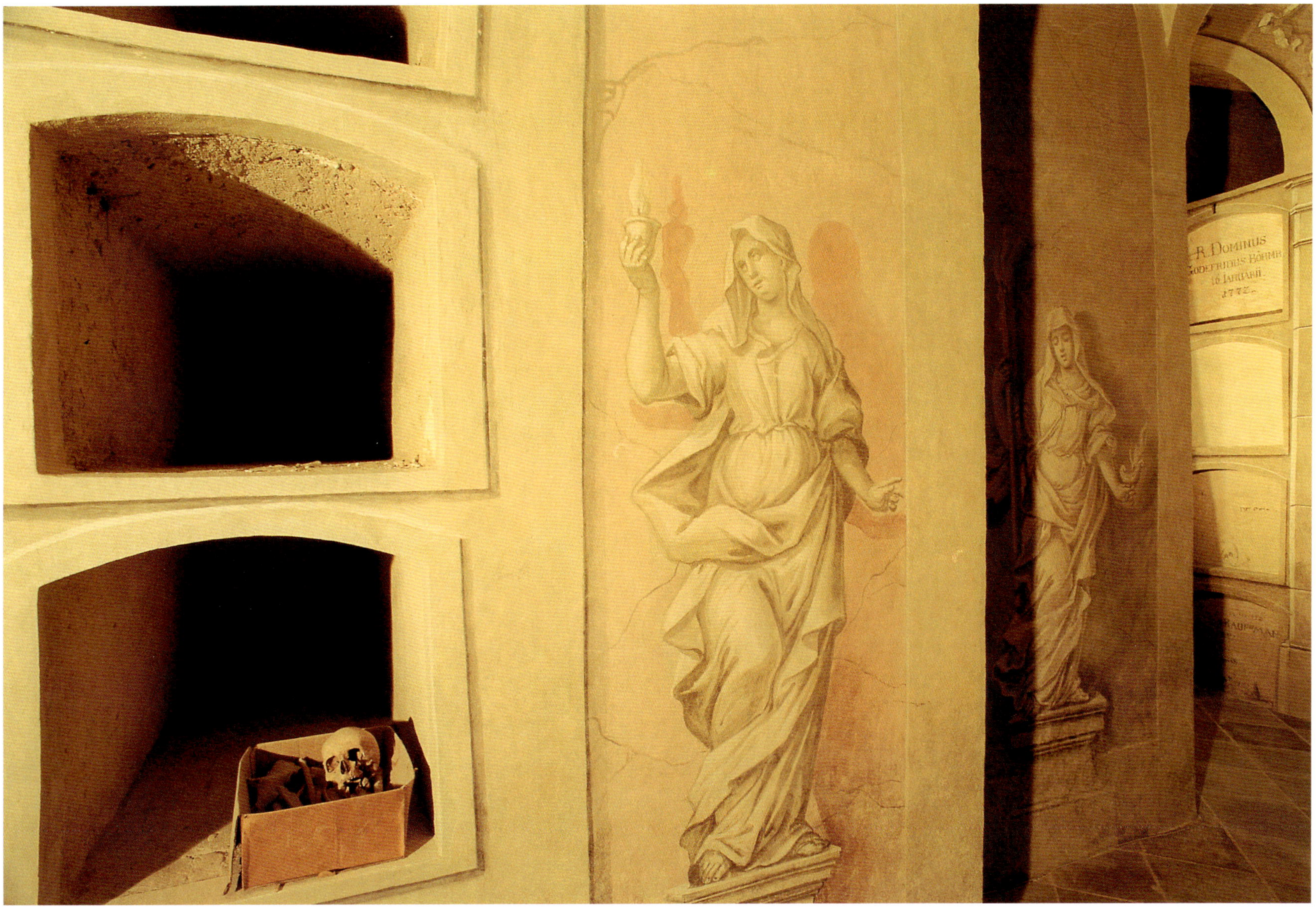
R. DOMINUS

Erstmalig wurde der Weinbau in der Wachau um 300 vor Christi erwähnt. Schriftlich taucht die Existenz der Rebstöcke dann wieder im fünften Jahrhundert auf, denn der heilige Severin soll sich vor Feinden in den Weingärten versteckt haben. Im Mittelalter lebten zwei Drittel der Kremser und Steiner Bevölkerung vom Weinbau.
Der Wein ist immer mit Geschichte und vor allem mit G'schichterln verbunden. Er hat Niedergänge und Hochblüten erlebt. Die Glykolpanscherei ist überwunden, und die neue Weinkultur dringt bis in die Supermärkte vor. Allerdings soll der Doppler – die klassische dunkelgrüne Zwei-Liter-Flasche, wenn es nach den EU-Richtlinien geht, aus den Regalen verschwinden. Doch die dem Österreicher so liebgewordene Maßeinheit wird bestimmt nicht aus den Kellern ausziehen. Sie setzt einen Kontrapunkt zum grassierenden Barrique-Ausbau, zu »designter« Etikettengestaltung; sie propagiert die neue Einfachheit, und wenn ein ehrlicher Wein drinnen ist, ist der Doppler noch immer der Inbegriff ländlicher Trinkkultur.
Der Wiener Prediger Abraham a Sancta Clara, bekannt für seine bissigen Bonmonts, prägte den Reim: »Wachauer – sauer«. Daraus läßt sich schließen, daß der Wachauer Wein nicht immer zu den beliebtesten gezählt hatte. Napoleon Bonaparte, der 1809 das zweite Mal im Stift Melk nächtigte, kostete den Wein, kritisierte seine schlechte Qualität, ließ das Kloster aber ungeschoren. Dafür hat Kaiser Franz Joseph I. den Spitzern zum Kaiserwein verholfen. Als er bei einem festlichen Anlaß im Wiener Rathaus statt dem üblichen Gumpoldskirchner Wein einen Wein aus Loiben kredenzt bekam, vergaß er auf sein »Es war sehr schön, es hat mich sehr gefreut«. Ihm ist »So wächst denn auch anderswo in meinen Landen so edler Wein« herausgerutscht. Seitdem heißt der jeweils beste Loibner Wein »Kaiserwein«. Der »Dürnsteiner Katzensprung« hat im Mai 1955 Geschichte gemacht, als mit ihm im Wiener Belvedere auf den Österreichischen Staatsvertrag angestoßen wurde.
Wie ein dicker, runder Bauch liegt der Tausendeimerberg inmitten von Spitz. Er trägt seinen Namen deshalb, weil er jeden Herbst 1.000 Eimer Wein hervorbrachte. Die alte Maßeinheit von 1.000 Eimern entspricht einem Ertrag von rund 55.000 Litern. Wer die Donau in Richtung Kamptal verläßt, wird in Zöbing vielleicht auf ein Achterl »Stierblut« einkehren. Bevor moderne Filtriergeräte eingesetzt wurden, versuchte man mit anderen Mitteln die Trübstoffe des Weines zu beseitigen. Die Zöbinger versuchten es mit der klärenden Wirkung von Eiweiß und verwendeten Rinderblut.
»Wachauer – sauer« gilt heute längst nicht mehr. Ganz im Gegenteil, der Weinbau hat sich in den letzten zehn Jahren zu einer erlesenen Weinkultur weiterentwickelt. Das ist vor allem zwei Winzergenossenschaften zu verdanken. Die »Vinea Wachau« und die »Freien Weingärtner Wachau«. Die »Vinea Wachau« zum Beispiel hat drei Kategorien geschaffen, die nur von ihren Mitgliedern geführt werden dürfen: »Federspiel« ist die Bezeichnung für Weine im Kabinettbereich mit einem fruchtigen Charakter. Der Name leitet sich von der Falkenjagd ab, der die Wachauer Burgherren gerne frönten. Die »Steinfeder« ist eine Blume, die auf den Terrassen der Wachau wächst, und der Namensgeber für leichte, duftige Weine ist außerdem als eigenständiger Gamsbartersatz auf den Hüten mancher Wachauer Trachten zu finden. »Smaragd« ist die Bezeichnung der edelsten Weine der Wachau und ehrt gleichzeitig die Smaragdeidechse, die sich gerne auf den warmen Steinen sonnt.
Die Frage »Was liegt zwischen Krems und Stein?« wird Ihnen mit großer Wahrscheinlichkeit jeder Reiseleiter stellen. Die Antwort ist kurz und logisch: »Und«. Und ist ein ehemaliges Kapuzinerkloster. Die Mönche haben, und das ist außergewöhnlich, nicht Wein gekeltert, sondern eine Mineralwasserquelle bewirtschaftet. Das Heilwasser soll Augenleiden gelindert haben. Die Quelle ist längst versiegt, und der Wein hat auch vor dem Kloster Und nicht haltgemacht: Heute ist hier das renommierte Weinkolleg untergebracht. Im Weinbaumuseum von Krems liegt ein Schriftstück aus dem Jahre 1355, welches wiederum das Bierbrauen in der Weinstadt Krems verbietet. Aber nicht im Bier liegt die Gefahr, vielmehr »Im Wein ertrinken mehr als im Meer«, wie ein Spruch im Museum besagt.
Trinken Sie nicht nur Wein. Trinken Sie die Landschaft – nehmen Sie große Schlucke und kleine. Die kleinen sind die Blicke fürs Detail: die mittelalterliche Toreinfahrt eines Lesehofes in Spitz, die windschiefen Holzunterstände auf den Weinterrassen. Die krummen, alten Rebwurzeln, in denen Fratzen und Grimassen zu erkennen sind. Sie gleichen einer Versammlung von Alraunen, jener verrenkten und formenreichen Wurzeln, die in früheren Zeiten als Zwitterwesen aus dem Reich der Übergänge zwischen Lebendem und Dingen galten. Die bizarren Felszacken oberhalb von Dürnstein, das Blütenhemd eines Marillenbaumes.

Die großen, berauschenden Blicke: Stift Melk von unten, Stift Göttweig, schwebend im flirrenden Mittagsdunst. Fahren Sie auf die behäbigen Bergrücken hinauf, zum Beispiel Richtung Altenmarkt, und unter Ihnen liegt ausgebreitet fruchtbares, kultiviertes, reiches Land. Wer von der Terrasse der Wallfahrtskirche Maria Taferl blickt, glaubt übers Meer zu gleiten. Das Meer aber ist ein Wolkenmeer, und wer dann näher zur Brüstung tritt, dem liegt das silberne Band der Donau und die braungrünen Flecken des Dunkelsteinerwaldes zu Füßen. Dieses Maria Taferl, über der Donau am linken Ufer gelegen, und Kicking, nahe Melk im tiefen Dunkelsteinerwald am rechten Donauufer, sind zwei Orte, die unterschiedliche Heilung versprechen. Erstere, in Maria Taferl, ist der gnadenreichen Muttergottes zugetan. In der Schatzkammer werden Votivtafeln, Dankgeschenke und Briefe aufbewahrt. Oft sind es einfache, berührende und unfreiwillig komische Briefe: »Heilige Maria Muttergottes, du hast mich vom Reißerten befreit.« In Kicking wirtschaftet ein Gesteinsmehlproduzent. Das zerriebene Gestein, das in einem Steinbruch nahe der Donau abgebaut wird, heilt Bäume, manchmal auch Menschen. Ein Dankesbrief an den Produzenten könnte so aussehen: »Sehr geehrter Herr, dank Ihrem Steinmehl wachsen mir wieder Haare.« Heilung durch Gebet, Heilung durch Gestein – manchmal liegt alles nah beieinander.

Vor der Einfahrt des Stiftes Göttweig stehen links und rechts zwei Mammutbäume, lateinisch »sequoiadendron giganteum«. Sie kennen diese Riesenbäume; es sind jene, welche in Kalifornien so dick werden, daß ein breiter Ami-Schlitten bequem durch den ausgehöhlten Stamm fahren kann. Durch die Mammutbäume der Göttweiger Forste kann kein Auto fahren. Ihre Größe ist dennoch beeindruckend. Die hundert Riesen sind heute über 35 Meter hoch. Als der innovative Abt Adalbert Dungel im Jahre 1880 die ersten Mammutbäume und andere exotische Nadelbäume setzten ließ, betrat er in Europa damit beinahe Neuland. Erst 30 Jahre davor hatte man die kalifornischen Mammutbäume entdeckt. Der Abt ließ sich aus Amerika Samen beschaffen und legte ein Revier an, welches heute noch 16 Bäume trägt. Die meisten sind während der strengen Fröste im Winter 1928/29 erfroren. Einen ökologischen Aspekt hat Abt Dungels Exotenliebe heute bekommen. Die Douglasien, ebenfalls ein fremdes Nadelholz, haben sich in den Zeiten des sauren Regens und des Waldsterbens als resistente und schnellwachsende Bäume behaupten können und zählen zu den hoffnungsvollen Alternativen der österreichischen Forstwirtschaft.

Stifte bewahren. Und so haben die Pater neben Abt Adalbert Dungels Mammutbäumen ein Arboretum angelegt. Dieser sehr versteckte Baumlehrpfad zeigt chinesische Sicheltannen, korsische Schwarzkiefern, japanische Ginkobäume, serbische Fichten, dahurische Lärchen, mongolische Weißkiefern ...

Heimischer sind die Marillen in der Wachau geworden. Ihr Ursprungsland ist Nordchina. Über Armenien und Syrien gelangten die samtigen Früchte nach Europa. Der römische Feldherr Lucullus, bekannt durch seinen feinen Gaumen, nahm sie bei einem Feldzug gegen die Armenier mit. Die Marillenblüte ist es, die die Saison in der Wachau eröffnet. An den »Blütensonntagen« im März oder April ist es schon Tradition, die Wachau im zartrosa Hemd zu besuchen. Man genießt mit dem Auge, was später eine süße Frucht wird. Und wieder waren es die Mönche, die den Obstbau kultivierten.

In den Gärten von Ober-Arnsdorf gediehen Marillen zum Wohle der Padres von St. Peter in Salzburg. Im 19. Jahrhundert war laut eines Chronisten namens Schweikhardt »der Wein schlecht und nur für Essig tauglich, das Obst jedoch vorzüglich.« Wohlschmeckend ist auch der Weingartenpfirsich. Die Frucht ist viel kleiner und blasser als der gezüchtete Bruder, dafür umso intensiver im Geschmack. Die Bäume klettern gemeinsam mit den Rebstöcken die Terrassen hinauf. Während der Nazizeit wurde die Direktive ausgegeben, die volksgesundheitlich uninteressanten Pfirsichbäume zu roden, um den Paradeisern zwischen den Weingartenzeilen Platz zu machen. Doch das hat wohl niemand ernst genommen.

Loosdorf nahe Melk war durch eine ganz kleine Pflanze berühmt: Safran. »Safran macht den Kuchen gelb«, heißt es in einem alten Kinderlied. Um diesen gelben Farbstoff herzustellen, wurden die gelbleuchtenden Naben aus den violetten Blüten gezupft. Loosdorfer Safran war eine Qualitätsmarke, und im Herbst blühten die Safranfelder. 1892 wurde der letzte Safrangarten aufgelassen, aber demnächst will die Gemeinde einen Safran-Kirtag feiern, und man versucht wieder Safran zu kultivieren. Trotzdem färbt man billiger mit chemisch hergestellten Lebensmittelfarben, und Safran wird heute aus der Türkei und aus Indien importiert.

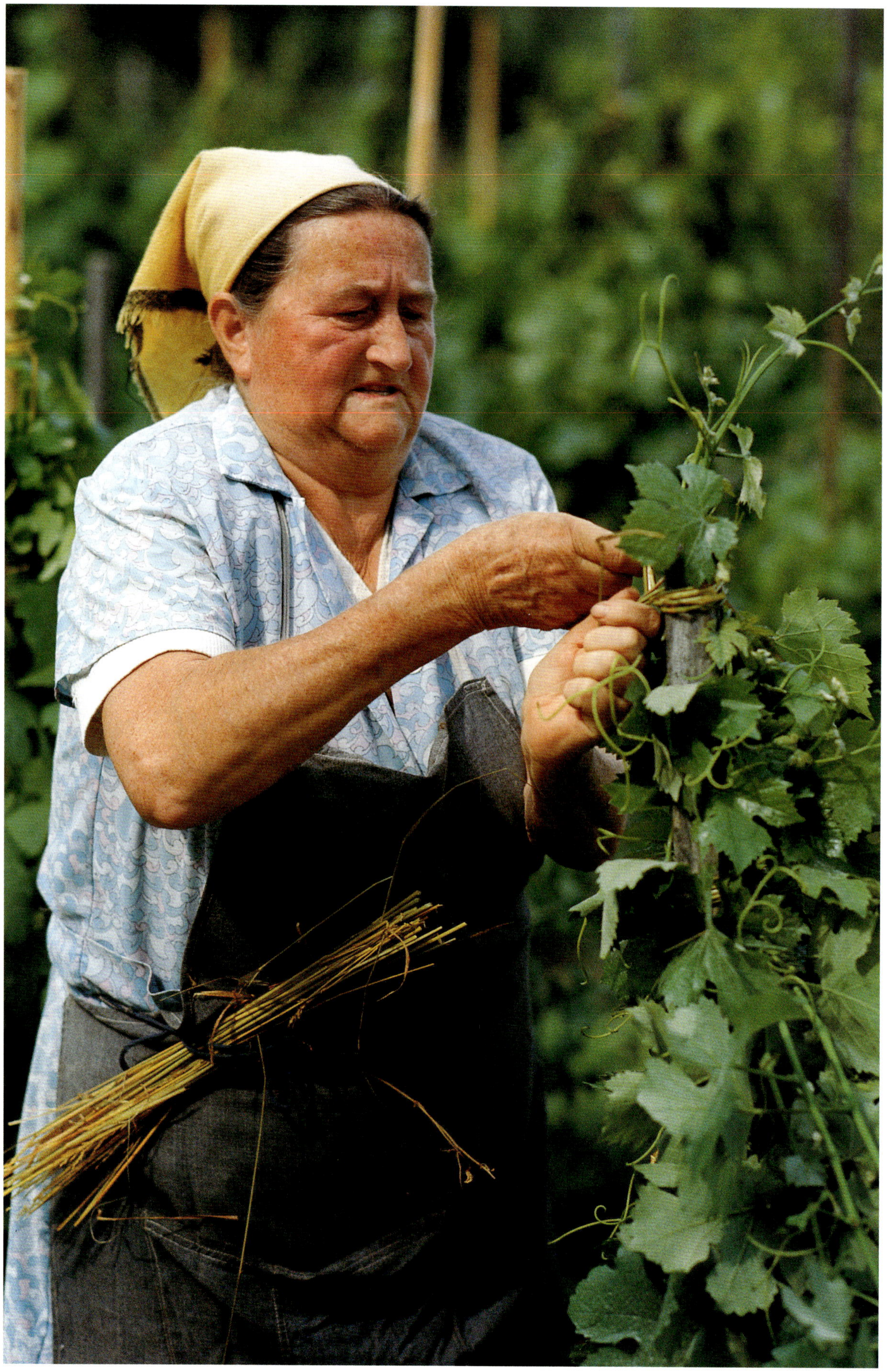

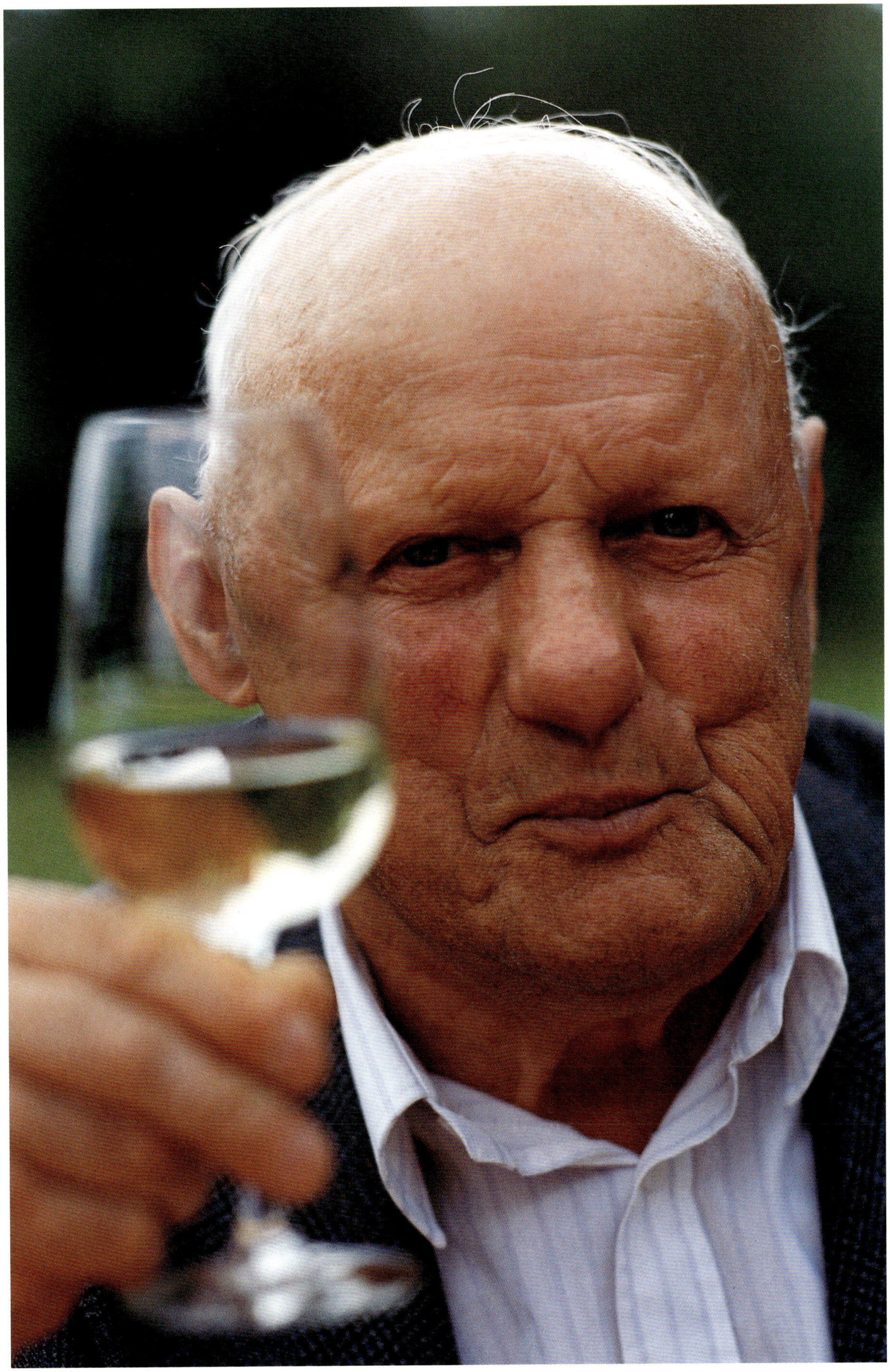

Die Farbe Blau hingegen wird in der Wachau noch hergestellt. Neben der Ruine Weitenegg am linken Donauufer liegt die letzte Ultramarin-Fabrik Österreichs. Ultramarin gibt der Tinte ihre Farbe.

Blau ist auch die Farbe, die Dürnstein seit der Renovierung des Stiftes beherrscht. Der Turm der Kirche bekam im Zuge der Ausbesserungsarbeiten seine ursprüngliche, leuchtend blaue Farbe zurück. Manchen Besuchern kommt der Turm zu zuckerlblau vor. Doch das ist ein Teil des theologischen Programms des Barocks. Im Jahre 1410 kamen die Augustiner-Chorherren nach Dürnstein und errichteten ein Kloster. Unter Propst Hieronymus Übelbacher wurde das Stift barockisiert. Das »theologische Programm« drückt sich nicht nur in der reichen Gestaltung, sondern auch in der Farbgebung aus. Der Stiftshof ist gelb und grau gestrichen. Das sind die Farben der Erde. Wenn man vom Hof durch das Portal in die anschließende Kirche geht, dominieren die Farben Grau und Weiß. Sie sollen den Übergang von der Erde in den Himmel signalisieren. Grau ist noch die Erde, Weiß schon der Himmel. Der Turm ist in den Farben des Himmels bemalt – Blau und Weiß. Am Turm von Dürnstein wohnen die vier Evangelisten, die Gottesmutter Maria, der Ordensgründer Augustinus und der heilige Nikolaus. Er ist der Patron der Schiffer und blickt direkt auf die Donau hinunter. In seiner Hand hält er eine Laterne, in der früher auch eine Kerze brannte, und somit war der Kirchturm auch ein symbolischer Leuchtturm. Von den Fenstern der Stiftsbibliothek sieht man kleine rote Elefanten am Turm. Baumeister, Künstler und Restauratoren haben sich nicht nur in früheren Zeiten mit Symbolen verewigt, der Brauch lebt auch heute noch.

Ungewöhnlichen Hasen begegnet man auf der Wehrkirche St. Michael. Sie ist die älteste Kirche der Wachau und wurde 987 errichtet. Der heutige spätgotische Bau stammt aus der Zeit um 1500. Die Hasen sitzen also seit Jahrhunderten auf dem Dachfirst, und die Sage will es, daß sie sich einmal in einem strengen Winter mit meterhohen Schneewänden aufs Dach verirrt hatten. Als plötzlich die Schneeschmelze eintrat, konnten die sieben Hasen von St. Michael nicht mehr hinunter. Und so sind sie versteinert. Eine andere Geschichte besagt, daß die Hasen Reste einer Darstellung von Jagdszenen seien. Wieder eine andere, daß der Baumeister namens Siebenhaas sich auf diese Weise ausdrücken wollte. In Wirklichkeit sind die steinernen Hasen nicht aus Stein, sondern aus Ton. Sie sind auch keine Hasen, sondern haben Hufe und tragen Geweihe.

Exotische Tiere können Ihnen manchmal in Weitenegg nahe der Ultramarin-Fabrik unterkommen. Vielleicht begegnen Sie einem Kamel. Vielleicht hat das Kamel nur eineinhalb Höcker, dann ist es ein afghanisches Tulu und gehört einer Dame, die eine kleine Gummiband-Fabrik im Weitental betreibt. Sie versorgt eine ganze Menagerie im Nebental der Donau.

Es sind eben die kleinen Begegnungen und Entdeckungen, das Unerwartete, die das Bekannte, Berühmte, in dem sooft bereisten Land unterstreichen.

Seite 53 Blick vom Steiner Hund am Kremser Ufer
Seite 55 Stift Dürnstein und Stift Göttweig
Seite 56 Sonnwendfeier in Spitz: Der Tausendeimerberg in Flammen
Seite 60 Stift Göttweig
Seite 61 In der Krypta der Stiftskriche von Dürnstein
Seite 64 Aufbinden des Weinstockes mit Strohhalmen
Seite 65 Weinbeißer

EISBRECHEN

MIT DEM MOTORSCHIFF EISVOGEL

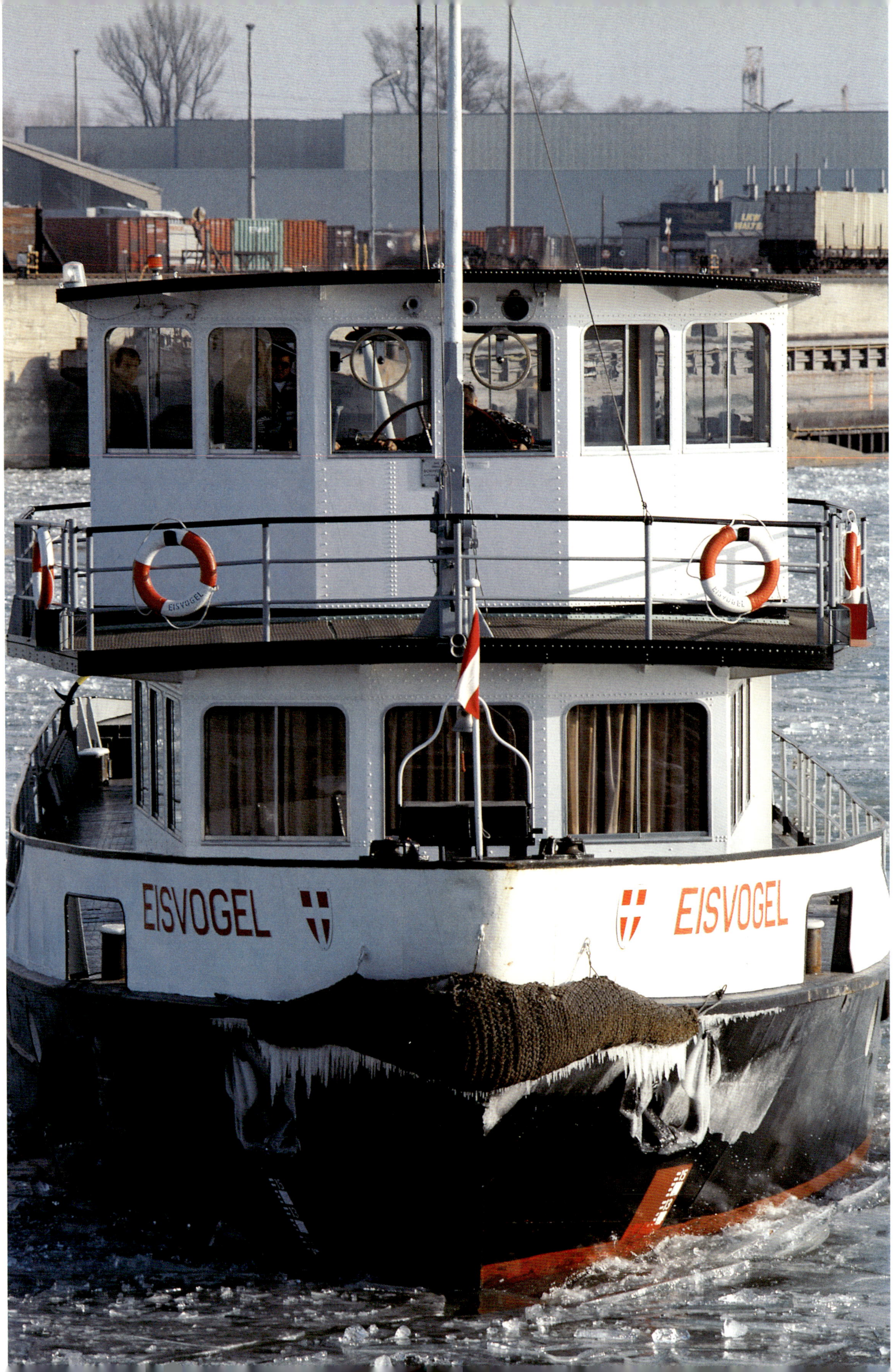
EISVOGEL
EISVOGEL
EISVOGEL
EISVOGEL

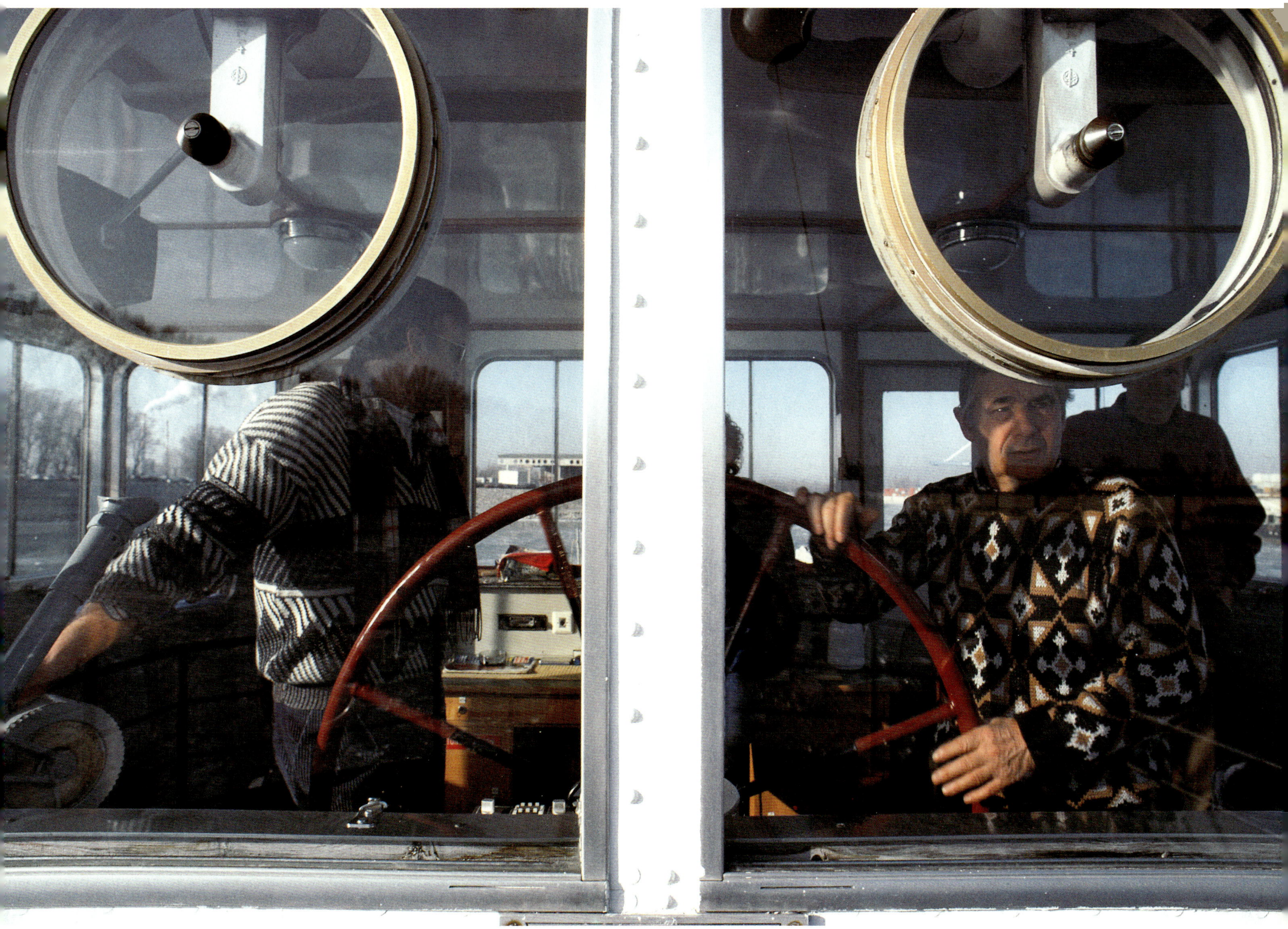

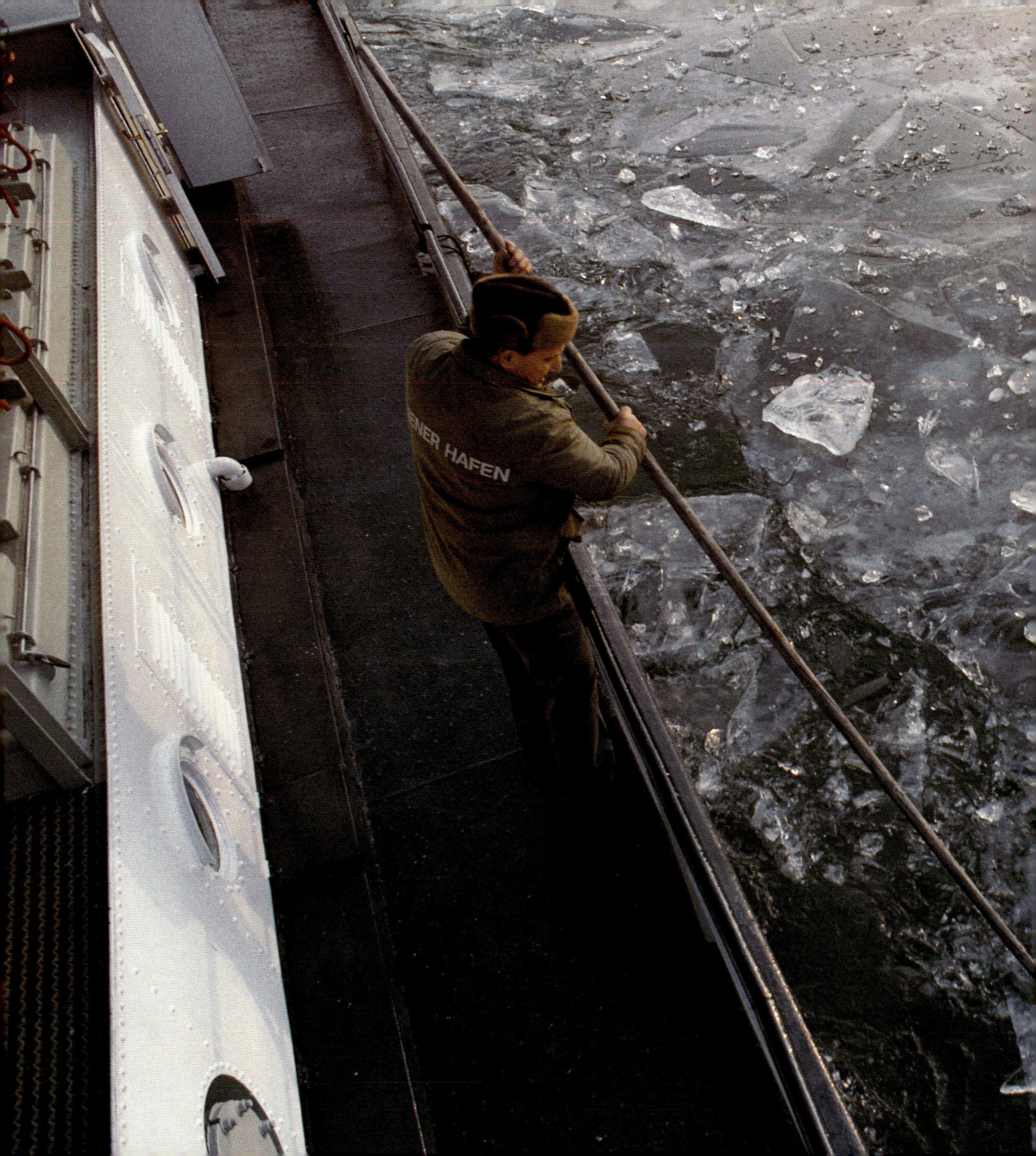
ENER HAFEN

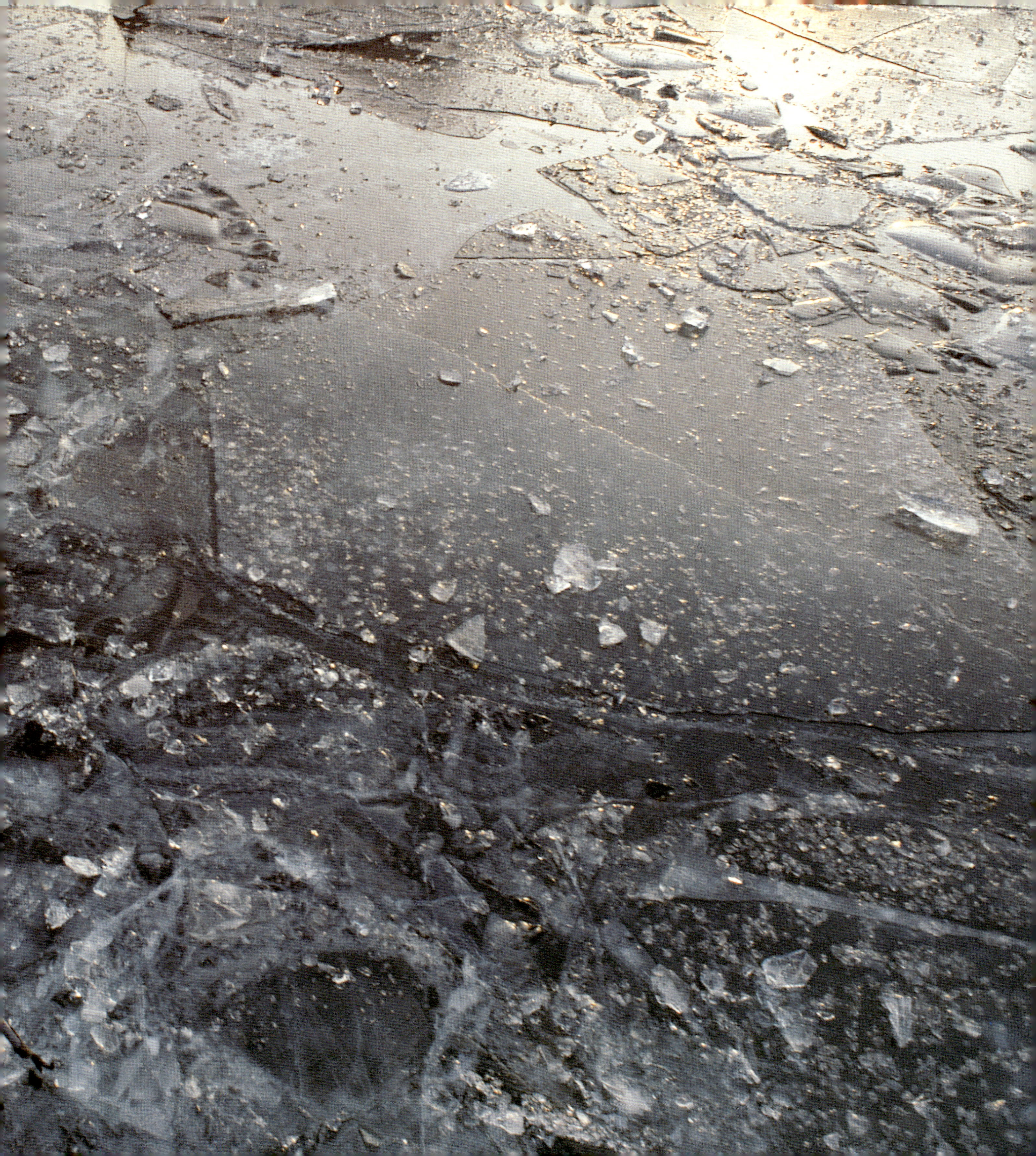

DER FRIEDHOF DER NAMENLOSEN
oder WIENER WASSERLEICHEN

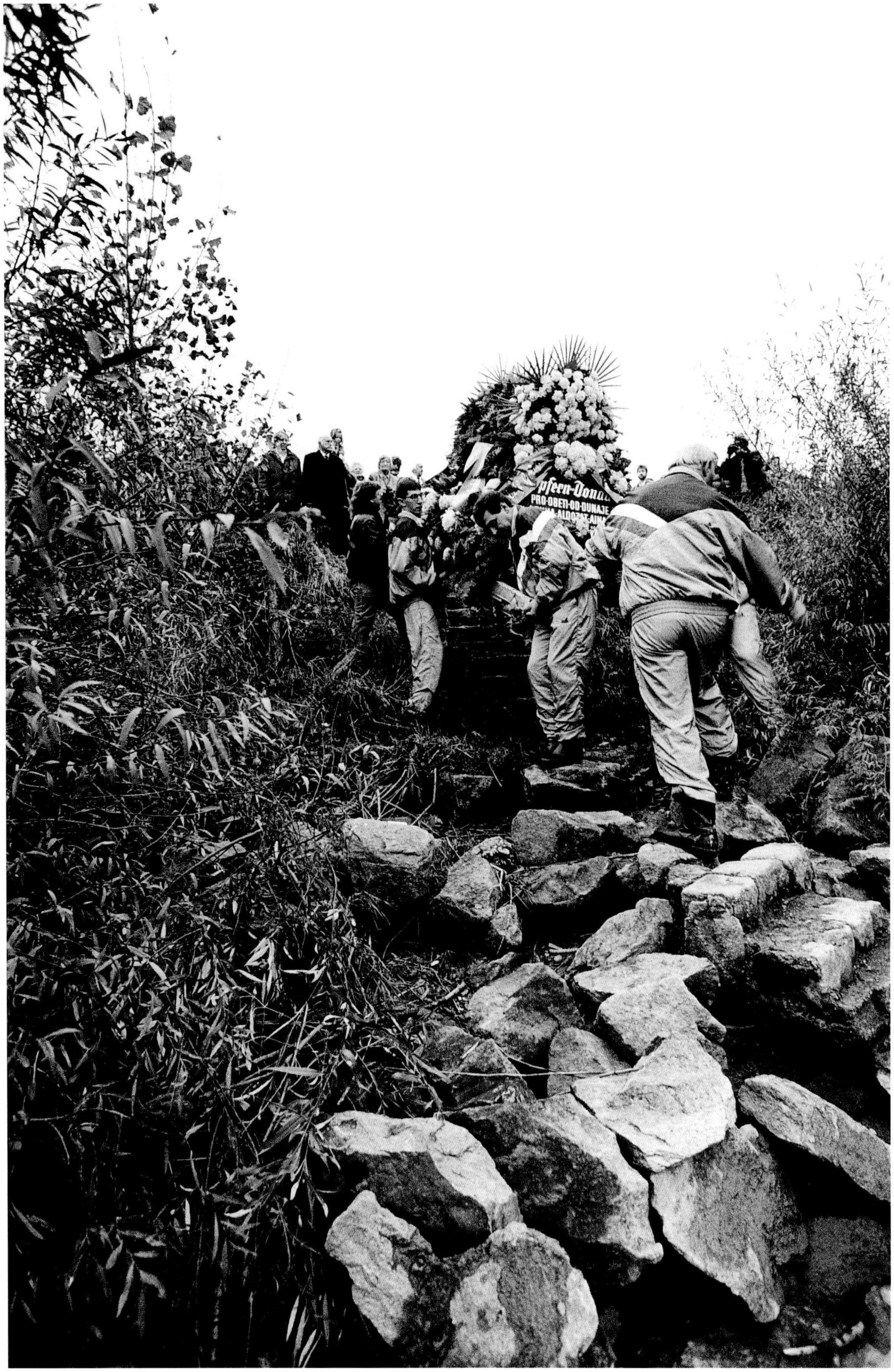
PRO-OBETI-OD-DUNAJE

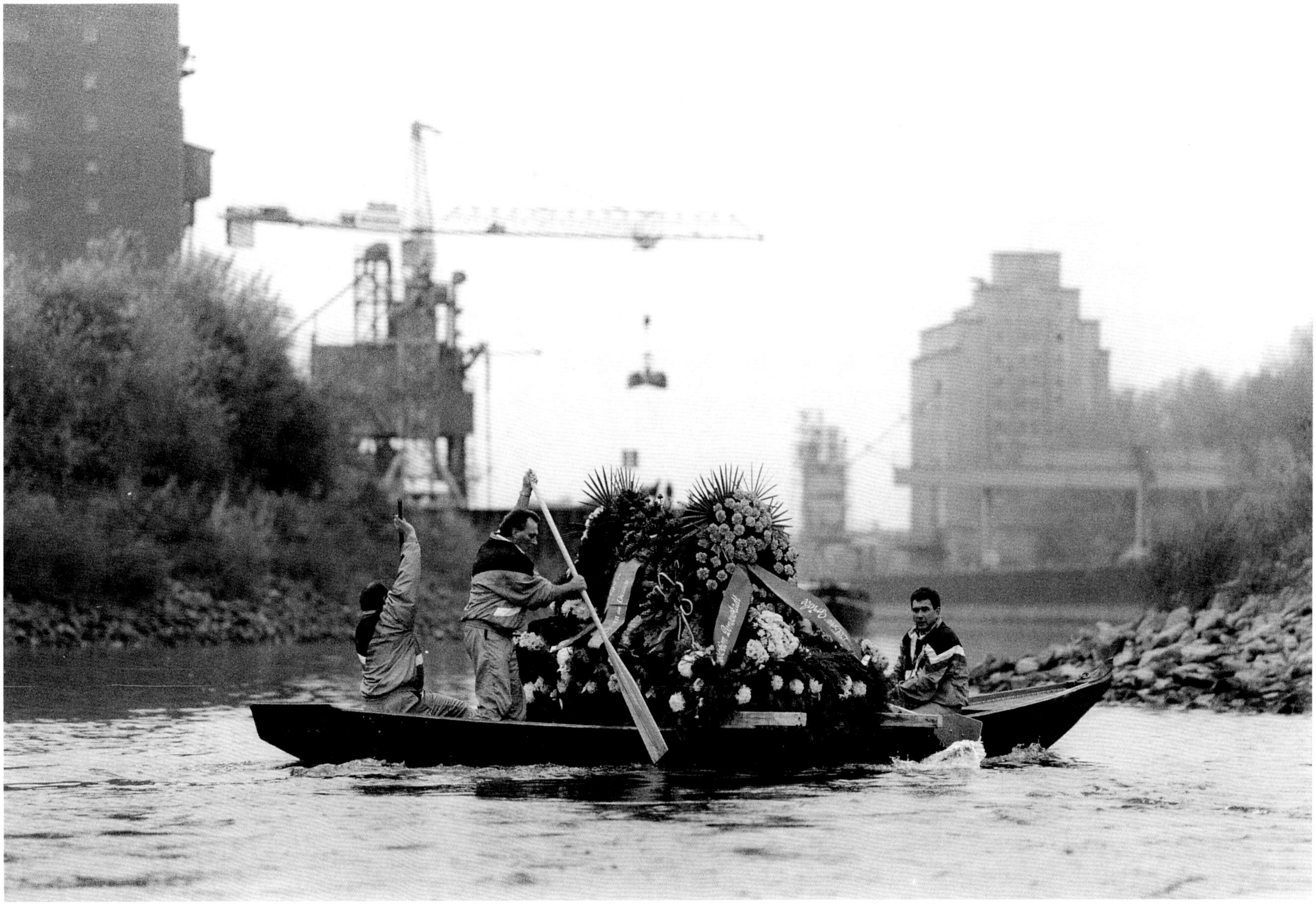

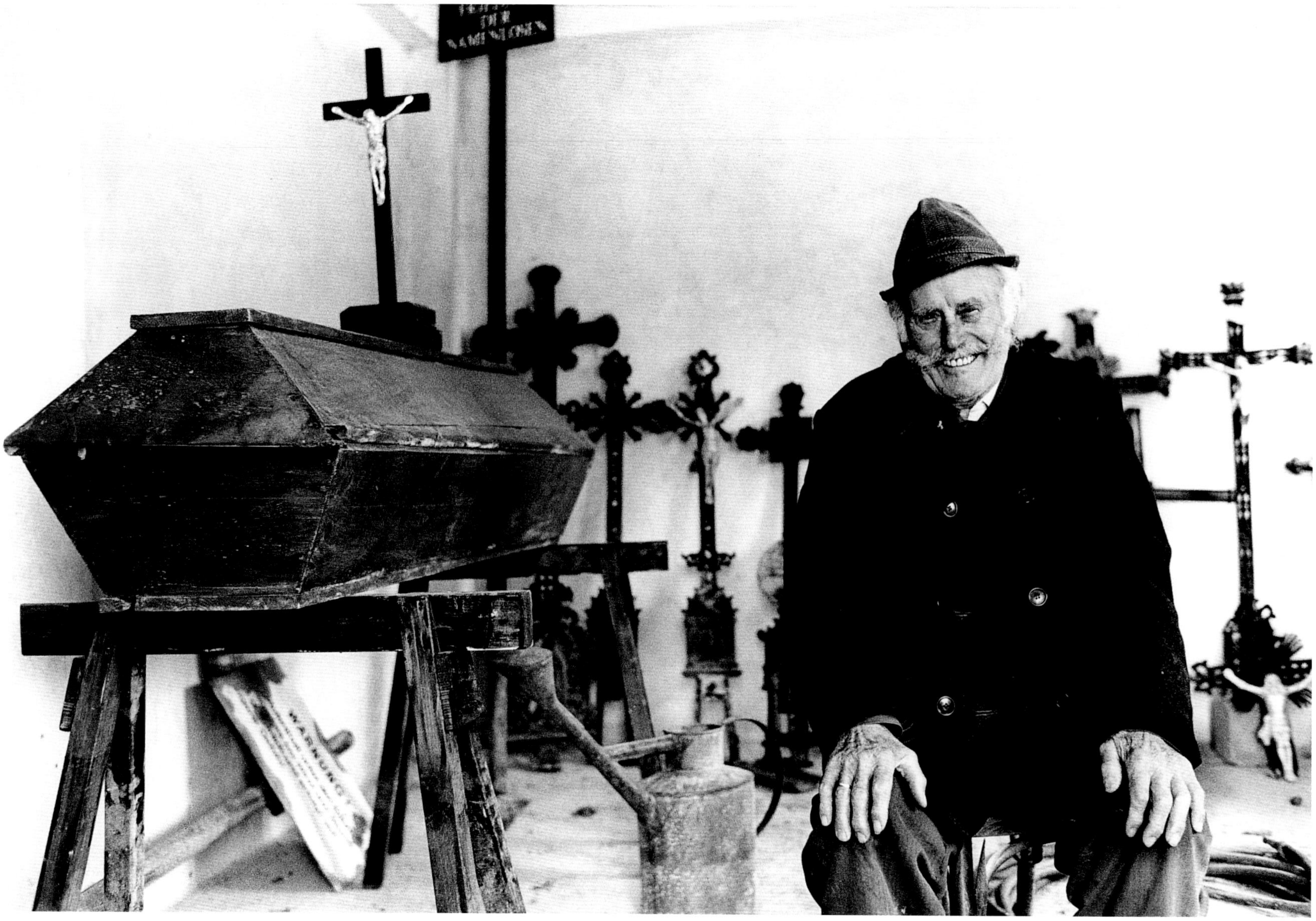

Sind wir ehrlich: Wien liegt nicht an der Donau. Wien liegt am Donaukanal. Dieser ist eben bloß ein Kanal, der den ersten Bezirk, die Innenstadt, vom zweiten Bezirk, der Leopoldstadt, trennt. Die Leopoldstadt heißt auch Mazzesinsel, woraus wiederum klar wird, daß der zweite Bezirk ein Eiland ist und zwischen Donaukanal und Donau liegt. Weiters liegen an der Donau: der 20. Bezirk, im Volksmund Zwischenbrücken genannt, die Bezirke Floridsdorf, Donaustadt, Simmering.

Wiens Glanz und Glorie spiegelt sich nicht im Donauwasser. Auch wurde der Donauwalzer nicht in Wien, sondern in Paris komponiert. Die Donau ist in Wien genausowenig blau wie in Neu-Ulm, Linz, Komaron, Subotica, Ruse oder Galaţi.

Die Donau fließt nicht durch das Herz Wiens. Und trotzdem liegt an der Donau Wiens innerstes Wesen, die lustvolle Morbidität, der versteckte Hang zum Grauslichen, die heimliche Liebe zur Gänsehaut.

An der Donau liegt der Friedhof der Namenlosen. Er grenzt an den Alberner Hafen im elften Wiener Gemeindebezirk, wo die ehemaligen Getreidespeicher leer in den Himmel ragen.

Da, wo der Beton der Stadt ausrinnt, wo seine Enden zerfransen, da, wo Industrie und Felder ineinander übergehen, da, wo Kinder beim Spielen manchmal Tote und Granaten finden, da, wo die Donau Wien verläßt, da liegen die vom Wasser »Ausgeworfenen«. Kurz und wienerisch gesagt: »die Nassen«.

Die Wasserleiche ist keine »scheene Leich«. Mit aufgedunsenem Gewebe treibt sie, falls nicht früher angeschwemmt, drei bis vier Tage im Bett des Flusses, bis der Körper das gleiche Gewicht wie das Wasser bekommt. Dann beginnt sich der Leichnam zu »wutzeln«. Wird zerschunden vom Gestein, wird eingewickelt in glitschige Algen und treibende Plastikfetzen. Am siebenten Tag taucht er auf, mit dem Rücken nach oben – gebläht, stinkend, unkenntlich.

Was mag der Entschluß sein, gerade ins Wasser zu gehen? Sich dem Strom auszuliefern, der, sobald der Kopf unter Wasser ist, sein Opfer mit einem ohrenbetäubenden Schieben des Gerölls willkommen heißt. Hat man die Augen geschlossen, oder sieht man das trübe, braungrüne Wasser, die Schatten der Algen und der glotzenden Weißfische, vielleicht einen Sonnenstrahl und in ihm Millionen schwebender Partikelchen? Schmeckt das Wasser salzig nach den Tränen der Verzweiflung, Angst und Einsamkeit? Und wie viele wollen zurück, doch ihre Lungen, bereits gefüllt mit Wasser, versagen?

Der Friedhof der Namenlosen ist ein friedlicher Ort. An der Eingangsmauer ist eine Tafel angebracht, mit einem Gedicht des Grafen Wickenburg:

Tief im Schatten alter Rüstern,
Starren Kreuze hier am düstern
Uferrand,
Aber keine Epitaphe
Sagen uns, wer unten schlafe,
Kühl im Sand.
Still ist's in den weiten Auen,
Selbst die Donau ihre blauen
Wogen hemmt.
Denn sie schlafen hier gemeinsam,
Die die Fluten still und einsam
Angeschwemmt.
Alle, die sich hier gesellen,
Trieb Verzweiflung in der Wellen
Kalten Schoß,
Drum die Kreuze, die da ragen,
Wie das Kreuz, das sie getragen,
»Namenlos«.

Es scheint, als ob die Toten dieses Friedhofes ihre Verzweiflungen und Ängste nicht mit ins Grab genommen hätten. Geschützt von schattigen alten Bäumen und von der Böschung des Hochwasserdamms liegen 104 Tote in 102 Gräbern. Hier passiert das Donauwasser gerade Stromkilometer 1918,3 und die Kräne des Alberner Hafens spiegeln sich darin. Hier spie die Donau ihre Opfer aus. An jener Stelle, die »am Sauhaufen« genannt wird, und wo ein Wechsel (Wasserstrudel) die Leichen ans Ufer schwemmt. Aus den Totenbüchern der Gemeinde Kaiser-Ebersdorf ist zu entnehmen, daß 665 Ertrunkene zwischen den Jahren 1784 und 1896 an dieser Stelle aus dem Wasser geborgen wurden. Meist entdeckten sie Fischer und hievten die Körper mit Netzstangen aus dem Wasser. Wenn der Verwesungsgeruch bereits zu stark war, begruben sie sie an Ort und Stelle. Mitte des 19. Jahrhunderts beschloß man, eine Begräbnisstätte für die Donautoten zu schaffen. Sie wurde von Braugesellen des Groß-Schwechater Brauhauses gepflegt. Der frühere Friedhof der Namenlosen befand sich noch ganz in der Nähe des Stromes, sodaß die Gräber regelmäßig vom Hochwasser ausgewaschen wurden. Als ob die Donau den Ertrunkenen nicht genug angetan hätte, holte sie die Ihren wieder zu sich zurück.

Aus diesem Grunde verlegte man den Friedhof im Jahre 1900 hinter den Hochwasserschutzdamm. Der Friedhof der Namenlosen ist – glaubt man einer amerikanischen Friedhofsforscherin – der einzige seiner Art. Die Wiener haben eben einen Hang zur Nekrophilie.

Auf anderen Friedhöfen entlang der Donau existiert hie und da ein Platz für die Wasserleichen. Wie zum Beispiel in Haibach, Oberösterreich. Wenn im Raume Passau ein Mensch ertrank, hat man die Bevölkerung von Haibach informiert. Die »Leichenpasser« haben dann sieben Tage später den angeschwemmten Körper geborgen. Wenn ein Haibacher ins Wasser ging, tauchte er meist bei St. Nikola wieder auf. Daher war in St. Nikola ein eigener Friedhof für die Haibacher angelegt worden. Die Donau verbindet die Menschen – bis in den Tod.

Steht man auf einer Brücke oder Anhöhe und schaut einige Sekunden starr ins Wasser, so beginnt dieses magisch zu ziehen: Zuerst werden die Augen schwer, dann zieht, kaum merklich, der Kopf nach unten, die Hände, der Oberkörper drängen nach. Spätestens, wenn sich ein Schwindelgefühl einstellt, ist es an der Zeit, den Blick vom Wasser abzuwenden. Die, die hier liegen, die unbekannten und bekannten Wasserleichen, haben ihren Blick zu spät zurückgenommen. Aber da gibt es noch die hilflos ersoffenen, die sternhagelvoll besoffenen und die tragisch verunglückten Toten. Und die ums Leben gekommenen Matrosen und Hafenarbeiter. In den Totenbüchern sind die Namenlosen schlicht als »unbek. W.L.« – unbekannte Wasserleichen – vermerkt. Ab und zu die Zusatzinformation: männlich oder weiblich. Um die Toten leichter identifizieren zu können, erhielt das Gemeindeamt Albern alle Abgängigkeitsanzeigen und Beschreibungen von Personen zugesandt, die Selbstmordabsichten geäußert und die angekündigt hatten, daß sie ins Wasser gehen. Außerdem bekam die Gemeinde Albern alljährlich von der Stadt Wien einen Pauschalbetrag, um die Unkosten der Beerdigung abdecken zu können. 1940 wurde am Friedhof der letzte Tote begraben. Durch die Regulierung der Donau verschwand jener Strudel, der die Wasserleichen ans Tageslicht beförderte. Heute werden im Jahr zwei, höchstens drei Tote entdeckt, früher waren es sechs, sieben oder acht.

Mit dem letzten Begräbnis endete die Arbeit des Totengräbers Josef Fuchs. Nicht aber beendete er seine Arbeit als Betreuer, als Gärtner – weil ein Lebenswerk nicht zu beenden ist. Weil Herr Fuchs – schon längst in Pension – die Seele des Friedhofs ist. Weil er tagtäglich vorbeikommt, Laub und Äste wegräumt, Kerzen anzündet, manche, vom Wind gebeugte schmiedeeiserne Kreuze wieder aufrichtet und die Plastikblumen arrangiert. Er kennt jedes seiner Gräber. Er weiß die Geschichten, die hinter den Nummern verborgen sind. Im Grab Nr. 1 liegt unbekannt, männlich, im Grab Nr. 88 steht auf dem Täfelchen anstatt des Namens »Ruhe sanft«. »Unvergeßlich« ist die unbek. W.L. auf Grab Nr. 82. Viele von ihnen hat er gewaschen, angezogen und aufgebahrt, hat ihnen die Augen geschlossen und ein Totengebet gesprochen. Jahrelang, für ein geringes Gehalt. Die Friedhofsbetreuung war nie seine Hauptbeschäftigung. Josef Fuchs war vor seiner Pensionierung auch Gemeindewachmann von Albern. Herr Fuchs ist ein bescheidener Mann. Über bescheidene Menschen ist schwer zu berichten, denn Wörter sind aufdringlich.

Wenn er dann seinen Rundgang im Friedhof der Namenlosen beendet hat, geht er ein paar Schritte weiter ins Wirtshaus. Ins Gasthaus »Beim Friedhof der Namenlosen«; denn Wien wäre nicht Wien, bekäme man bei all den Toten nicht Durst. Voll und warm ist es drinnen. Fischer und Fernlastwagenfahrer, Einheimische und Ausflügler, Zollwachebeamte und Hafenangestellte sitzen bei Bier und Würstl im Saft. Am Stammtisch wird geschnapst. Draußen peitscht der Herbstwind die Blätter von den Bäumen und die Donauwellen hoch. Wenn der Sturm nachläßt, hört man ein Hämmern. Wird ein Sarg gezimmert? Nein, ein schwimmendes Floß, ausgekleidet mit Styropor und geschmückt mit Tannenreisig. Jedes Jahr, am Sonntag nach Allerheiligen, übergibt der Arbeiter-Fischereiverband, Sektion Albern, das Floß dem Strom.

Über 400 Menschen haben sich an diesem Sonntag im November vor dem Friedhof der Namenlosen eingefunden. »Gemma Leich schaun«, heißt es auf Wienerisch, wenn man ein Begräbnis besucht. Dies ist kein Begräbnis. Niemand liegt im schwimmenden Sarg. Das Sargfloß steht blumengeschmückt zwischen den alten Kastanien des Gasthausgartens. Sechs Fischer des Alberner Fischereiverbandes nehmen seitlich Aufstellung. In türkisen Jogginganzügen und schwarzen Gummistiefeln geben sie ein reichlich komisches Bild ab. Und davor steht der kleine Herr Fuchs, die Seele des Friedhofes, feierlich, im schwarzen Anzug und schwarzen Mantel, den Hut in der zittrigen rechten Hand. Die Blasmusikkapelle der Simmeringer Gärtner beginnt zu spielen. Lokalpolitiker halten Reden. Sie sprechen über den Freitod und über Nächstenliebe, über Vandalen, die kürzlich den Friedhof verwüstet haben, und darüber, daß das geplante Kraftwerk Freudenau weder das Gasthaus »Beim Friedhof der Namenlosen« noch den Friedhof der Namenlosen gefährden wird.

Dann setzt sich der »Kondukt« in Bewegung, allen voran Herr Fuchs, dann das Floß und die türkisen Floßträger, die Blasmusikkapelle intoniert »Wir hatten einen Kameraden«. Die ersten Tränen fließen, tropfen in die Lachen der schlampigen Schotterstraße. Über 400 Menschen begleiten dieses Floß – oder ist es doch ein Sarg? – den kurzen Weg zur Donau hinunter. Im Ufergebüsch liegt eine Zille bereit, man hievt das Floß darauf, rudert zur Strommitte. Die Fischer in den türkisen Jogginganzügen heben jetzt das Floß von der Zille, übergeben es dem Strom. Es dreht sich ein, zweimal um die eigene Achse, Wellen lecken an den Kranzschleifen und dann schwimmt es donauabwärts. Die Fischer in der Zille begleiten das Floß noch bis zur nächsten Biegung, so weit, daß die Trauergäste am Ufer sie nicht mehr sehen können, stoppen das Floß kurz und entnehmen ihm die blechernen Laternen. Diese werden nächstes Jahr wieder gebraucht. Sein oder Schein, alles fließt ineinander.

Jäger des örtlichen Jagdverbandes feuern drei Schüsse ab. Herr Fuchs wischt sich keine Mücke aus dem Auge, sondern zerdrückt kleine Tränen. Wieder setzt sich der Trauerzug in Bewegung, jetzt geht es zurück zum Friedhof. Davor verteilen die Fischer und ihre Helfer Blumen. Die Gräber mit den schmiedeeisernen Kreuzen, grasüberwachsen, umrankt von Immergrün und Efeu, eingefaßt von Buchs und Vergißmeinnicht, schmücken sich nun mit gelben und weißen Astern.

Josef Fuchs, jetzt ganz Hausherr, aber immer noch sehr bescheiden, geht herum, plaudert mit den Besuchern, erzählt hier und dort ein Geschichte. Zum Beispiel jene, als im Frühling 1976 eine Filmgesellschaft im Friedhof drehte, und diesen mit chemischen Mitteln in eine Herbstlandschaft verwandelte. Man stelle sich die Verzweiflung des Herrn Fuchs vor, als er am nächsten Tag mit seinem Rad angefahren kam und verwelkte Tulpen und braunes Gras antraf. Die Filmgesellschaft mußte den angerichteten Schaden ersetzen, doch die Wochen der Trostlosigkeit konnte sie nicht wiedergutmachen.

Oder die Geschichte eines Mannes, der Arnold Moser hieß, und oft an einem der Gräber stand. Seine Braut liegt hier begraben. Sie stürzte sich als junges Mädchen in die Donau, im dritten Monat schwanger. Ihrem Bräutigam hinterließ sie einen Brief: »Verzeih mir, daß ich Deinen Ring mitnehme. Aber ich werde ihn Dir zurückgeben, wenn die Zeit gekommen ist.« Arnold Moser war danach in die USA ausgewandert. Erst im Alter ist er wieder nach Wien zurückgezogen, als ziehe ihn das Grab seiner nassen Braut zurück. Und als er wieder einmal nach Albern fuhr, um sie zu besuchen, überraschte ihn ein Unwetter. Er flüchtete in eine Fischerhütte und der Fischer bot ihm an, über Nacht zu bleiben. Ein Geräusch weckte ihn aus dem Schlaf, im fahlen Nachtlicht stand ein Mädchen, das Arnold Moser stumm einen Ring überreichte. Mit halbem Auge, schlaftrunken, sah der Fischer beide aus der Hütte verschwinden. Wochen später hat man in Ungarn eine Wasserleiche aus der Donau gefischt. An einem Finger trug der bis zur Unkenntlichkeit aufgedunsene Mann einen Ring mit der Gravur »Arnold für Vreni«.

Über Liebe und Tod an der Donau steht in einer Zeitungsnotiz vom 30. Mai 1994: »Bluttat in der Donau-Au geklärt. Liebesromanze einer Prostituierten: sie wollte mit Stammkunden sterben.« In der Mannswörther-Au, nicht weit vom Friedhof der Namenlosen, fand man die Leiche der Prostituierten E. P., 37, Mutter eines neunjährigen Sohnes und die Leiche ihres Stammkunden H. B., 36. Den Abend vor ihrem Tod verbrachten sie im Gasthaus »Beim Friedhof der Namenlosen«. In der Zeitung steht: »Man aß Wurst in Essig und Öl und trank Cola. Dann verfaßte das Paar zwei Abschiedsbriefe, stellte den Wagen ab und marschierte kilometerweit durch die Au zum späteren Sterbeort. Am 25. Mai, dem Geburtstag von E. P., starben sie. An jener Stelle, wo sie schon früher oft mit ihrem Freier gewesen war, fand man ihre Leiche.«

Auch aus jüngerer Zeit stammt die Geschichte einer jungen Hamburgerin, die nach Wien fuhr, um das Grab ihres Großvaters zu suchen. Sie fragte auch Josef Fuchs, doch er konnte ihr nicht helfen. Das Mädchen reiste wieder ab, ohne ihren Namen zu hinterlassen. Wenige Tage später fand Fuchs eine alte Tafel: Julius Bernegger, Hamburg, Gestorben 1923. Das war der gesuchte Großvater. Mithilfe von Zeitungsberichten hat man das Mädchen in Hamburg ausfindig machen können und Josef Fuchs konnte wieder seinen Frieden finden.

Aber auch irdische Dinge behandelt Josef Fuchs zwischen Grab Nummer 27 und 28: »Wissen S', das beste Hühnerschnitzel muß man dreimal panieren.« Ein kleiner Bub will wissen: »Papi, was ist ein Friedhofsgärtner?« Der Vater: »Burli, das ist so eine Art Hausmeister.« Der Wiener ist in seinem Element: Er steht am Friedhof, spricht über die Panier, schimpft über seine Nachbarn. Im Gasthaus beim Friedhof der Namenlosen kocht mittlerweile das Gulasch in den Töpfen, die weißen Gspritzten rinnen die Kehlen runter.

Runter schwimmt auch das Floß, passiert die Hainburger Auen, nähert sich der slowakischen Grenze. Dreisprachig ist auf den Kranzschleifen zu lesen: »Den Opfern der Donau.« Denn bald wird das schwimmende Mahnmal die Grenze passieren. Und kommt es vor, daß es im Ufergebüsch hängenbleibt, so ist, ebenfalls auf slowakisch und ungarisch vermerkt: Bitte weiterstoßen.

So lange treibt es, bis es die Wellen des Schwarzen Meeres verschlingen.

DIE BURG THEBEN
und DIE DONAU ALS GRENZE

»Die Grenze der Verständigung hat mit der geographischen Grenze nichts zu tun.«
(Peter Nádas)

Als Kind lebte ich an einem Ort, der nur drei Himmelsrichtungen hatte: den Süden, den Westen und den Norden; der Osten war ein schwarzes Loch. Ein Niemandsland, eine terra prohibita. Der Osten war ein fremdes Land, das nicht betreten werden durfte. Niemals. Das Land wurde Tsche-es-es-er genannt. Das klang metallisch und kalt. Im Heimatkundeunterricht erfuhr das Kind nichts von diesem Land. Bevor der Osten begann, verlief die Grenze – die Grenze zur Tschechoslowakei. Hinter der Grenze begann der Osten, die verlorene Himmelsrichtung. Die Grenze war einerseits sichtbar, andererseits unsichtbar. Die unsichtbare verlief durch den Wald. Ab und zu standen weiße Schilder mit der roten Aufschrift »Achtung Staatsgrenze«. Kein »Betreten verboten« war darauf zu lesen. Allein die beiden Wörter »Achtung Staatsgrenze« beinhalteten das strikte und anscheinend selbstverständliche Verbot, das Land dahinter zu betreten. Ich habe es trotzdem gemacht. Aber ich habe diesen abenteuerlichen Schritt als Unfall gemacht. Mit dem Rad fuhr ich auf einer Sandstraße, die entlang der Grenze lief, und ließ mich seitlich in den Straßengraben fallen. Ich lag im trockenen Gras und dachte, daß ich jetzt auf tschechoslowakischem Boden sei. Hätte mich ein Soldat gesehen, so hätte ich die Ausrede des Radunfalls gehabt. Das waren Gedanken eines achtjährigen Kindes. Die Grenze war absolut. Daß die weißen Tafeln mit der roten Aufschrift »Achtung Staatsgrenze« noch nicht die eigentliche Grenze markierten, sondern ihre Ankündigung, beziehungsweise Vorwarnung, erfuhr das Kind erst viel später. An Eindringlichkeit haben diese Tafeln aber nicht verloren.

Die Grenze war auch ein Teil der kindlichen Spiele. Obwohl ich die Grenze nie überschritten hatte, spielte ich gemeinsam mit anderen Kindern »Paßkontrolle«. Wir fuhren auf unseren Fahrrädern herum, und an einem bestimmten Punkt stand ein Zöllner, der den Paß – ein Kastanienblatt – stempelte. Mein erster Berufswunsch war ebenfalls an diese magische Grenze gebunden: So wollte ich »Finanzer« werden. Das waren die Männer, die die Grenze auf österreichischer Seite beaufsichtigten.

Als sichtbare Grenze empfand das Kind den Fluß. In seiner Mitte verläuft die Grenze. Das Wasser beneidete ich ob seiner Ignoranz, ebenso die Fische. Die Fischer waren die mutigsten Männer für mich. Sie standen in hüfthohen Gummistiefeln im Wasser und warfen die Angel aus – manchmal auch über die Flußmitte. Die Grenze entlang der Weingärten war noch beeindruckender. Hier stand der Stacheldrahtzaun, den die Erwachsenen Eisernen Vorhang nannten. Er verlief gemeinsam mit den sanften Schwingungen der Hügel, alle paar hundert Meter stand ein Wachturm. Niemals gingen wir ohne Fernglas dorthin. »Ins Land schauen« nannte das die Bevölkerung an der Grenze. Da gab es die goldene Kugel am Kirchturm des tschechoslowakischen Dorfes zu sehen. Da sah man die Soldaten in den Wachtürmen. Manche seien nicht echt, nur aus Karton, hieß es. Damit sollte der Anschein erweckt werden, der Turm sei immer besetzt. Man sah auch Leute in den Kolchos-Weingärten arbeiten, doch die waren so klein, daß sie als reelle Menschen für den kindlichen Betrachter nicht mehr in Frage kamen.

Wenn Unkundige sich der Grenze näherten – die österreichische Zollwache hielt Insassen von Pkws mit Salzburger oder Tiroler Kennzeichen für solche – hielten die Beamten das Auto auf, um auf die Tatsache der Grenze hinzuweisen. Es konnte auch folgendes passieren, wovon im Oktober 1984 ein Zeitungsartikel berichtet: *Vier Stunden waren sie Gefangene der ČSSR: Zehn Bregenzer Schüler hatten sich bei einem Ausflug in Kittsee im Burgenland zu weit auf einen Acker vorgewagt. Dann knallten Warnschüsse; die Siebzehnjährigen schauten in die Gewehrmündungen der ČSSR-Grenzer. Denn bei Kittsee verläuft die Staatsgrenze in der Mitte der Asphaltstraße ... Die Burschen wollten sich die Lampen und Warnanlagen aus der Nähe ansehen. Die Grenzer waren sehr freundlich.* »Wir bekamen Kaugummi und Limonade in der Grenzwache!« *So Professor Schüssling ein wenig später zu den Journalisten.*

In der Nacht sah man die Grenze nicht. Man konnte sie nur erahnen, wenn Leuchtkugeln in den Himmel stiegen, um das Terrain zu erhellen. Die »Tschechen-Blitze« nannten das die Erwachsenen.

Die Grenze sah und sieht man sogar aus dem Weltall. Infrarotaufnahmen der NASA von Österreich zeigen deutlich andere Strukturen und Farbschattierungen dort, wo die westliche auf die östliche Hemisphäre trifft. Das ergibt sich aus der Größe der Felder. Diese sind in Österreich kleine, durcheinander gewürfelte Fleckerln, in der ehemaligen ČSSR und in Ungarn hektargroße Landstriche.

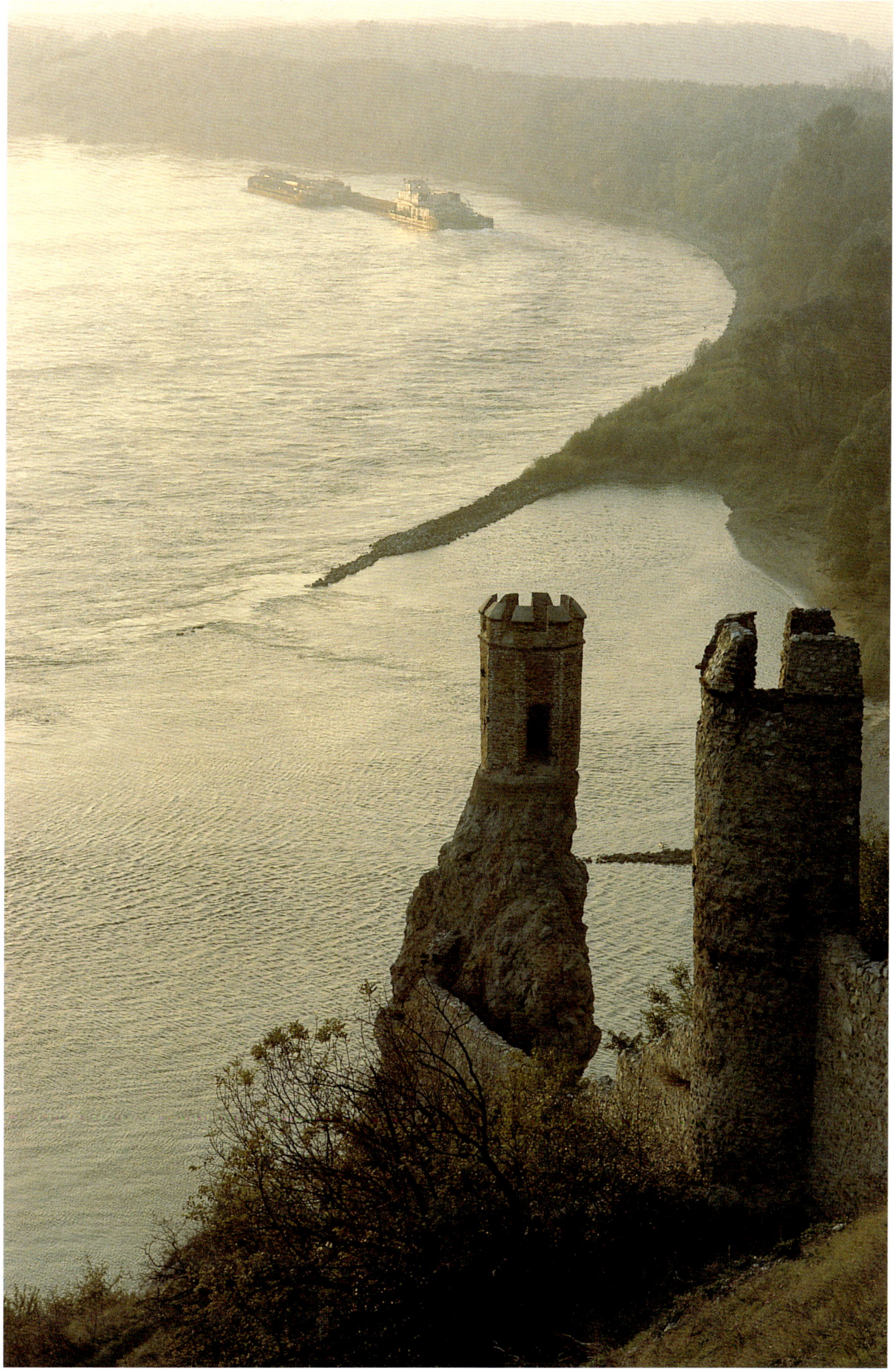

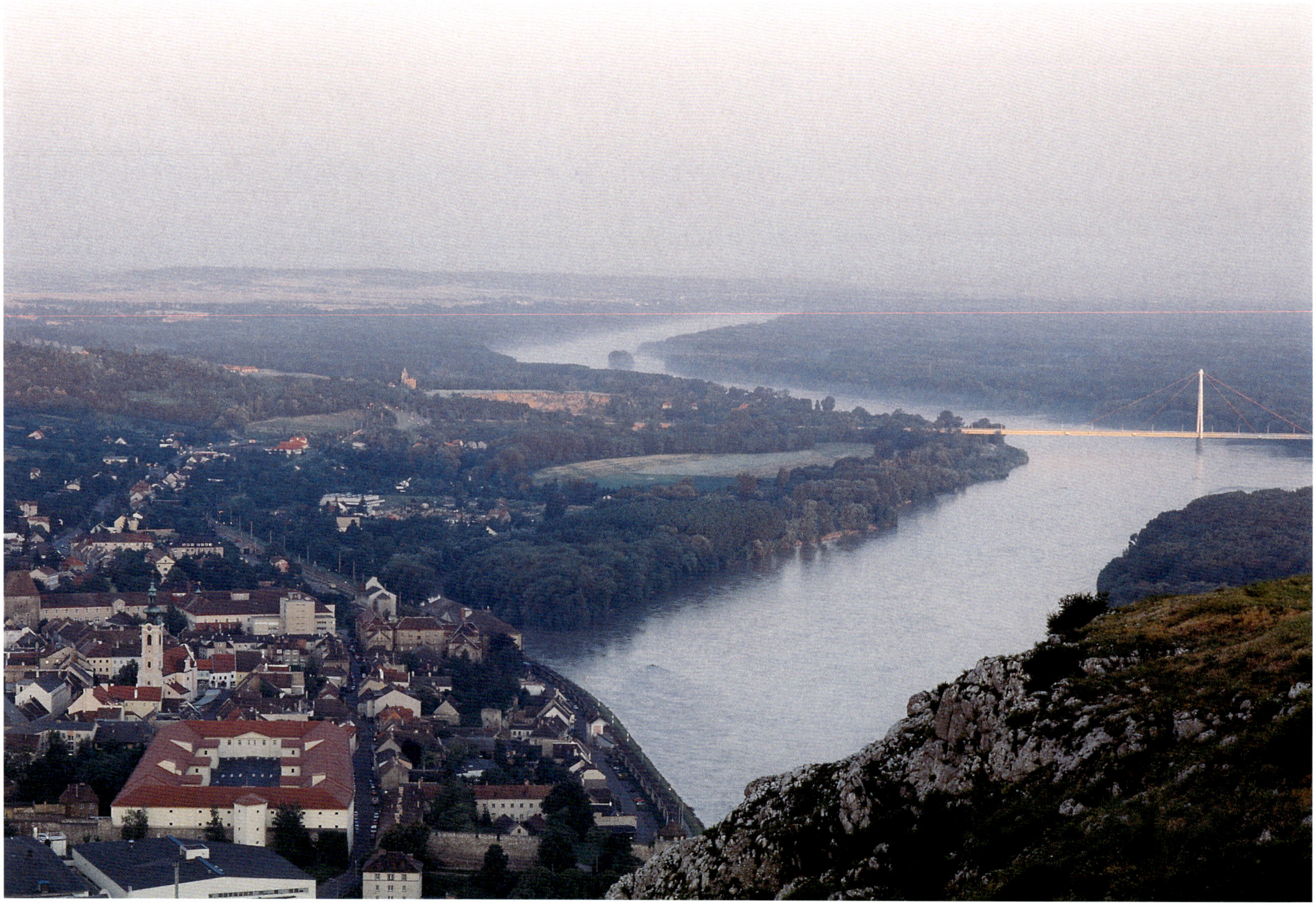

Die Grenze war auch hörbar. Wenn der Wind aus östlicher Richtung wehte, nahm er Wortfetzen mit, die aus den öffentlich montierten Lautsprechern der slowakischen Ortschaften drangen. Parolen, Mitteilungen, Aufrufe.

Die Dorfbewohner von Angern an der March hörten im März 1973, was folgende Zeitungsnotiz schildert: *Die Bevölkerung von Angern fand in der Nacht zum Dienstag keinen Schlaf: Eine mehr als halbstündige Schießerei auf der slowakischen Seite der Marchgrenze beunruhigte die Menschen. Inzwischen hat man die Ursache des nächtlichen MP-Geknatters noch immer nicht klären können, man vermutet allerdings, daß es sich um den letzten Akt einer Flüchtlingstragödie handelt. Gegen 23.30 Uhr setzten die ersten Feuersalven ein. Oft hörte man fünfzehn bis zwanzig Maschinengewehrgarben hintereinander über die Grenze. Auf Grund der Leuchtraketen schloß man, daß sich der Zwischenfall im Ortsbereich von Uhorska Ves (Ungereigen) ereignete. Allerdings hörte man weder Rufe noch Motorengeräusch, wie dies bei »Flüchtlingsjagden« früher üblich war.*

Grenze ist vielleicht das bedeutendste Wort, das die deutsche Sprache aus dem Slawischen übernommen hat. Grenze hat das Wort »Mark« verdrängt. Grenze heißt es auf dieser Seite, auf der anderen sagt man »Hranice«. »Grenize« ist der westslawische Stamm des Wortes und bedeutet Kante, Ecke, Rand.

Knapp nach dem niederösterreichischen Städtchen Hainburg verläßt die Donau Österreich in Richtung Bratislava/Preßburg/Pozsony, der Hauptstadt der Slowakei. An keiner Stelle des Stromes war die Grenze so sichtbar, spürbar wie hier. Mittlerweile gibt es keinen Eisernen Vorhang mehr. Die osteuropäischen Staaten nähern sich raschen Schrittes dem Westen. Seitdem das östliche System gefallen ist, spricht man an der Nahtstelle von Ost und West wieder von Mitteleuropa. Das ist ein Begriff, der geographisch (und auch politisch) nicht zu fassen ist. Der französische Germanist Jacques Le Rider bemerkt auf den Spuren der Begriffsklärung eine Schwammigkeit: »Jede geistige Strömung in der Mitte Europas definiert die geographische Ausdehnung dieses potentiellen ›Sub-Kontinentes‹ auf ihre Weise, und es gehört schon fast zum Wesen der Idee, daß sich die Ränder dieses ebenso imaginären wie realen Mitteleuropa nach der jeweils herrschenden politischen Wetterlage entweder zusammenziehen oder ausdehnen.«

Nach dem Fall des Eisernen Vorhangs sah die Wetterlage gut aus. Hochdruckwetter geradezu. Politiker verliebten sich in dieses Mitteleuropa, wahrscheinlich deswegen, weil es nichts Konkretes beinhaltet. Es liegt im Wesen der Utopie, sie nicht zu verwirklichen. In Österreich verbindet man die Ausdehnung Mitteleuropas landläufig mit den ehemaligen Grenzen der k.u.k. Monarchie. Der deutsche Essayist Michael Rutschky findet Argumente, »daß Neubrandenburg auszuschließen sei von unseren Überlegungen; die Ukraine und Mazedonien sowieso. Ich kann aber auch Argumente finden, weshalb Neubrandenburg wie Skopje Mitteleuropa unbedingt zuzurechnen sind. Das Unfeste, Fließende, Ortlose gehört definitionsgemäß zur Utopie.«

Hier, knapp nach Hainburg, in Bratislava und auf der Ruine Theben, hier an der Mündung der March in die Donau, hier, wo Ungarn, die Slowakei und Österreich aneinanderstoßen, im Kernland dieses utopischen Mitteleuropas, spricht die Definition des ungarischen Historikers Peter Hanak für sich: »Mitteleuropa kann historisch nur im Verhältnis zu Ost und West und in der Relation der beiden zueinander gedeutet werden.«

Die Donau durchfließt auch landschaftlich eine Grenze. Nicht, daß schlagartig große Veränderungen zu erwarten wären. Aber trotzdem: Das reißbrettflache Marchfeld bekommt einen Abschluß: den Braunsberg und die Hundsheimer Berge. Sie sind die Vorboten der Karpaten. Die Vereinigung der March mit der Donau ist in wilde Auen gebettet. Und genau an dieser Mündung haben die Wasser der beiden Flüsse einen eigentümlichen Kogel mit maritimer Vergangenheit herausgebildet. Er steigt vom Landesinneren sanft an und vor den Ufern fällt er steil ab. Aus dem Tertiärmeer fanden sich Einschlüsse mit versteinerten Seekühen, Fischen, Schnecken, Reptilien und Muscheln. Zwischen den Felsspalten wächst das seltene Myrrhenkraut. Und auf dem Kogel steht die Ruine Theben/Devin; eine Mischung aus altem Gemäuer, historistisch-romantischen Aufbauten und betonreicher Restaurierung.

»Weite Ringmauern umschließen einen hügeligen, mit Rasen bedeckten Raum; über einige Trümmer gelangt man zu einem enger geschlossenen Raum, wo die innere Burg stand, und in dessen Mitte ein Schacht zu einem tiefen Brunnen führt«, liest man in einem Reiseführer aus 1865. 56 Jahre zuvor wurde die Burg, die damals schon eine Ruine war, von den Franzosen gänzlich zerstört. Aber zwei Türme blieben verschont. Davon steht der eine, der Nonnenturm, auf einer Felszacke, die einem knöchernen Finger gleicht, der sich nahe an die Donau schiebt. Ein Mahnmal? Eine Laune der Natur? Ein Wink? Eine Eremitage? Eine

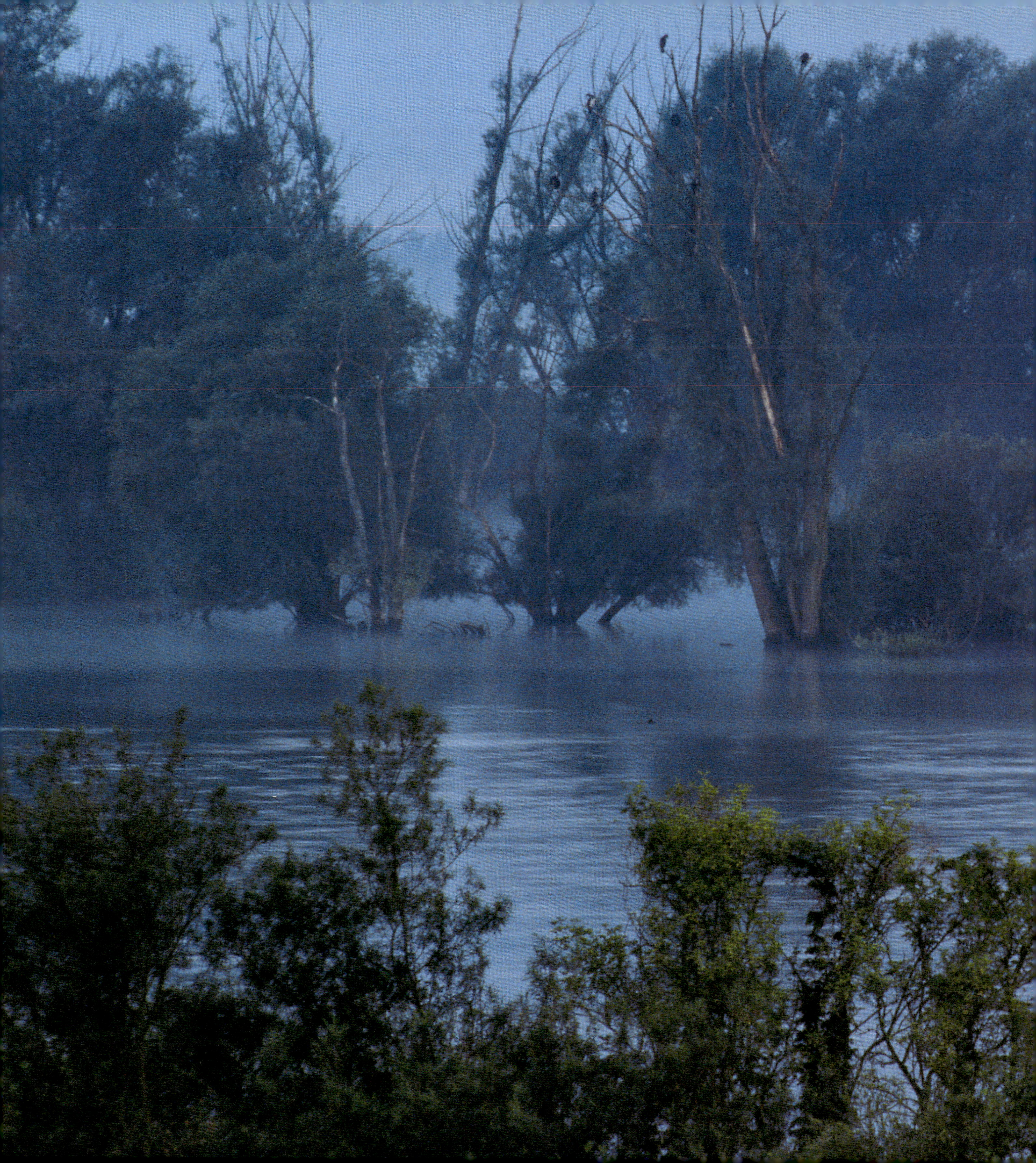

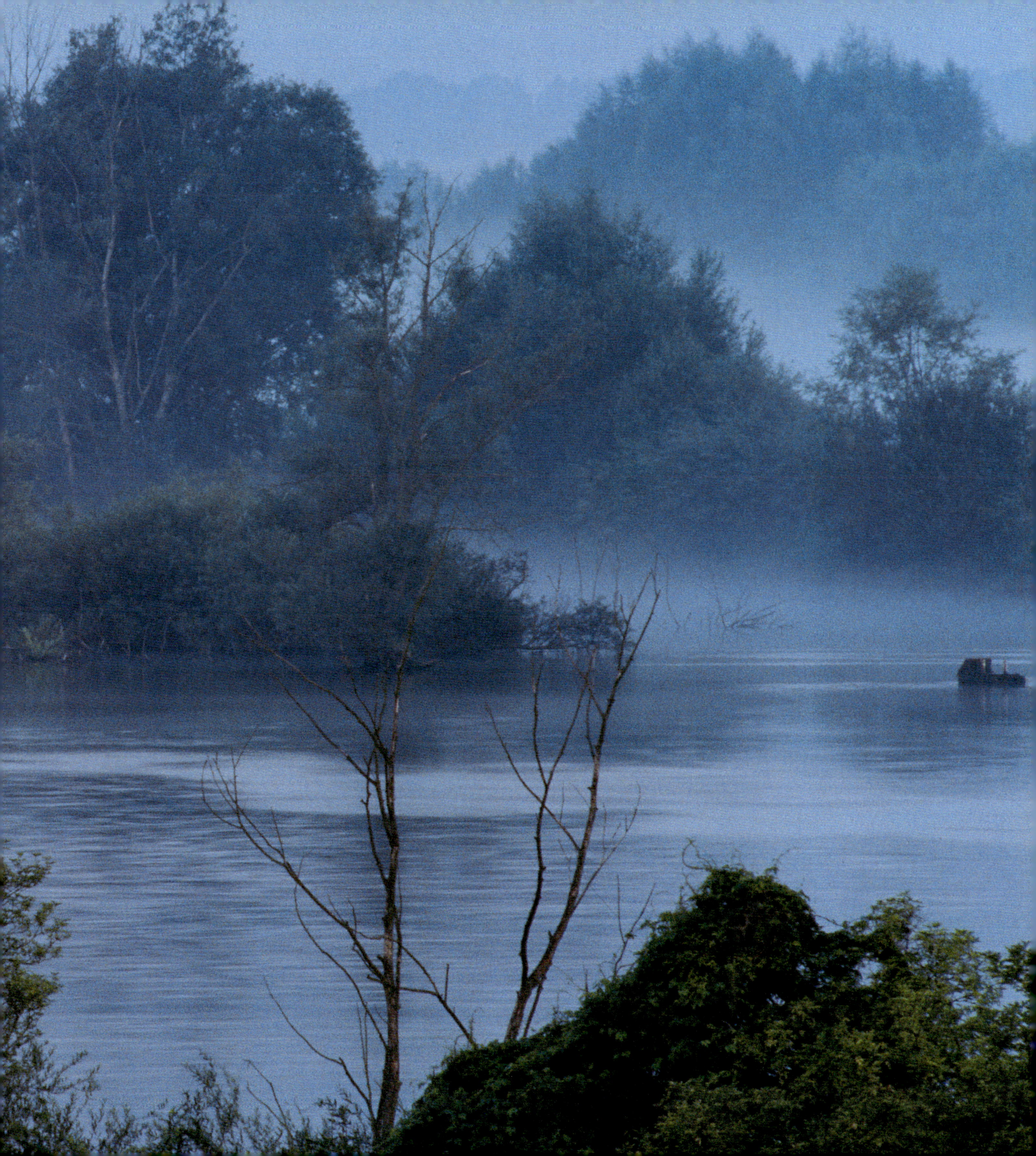

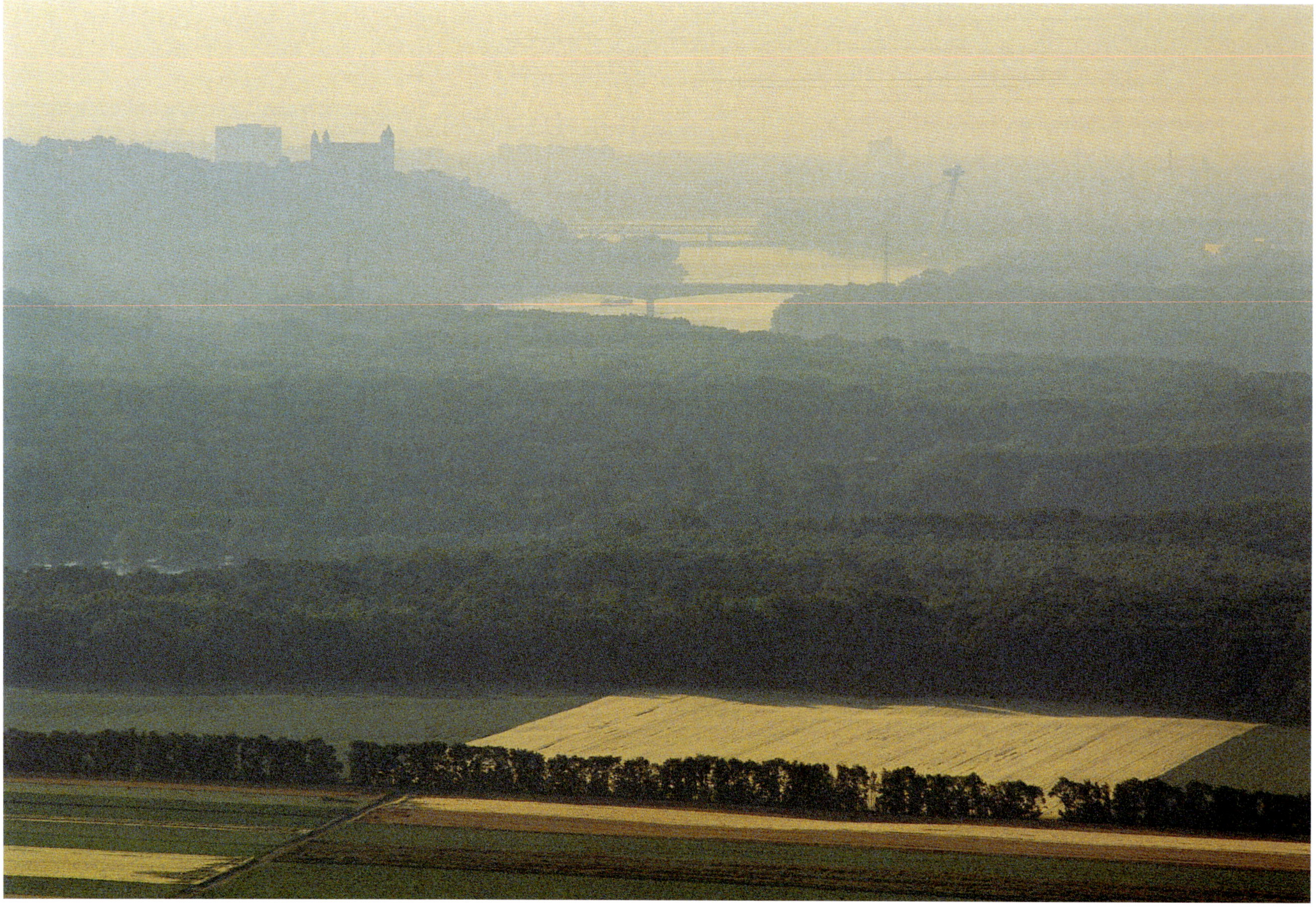

manieristische Spielerei? Laut Sage raubt der Burgherr eine Nonne. Sie sind ein Liebespaar. Er bringt sie auf seine Burg Devin. Kirche und Verwandtschaft der Nonne fordern ihr Recht, nämlich die Nonne, man belagert die Burg, die Lebensmittel versiegen. So begibt sich das Paar auf den schmalen Grat der zum Turm führt und in einer Umarmung stürzen sie in den Tod. Die Donau trägt beide fort.

Die Slowaken schreiben die Entstehung der Burg einer Jungfrau zu und leiten den Namen Devin von »Dewinna« ab, was Jungfrau heißt, aber auch der slawische Name der Venus ist. Die zweite Deutung des Namens geht auf den slawischen Wortstamm von »schauen« zurück. »Divati« bezeichnete man Orte, von denen sich ein weiter Ausblick bot. An dieser Stelle ist das keine Frage. An klaren Tagen sieht man bis zum Wiener Kahlenberg und weiter ins österreichische Voralpenland bis hin zum Schneeberg.

Hier war die Donau immer schon eine logische Grenze. Den Römern diente der Thebener Kogel als Befestigung und Aussichtsplatz, um die donauaufwärts gelegene Militärstadt Carnuntum vor feindlichen Angriffen zu schützen. Im 4. Jahrhundert wurde er durch die Quaden zerstört. Mährische Slawen bauten 864 auf dem Thebener Kogel eine Grenzfestung. Darauf folgend wurde das Land rund um Preßburg ungarisch und blieb bis zum Ende der österreichisch-ungarischen Monarchie Ober-Ungarn. Seit dem Umbruch 1989 und seit der Trennung von Tschechien und Slowakei ist die benachteiligte ungarische Minderheit in der Slowakei wieder mehr in das öffentliche Bewußtsein gerückt.

Im 12. Jahrhundert scheiterten an diesem Punkt die Tataren. Die Invasion tatarischer Reiter unter Khan Paidor kam bis vor Preßburg, die Donau konnten sie nicht bezwingen. 1233 ließ Herzog Friedrich der Streitbare im Krieg gegen König Andreas II. von Ungarn die Burg und das darunter gelegene Dorf abbrennen. 1272 wurde Theben und das dahinter liegende Preßburg von König Ottokar eingenommen. 1683 wurde die Burg vergeblich von den Türken belagert. 1809 zerstörten die Franzosen, was von der Burg noch übrig war.

Gustav Ebner schreibt 1911 in »25 Burgen Ungarns« im chauvinistischem Ton: »Düster, ernst schaut das zerklüftete und geborstene Gemäuer in die Ferne. Es träumt von der lang entschwundenen Macht und Herrlichkeit, von den schweren Kämpfen. Kelten, Quaden, einzelne Stämme der Markomannen, Römer, Vandalen, Gepiden, Hunnen, Awaren und Slawen hausten hier. All diesem Gewirre machten die Magyaren ein Ende.«

Nach dem Zerfall der Habsburgermonarchie träumten auch tschechische und slowakische Nationalisten, die Grenzen neu zu ziehen. Der »slawische Korridor« war ihre Idee. Er sollte vom slowakischen Bratislava/Preßburg zwischen Österreich und Ungarn bis hin zum slowenischen Maribor/Marburg führen. Er war als Hindernis gedacht, um die Deutschösterreicher und die Ungarn in der Geschichte nicht nochmals zusammenzuführen. Eine weitere Idee war die des Brückenkopfes südlich von Preßburg, der bis nach Bruck an der Leitha in Niederösterreich hätte reichen sollen. Die Friedenskonferenz 1919 machte diese Vorstellungen zunichte.

Unter der Ruine Theben, wo die weißen Felsen in eine steil abfallende Wiese übergehen, finden sich – verwachsen vom Grün des Grases und von wildem Zwetschkengebüsch – halbrunde Sitzreihen eines ehemaligen Amphitheaters. Was für eine Kulisse für die Zuschauer: vor ihnen liegt das gleißende Band der Donau. Und was für eine Kulisse für die agierenden Schauspieler. Hinter dem Publikum die Silhouette des Felsens und der Ruine.

Das Theater benützten auch die Nationalsozialisten für ihre Inszenierungen. Nach dem Anschluß Österreichs an Deutschland, 1938, verschoben sich die Grenzen in Niederösterreich, das damals Niederdonau hieß. Niederdonau vereinnahmte den kleinen Ort jenseits der Marchmündung, Devin. Damals war Devin der östlichste Punkt der Ostmark. Und »Grenzland« war ein Terminus, den die Nazis gerne beanspruchten. Was lag näher, als an dem Ort unterhalb der Ruine Theben das Grenzland zu mythisieren. Im Amphitheater wurden im Jahre 1939 Grenzlandfestspiele veranstaltet.

In den Jahren vor 1989 war diese Freiluft-Bühne ein strategischer Ausblick für Grenzsoldaten. Heute ist sie zu einer Bühne für Graffiti-Künstler geworden. Der zerbröselnde Betonboden ist bedeckt von Comicsfiguren und Pop-Art-Hieroglyphen. Die Bühne des Amphitheaters ist gleichzeitig das Dach eines ehemaligen Restaurants im sachlichen Stil der 20er Jahre. Es ist vollkommen devastiert und könnte doch wieder zu einer Gaststätte für Ausflügler werden. Doch an manchen Punkten lastet die Vergangenheit zu schwer.

Die absolute Grenze ist eine Idee unseres Jahrhunderts. Grenzen im heutigen Sinn gab es bis ins Mittelalter nicht.

Was nicht heißt, daß Siedlungsräume nicht klar von denen anderer Menschengruppen sowie von dem Unerschlossenen, der Wildnis abgegrenzt wurden. Aber Grenzen waren keine messerscharfen Linien, die sich durch Wälder, Flüsse und Äcker zogen. Grenzen waren Grenzgürtel; Wälder etwa, Augebiete oder Sümpfe. Der Eiserne Vorhang – eine Wortschöpfung Winston Churchills – war der Ausdruck dieser absoluten, modernen Grenze, eine Demarkationslinie zweier Systeme.

Dem Kind ohne vierter Himmelsrichtung war die Grenze etwas Gottgewolltes. Vor seiner Zeit erschaffen und daher etwas schon immer Dagewesenes. Der Bevölkerung nahe der Grenze war die Grenze ein wirtschaftlicher Fluch. Eine ökonomische Einbahn, die mit der Stadtflucht der Dorfbewohner endet. Für die, die nach dem Zweiten Weltkrieg aus der ehemaligen Tschechoslowakei nach Österreich gehen mußten, die »Vertreibung« heißt es im westlichen Teil, und »odsun« (Abschiebung) ist das tschechische Wort dafür, war die Grenze der Ort, von dem sie in ihre Vergangenheit blicken konnten. Das Kind hatte ab und zu alte Menschen gesehen, die regungslos dastanden und hinüberstarrten. Sie sahen nicht die LPG-Felder und die desolaten Dörfer; sie sahen ihre Kühe, ihre Häuser, ihre Kindheit. Und auch von drüben schaute man. Da gab es die Grenzgänger, die die Grenze zum Westen als eine Herausforderung sahen. Einerseits, um sie physisch zu überwinden – um zu flüchten.

April 1970: Mit einem Kranwagen versuchten drei Flüchtlinge in der Nacht zum Dienstag am Grenzübergang Berg den tschechoslowakischen Schranken zu durchbrechen, die Flucht aber führte nicht in die Freiheit, sondern vermutlich in den Tod. Die Flüchtlinge brachen im Maschinengewehrfeuer tschechoslowakischer Grenzsoldaten zusammen.

November 1981: Durch die Donau in die Freiheit getaucht. Über den geglückten Fluchtversuch wurde bekannt: Der Mann stieg am Sonntag gegen zwei Uhr früh trotz des dichten Überwachungsnetzes auf tschechischer Seite bei Devin/Theben in die Donau. Die Temperatur des Stroms betrug zu diesem Zeitpunkt knapp über null Grad. Der Flüchtling war mit einem dicken Taucheranzug, Flossen, einer Brille und einer Preßluftflasche ausgerüstet. Im Schutz der Dunkelheit gelang es ihm – zum Teil auf dem Grund der Donau – das österreichische Ufer bei Wolfsthal zu erreichen.

Andererseits gab es Grenzgänger um der Grenze selbst willen: die Grenze als Abenteuer und der »Frontier« als Provokateur gegen ein System. Jan Tabor, in Wien lebender Autor und tschechischer Grenzgänger, schreibt über seine Ausflüge auf die Ruine Theben: »Von hier war der weiteste und schönste Ausblick nach Westen in der ganzen Tschechoslowakei. Hier war die Anderswelt besonders nah. Es gäbe Tage, schwärmte ein Einheimischer mir vor, da sehe man bis nach Wien. … Erst oben wagte ich aus dem Rucksack das Fernglas hervorzuholen, erst hier, unter den anderen Touristen, konnte ich es benützen, ohne zu befürchten, die Aufmerksamkeit der Grenzsoldaten zu erregen.« Was er sieht, ist allerdings nicht die nahe Hauptstadt Wien. Er sieht die Silhouetten von Rom, Paris, New York, Honolulu und Rio de Janeiro in den Himmel ragen. Ganz nah aber, mit dem Fernglas beinahe greifbar, sitzen ebenfalls Menschen am österreichischen Ufer der Donau und der March, ebenfalls mit Ferngläsern. Das berühmte Zoo-Sujet »Wer sitzt vor und wer sitzt hinter den Gittern« ist augenscheinlich.

Die, die auf der österreichischen Seite sitzen, sind nicht nur Menschen, die auf der richtigen Seite geboren sind. Jan Tabor: »Ich stellte fest, daß viele von ihnen heimwehkranke Slowaken, Tschechen, Polen oder Ungarn waren. Diese Stelle hier, inmitten einer herrlichen mitteleuropäischen Landschaft, ist ein Kurort für heimwehkranke osteuropäische Seelen.«

November 1984: Heimweh zu stark: Flucht hinter Gitter. Furchtbares Heimweh trieb zwei junge Tschechoslowaken, die Anfang September bei Angern die March durchwatet und um politisches Asyl angesucht hatten, jetzt wieder zurück hinter den Eisernen Vorhang. Mit einer Zille der Freiwilligen Feuerwehr Angern überquerten sie die March und wurden sofort von tschechoslowakischen Soldaten festgenommen. Den beiden droht eine mehrjährige Haftstrafe.

Trotz dieses Eisernen Vorhangs kam es zu Berührungen. »Grenzzwischenfälle« hieß es dann in den amtlichen Bulletins.

Die Zeitungen berichten. *September 1983: Fischerkrieg an der March. Am Ufer unter dem Eisernen Vorhang sitzen oft bis zu 20 Tschechoslowaken und werfen mit der Angelschnur rund zehn Dekagramm schwere Bleigewichte mit Drillingen über die Strommitte, in der die Grenze verläuft, in österreichische Gewässer und ziehen dann rasch ihre Angel wieder ein. Sie reißen Fische aus Österreich nach ČSSR, kümmern sich dabei um keine Schonzeiten und gefährden mit ihren schweren Bleigewichten die Petrijünger diesseits des Flusses. Neben den Fischräubern sitzen oft ČSSR-Grenzwächter und nehmen Fische in Empfang dafür, daß sie ein*

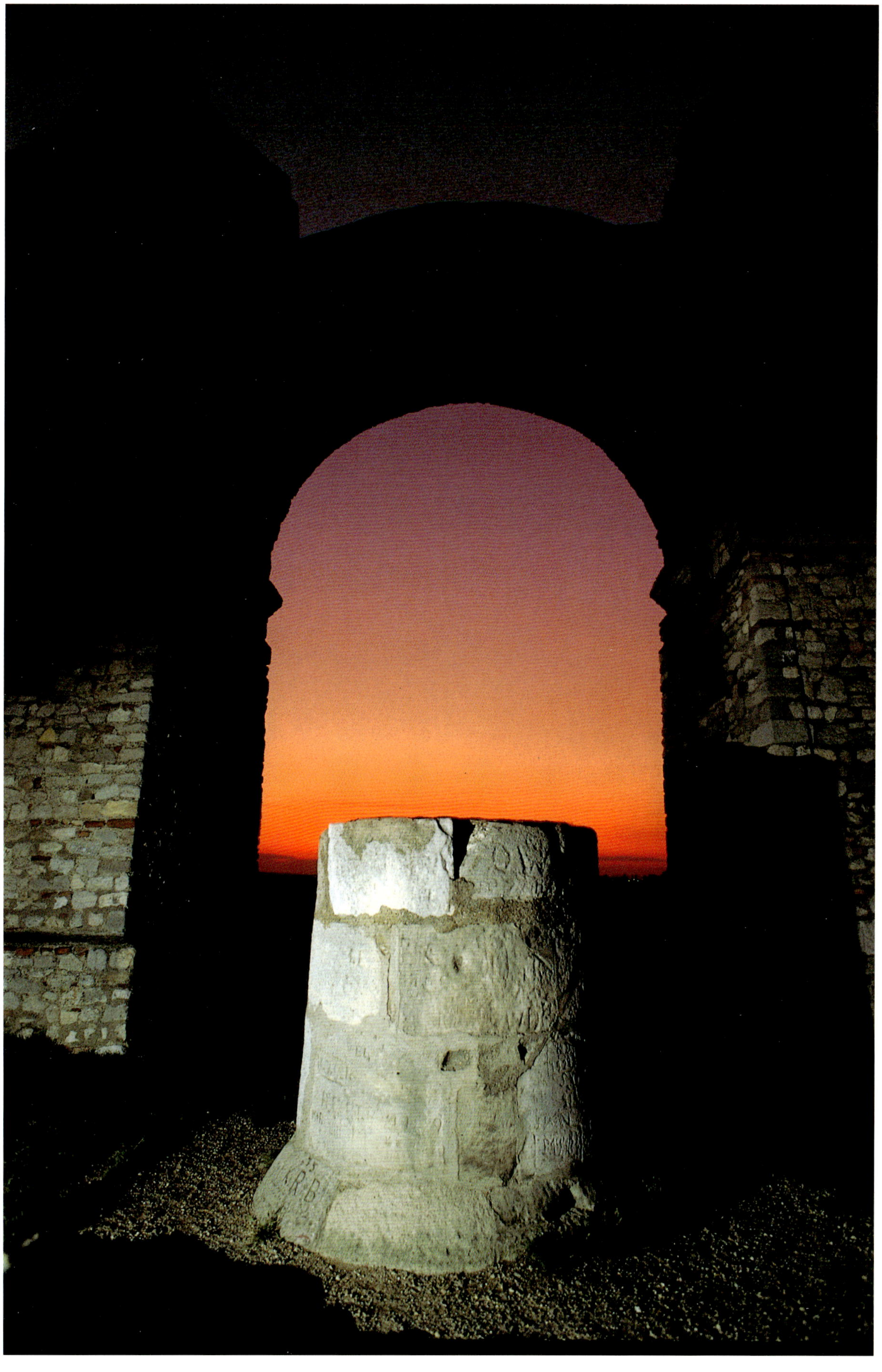

Auge zudrücken. Österreichs Zollwache und Stromgendarmerie sind gegen diese Fischerei machtlos.

Oktober 1978: Ein seltsamer Schiffskonvoi bewegte sich auf der Donau von der ČSSR-Grenze nach Hainburg: Ein Patrouillenboot der Zollwache, in dessen Kielwasser eine leere Motorzille auf- und absprang. Was war passiert? Rudolf L. war, ausgerüstet mit 50 Flaschen Bier, mit der Zille zum Nüssepflücken in die Au gefahren. Müde durch das Bier, schlief er ein, wachte bei dichtem Nebel auf und legte am nächsten Ufer an. In Devin/Theben. – *Minuten später war er von ČSSR-Grenzposten umzingelt. Die ČSSR-Beamten konnten sich freilich auch ohne lange Verhöre von der Harmlosigkeit des gestrandeten Schiffers überzeugen. Sie gaben L. einen Wintermantel und brachten den Niederösterreicher schließlich um drei Uhr nachts zum Grenzübergang Berg.*

Daß nicht nur Heimwehkranke zurückkehrten, sondern daß es auch ein Flucht in die andere Richtung gab, liest man in einer Kurzmeldung vom Jänner 1963: – *Beim Gendarmerieposten in Regelsbrunn bei Hainburg meldete sich ein amerikanischer Staatsbürger, der angab, er sei im November in die ČSSR geflüchtet, um seine dort lebende Mutter zu besuchen. Grenzsoldaten hätten ihn damals verhaftet, und erst jetzt sei er ausgewiesen worden. Die Angaben des Mannes werden überprüft.*

Als die Grenze Ende 1989 plötzlich zu einer durchlässigen, also zu einer normalen wurde, konnte man den Zustand hüben wie drüben nicht ohne das Wort Euphorie beschreiben. Der niederösterreichische Landeshauptmann sagte, daß das östliche Bundesland »nie wieder mit dem Ende der Welt gleichgesetzt werde«. Es gab gemeinsames Durchschneiden des Stacheldrahtes, Menschenketten, die von tschechoslowakischen Ortschaften zu österreichischen reichten, Umarmungen Wildfremder, vorweihnachtliche Hilfssendungen, Tränen, Bekannte, die sich 40 Jahre nicht gesehen hatten und nun wieder ein Bier miteinander trinken konnten. Es wurden neue Grenzübergänge eröffnet und beantragt, ebenfalls Brückenprojekte über die March, die Donaudampfschiffahrtsgesellschaft sprach von einem Schiffsverkehr von Hainburg nach Laa an der Thaya, die Ökologen sahen den ehemaligen Grenzstreifen quer durch Europa als ein Naturparadies, quasi ein Biotop, das dank früherer Menschenfeindlichkeit noch nicht zersiedelt, verdorben und verschmutzt ist. Und die Geschäftsleute reagierten am schnellsten. »Vitame vas« – Herzlich Willkommen-Tafeln spendeten sie, verziert mit den Logos der Elektrowarenhändler und Parfümeriegeschäfte. Das Weihnachtsgeschäft hatte eine neue Perspektive bekommen. Im März 1990 gab es in österreichischen Banken einen akuten Kronen-Mangel. Die Grenze war zu einer wirtschaftlichen Grenze geworden. Die einen standen neugierig staunend vor der westlichen Wunderwelt des Konsums, die anderen plünderten die billigen Ost-Geschäfte.

Und es vergingen keine vier Monate, bis das Schlagwort Euphorie von den Schatten der Ängste aufgefressen wurde. Schwarzarbeit, Kriminalität, gefährdete Arbeitsplätze, wildwuchernde Besitzansprüche, Wirtschaftsflüchtlinge, Kaufkraftabfluß, »Zigeuner«, die luftverpestenden Skodas etc. etc.

Das ist der heutige Stand der Geschichte. Nicht ganz. Was noch hinzugekommen ist, ist die österreichische Mitgliedschaft im vereinten Europa. Und da dieses vereinte Europa zur Zeit bei Hainburg an der Donau endet, bleibt die Frage offen, was dahinter ist. Endet Europa in Hainburg oder gehört Theben noch dazu? Hinter Budapest? An der Porta Orientalis, einen Bergpaß irgendwo in den rumänischen Karpaten? In Istanbul? Die Grenzen haben sich nicht verringert. Sie verschieben sich. Sie wachsen täglich.

Elias Canetti schreibt über das große Wort Freiheit: »Freiheit ist der heftigste Wunsch, eine Grenze zu überschreiten.«

Seite 81 Blick auf Burg Theben bei der Marchmündung
Seite 83 Der Nonnenturm von Theben
Seite 84 Hainburg am Fuße des Braunsberges
Seite 86 Donau-March-Auen in der Morgendämmerung
Seite 88 Die Burg von Bratislava
Seite 91 Der römische Heidenturm von Carnuntum

BUDAPESTS BRÜCKEN

ZWEI STÄDTE RÜCKEN ZUSAMMEN

Eine Person zu Fuß hat eine Krone zu bezahlen. Trägt sie auf dem Rücken oder der Achsel irgend eine Last, so bezahlt sie das Doppelte. Für einen leeren, kleineren ungarischen Bauernwagen, einspännig, sind fünf Kronen zu bezahlen, größere Gattungen ungarischer, siebenbürgischer, wie auch verlängerte Bauernwägen zahlen bis zu 50 Kronen.«

Die Mauttarife der Kettenbrücke waren bis ins Detail festgelegt. Doch bis die erste feste Brücke zwischen Pest und Buda gebaut wurde, vergingen noch viele Jahre.

Am Anfang war das Eis. Bis ins 19. Jahrhundert überquerte man die Donau vorzugsweise im Winter. Von Dezember bis Februar wurde das Eis auf bestimmten Pfaden mit Holz verstärkt und mit Stroh bestreut. Auch hier wurde Maut eingehoben und die dafür zuständige Gemeinde hatte zu bestimmen, wann das Überqueren des Stromes erlaubt war und wann nicht. Die zugefrorene Donau war auch Schauplatz von Eisfesten. Vor der griechischen Kirche am heutigen Petöfi-Platz kam es 1883 zu einer Katastrophe. Als das Eis brach, ertranken über 40 Menschen im kalten Wasser.

Natürlich, es gab auch Furten, durch die schwer beladene Fuhrwerke und Bauernwägen fuhren. Dem Fährmann mußte der Reisende meist ein kleines Vermögen zahlen, vor allem wenn die Nächte stürmisch waren oder Eisschollen die Donau unpassierbar machten. In der Mitte des Bootes stand ein Eisenofen, in dem ein Feuer brannte. Während der halbstündigen Fahrt konnte sich der Fahrgast daran wärmen, meist aber mußte er mithelfen, das Boot aus der Umklammerung der Eisschollen zu befreien.

Man stelle sich vor: Zu Beginn des 19. Jahrhunderts gab es zwischen Wien und Konstantinopel nur eine größere Stadt: Bukarest. Buda und Pest zählten im Jahre 1825 nur 55.000 Einwohner, wobei die österreichische Garnison mit 12.000 Mann bereits dazugezählt ist. Ende des 19. Jahrhunderts war Budapest plötzlich eine der größten Städte Europas. Heute leben 2,1 Millionen Menschen in Budapest – also jeder fünfte Ungar. Den Brücken sei Dank.

Die erste feste Brücke überlegte sich König Sigismund aus dem Hause Luxemburg, der im Jahre 1387 den ungarischen Thron übernahm. So ließ er einen französischen Experten holen, der einen hohen Turm unterhalb der Burg erbaute. Ein ähnlicher Turm wurde am anderen Ufer aufgestellt. Eine an Ketten aufgehängte Brücke sollte errichtet werden. Heute vermutet man, daß der damalige Geschichtsschreiber Bonfini nicht die Wahrheit berichtete.

Die Kette diente eher dazu, Kriegsschiffe aufzuhalten, oder vielleicht, wie die Kuenringer im Wachauer Donauabschnitt, um Kapitäne zu erpressen.

In der Renaissance versuchte König Matthias Corvinus es wieder einmal mit einer Steinbrücke. Wegen seiner ausgedehnten Feldzüge fehlte ihm jedoch zur Durchführung das Geld.

1526 unterliegt das ungarische Heer gegen die Türken in der Schlacht von Mohác. Die Türken erobern Buda und Pest. Während ihrer Regierung wird auf der Donau eine bedeutende technische Errungenschaft etabliert. Über 70 Boote, die miteinander verbunden waren, konnte man den Strom passieren. Die wenigen Europäer, die damals in das türkische Ungarn kamen, haben die Brücke als modern und bequem gelobt.

Die nächste Brücken-Generation war die Erfindung eines Wiener Zimmermanns. Ein Schiff, befestigt an einem Seil, glitt wie ein riesiges Pendel von einem Ufer zum anderen. Der Schiffskörper ähnelte einem Katamaran, die Fahrtrichtung wurde durch ein Ruderblatt unterstützt. Die »fliegende Brücke« wurde 1790 zum letzten Mal benutzt.

Um diese Zeit bestand aber schon eine Schiffsbrücke (ähnlich der der Türken). Ungefähr 50 Schiffskörper trugen die Brücke, die sichelförmig im Wasser schwamm. Zwei Mauthäuser standen am Ufer, wo das Volk, nicht aber Adel und Studenten, zu zahlen hatten.

Der deutsche Reiseschriftsteller Johann Georg Kohl vermerkt im Jahre 1842 in seinem Buch »Reise durch Ungarn« empört ob der Ungerechtigkeit: »Über alle Brücken des Landes, bei allen Zollhäusern Ungarns, sie mögen Namen haben, welche sie wollen, (genügt es) blos mit der Redensart den Zoll zu bezahlen: ›Ich bin ein Edelmann‹.«

Diese Schiffsbrücke war bunt bemalt, von 16 Laternen beleuchtet und vom Heiligen Johannes Nepomuk beschützt. Sie konnte von Frühling bis Herbst benutzt werden. Täglich wurde sie morgens und mittags geöffnet, um die Schiffe passieren zu lassen.

»Es wäre gut, wenn sich ein fester Eisen- oder Granitarm zwischen den zwei Städten über der ausschweifenden Donau ausstreckte, damit sich auch die Einwohner der zwei Städte ständig umarmen können«, schwärmte ein Journalist im Jahre 1832. Zwölf Jahre davor war der schneidige Husar und steinreiche Aristokrat Graf István Széchenyi in Diószeg im Bezirk Bihar stationiert, als ein berittener Kurier die Nachricht brachte, daß sein Vater gestorben war. Am 27. Dezember brach er auf, am 29. Dezember stand er in Pest vor der Fährstation. Es stürmte, schneite, und die hölzerne Schiffsbrücke war wegen Eisgang an der Donau abgebaut. Aus diesem Grund fuhren auch keine Schiffe. Acht Tage lang wartet Széchenyi in Pest, bis sich am 5. Jänner ein mutiger Schiffer fand, der ihn übersetzte. Der Graf schrieb in sein Tagebuch: »Ich würde mein Jahresgehalt geben, wenn eine Brücke zwischen Buda und Pest zustandekommen würde.«

István Széchenyi ist als großer Reformer Ungarns in die Geschichte eingegangen. Als Großunternehmer förderte er den Ausbau des Eisenbahnnetzes und der Dampfschiffahrt an der Donau und am Plattensee, den Hochwasserschutz an der Theiß, die Donauregulierung am Eisernen Tor, der Schiffswerft in Óbuda – und den Bau der Kettenbrücke.

Johann Georg Kohl, unerläßlicher Chronist der Kettenbrücke, berichtet über die nationalen Aufregungen, die dem Brückenbau vorangehen: »Es ist mir keine Brücke bekannt, über die in neuerer Zeit so viel geschrieben und gesprochen worden wäre, als die neue Donaubrücke, welche jetzt zwischen Pest und Ofen im Baue begriffen ist. Aber es giebt auch wohl wenige Brücken, deren Ausführung so außerordentlich große politische und physische Übelstände hinderlich in den Weg traten.« Kohl diagnostiziert, daß die Donau zu seiner Zeit – ausgenommen der russischen Flüsse – der brückenärmste Strom Europas sei. Außerdem ist die erste Budapester Brücke nach der römischen Brücke unter Kaiser Trojan in Orşova das »einzig stehende Joch«, welches die mittlere und untere Donau umspannt. Von der Trojanischen Brücke aus dem Jahre 105 n. Chr. ist längst nichts mehr zu sehen, da der Damm der Staustufe Eisernes Tor alle archäologischen Spuren begraben hat.

Die heute noch existierende älteste Steinbrücke steht in Regensburg. Sie wurde 1135 erbaut. Insgesamt gibt es heute zwischen Regensburg und der Donaumündung 92 Brücken.

Während Mitte des vorigen Jahrhunderts die Themse bereits 50 Mal überbrückt war, war die Donau nur in Regensburg überbrückt. Ende des vorigen Jahrhunderts waren es die neuen Brücken von Budapest, die die beiden Donauufer miteinander verbanden. Als Grund für die Brückenarmut nennt Kohl die Breite des Flusses, der obendrein kaum reguliert war und somit laufend die Ufer überschwemmte. Auch das reißende Wasser und die mächtigen Eisstöße haben es schwierig gemacht, den Strom zu überwinden.

»Aber auch zum Theil die geringe Verkehrsthätigkeit der an ihr wohnenden Völker«, schreibt der deutsche Reisende Kohl. Da kann man ihm nicht ganz zustimmen. In keinem Teil Europas wurden und werden die Grenzen so oft neu gezeichnet als im östlichen, nirgendwo gab es so viel Migration wie in den Donauländern.

Also war es höchste Zeit, Brücken zu schlagen. Und Kohl hat aus der Distanz eines Fremden überliefert: »Man vermuthet, daß die neue Brücke nicht weniger als 500.000 Pfund Sterling kosten werde, und in einem Lande, wie Ungarn, das an Producten so reich und an Geld so arm ist, war es nicht leicht, diese Summe zu schaffen. Es ist daher auch dahin gekommen, daß man sich an einen Wiener Capitalisten, an den in Ungarn so mächtigen Banquier Sina, hat wenden müssen.« Die Ungarn, sagt Kohl, sind darüber entrüstet, daß man diese Sache einem Fremden übertrug. Wer ist dieser steinreiche Sina? Georg Simon Sina wurde 1782 in Mazedonien oder Bosnien geboren. Sein Vater flüchtete im griechischen Freiheitskampf vor den Türken mit seinem ganzen Vermögen. Und als Lajos Kossuth nach der ungarischen Revolution im Jahre 1848 in die Türkei verbannt wurde und die österreichische Regierung die Türkei um seine Auslieferung bat, verweigerten dies die Türken. Die Hohe Pforte sandte die Nachricht an den Wiener Hof, daß man damals umsonst die österreichische Regierung aufgefordert hatte, den mit seinem Reichtum fliehenden Sina zurückzuschicken. Und Sinas Sohn wurde Hauptaktionär der Kettenbrücke.

Graf Széchenyi, der unermüdliche Motor des Buda-Pester Brückenvorhabens, reiste nach England, um den Brückenbau in dem Land zu studieren, wo die tüchtigsten Ingenieure beheimatet waren. Man entschied sich aus technischen Gründen für eine Kettenbrücke. Der Graf brachte den Konstrukteur William Tierney Clark mit in die Heimat. Mit einem Segelboot untersuchte Clark einige Jahre die Donau, um ihre Tiefen und Untiefen, ihre Strudel, ihre Fließgeschwindigkeit, ihr Geschiebe und die Eisgänge kennenzulernen.

Ungarische Fachleute blieben skeptisch. In der Bauzeitung erschienen Artikel, die Herrn Clarks Umgang mit dem Eis bezweifeln. Doch William T. Clark verwies auf seine Erfahrungen in Rußland und Schweden – Ländern, in denen die Winter weitaus härter seien als in Budapest. Eine Sorge allerdings hatte Mister Clark. »Man müsse eine polizeiliche Anordnung verfügen, daß in den Fluß kein Unrath und

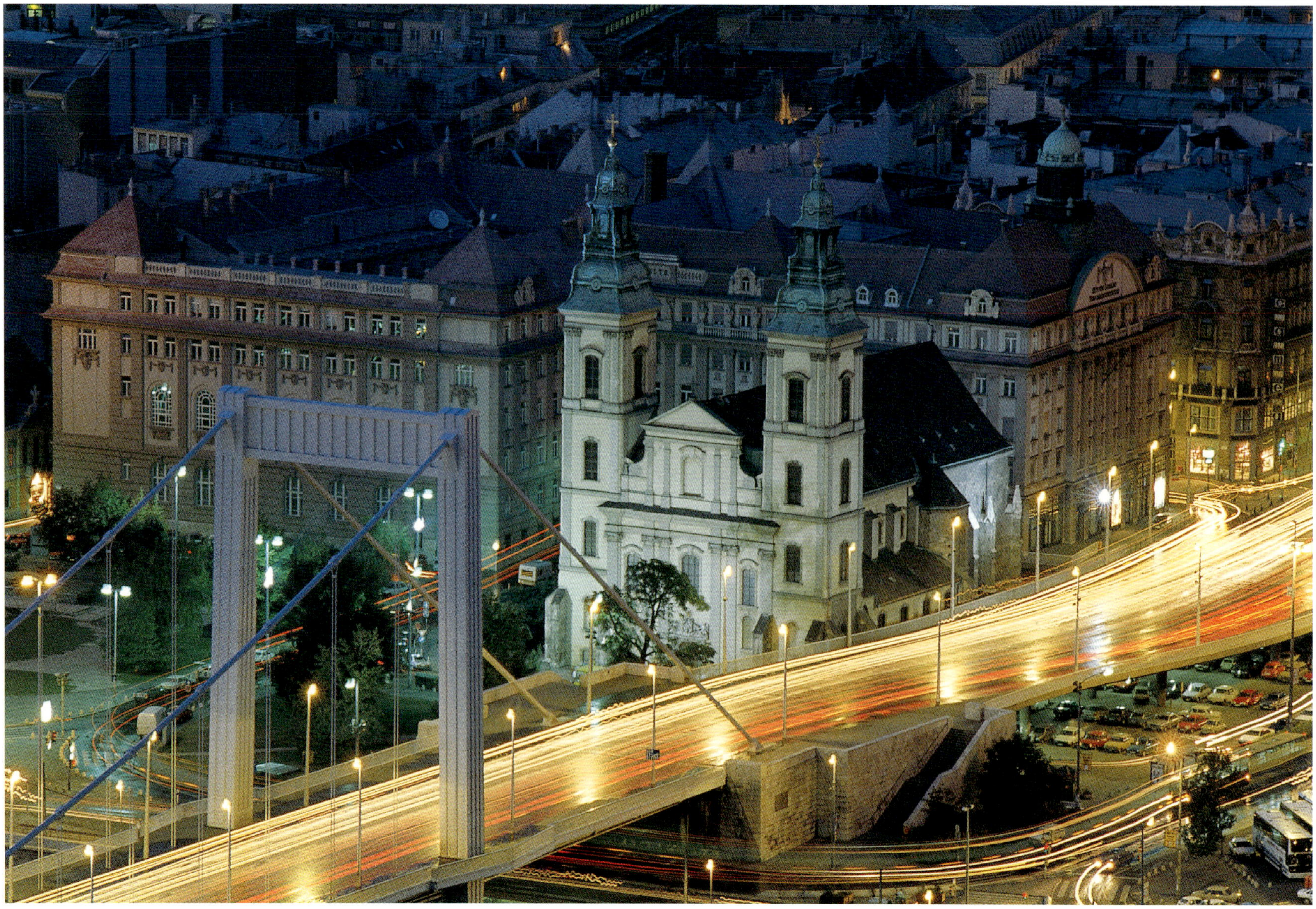

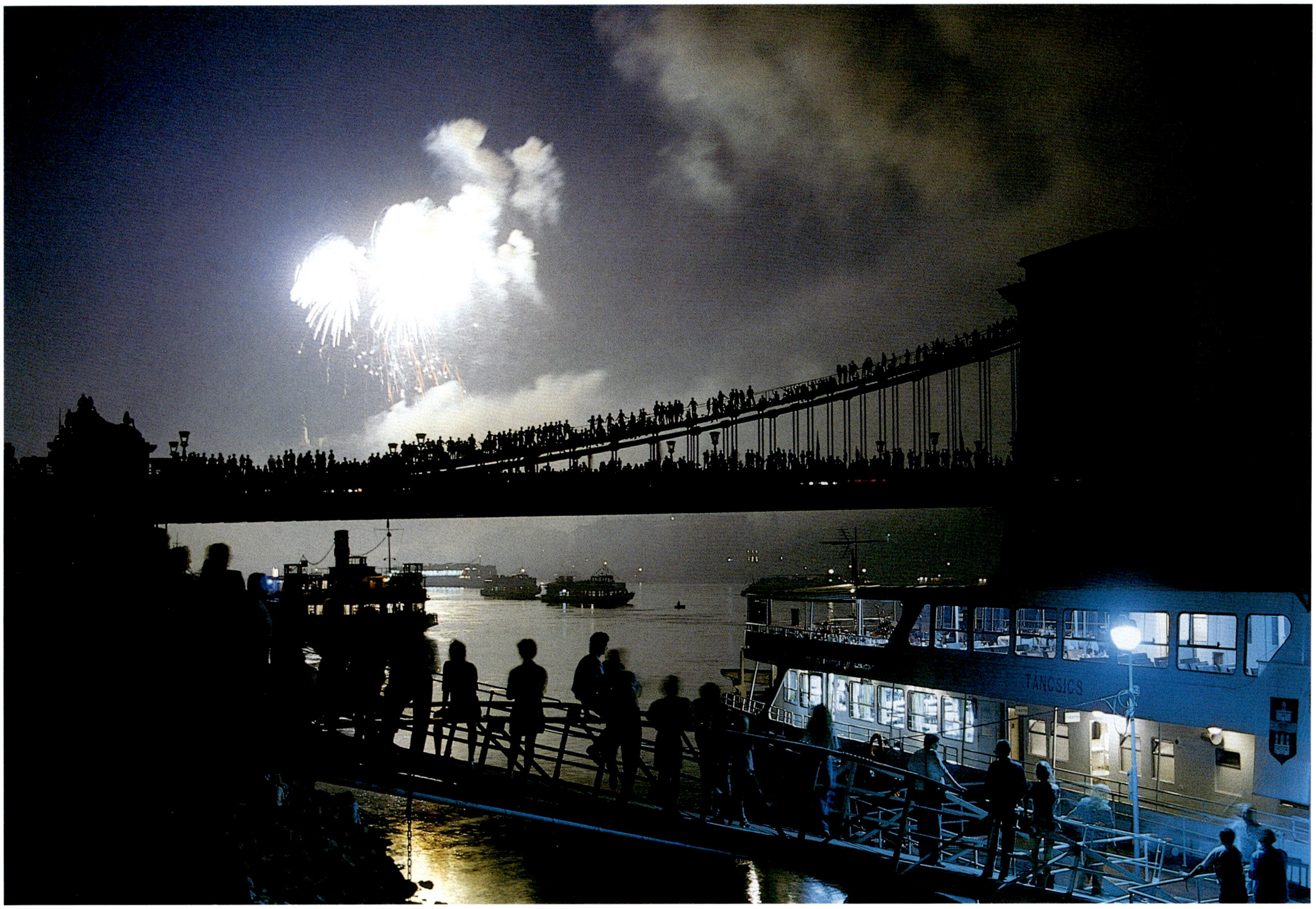
TÁNCSICS

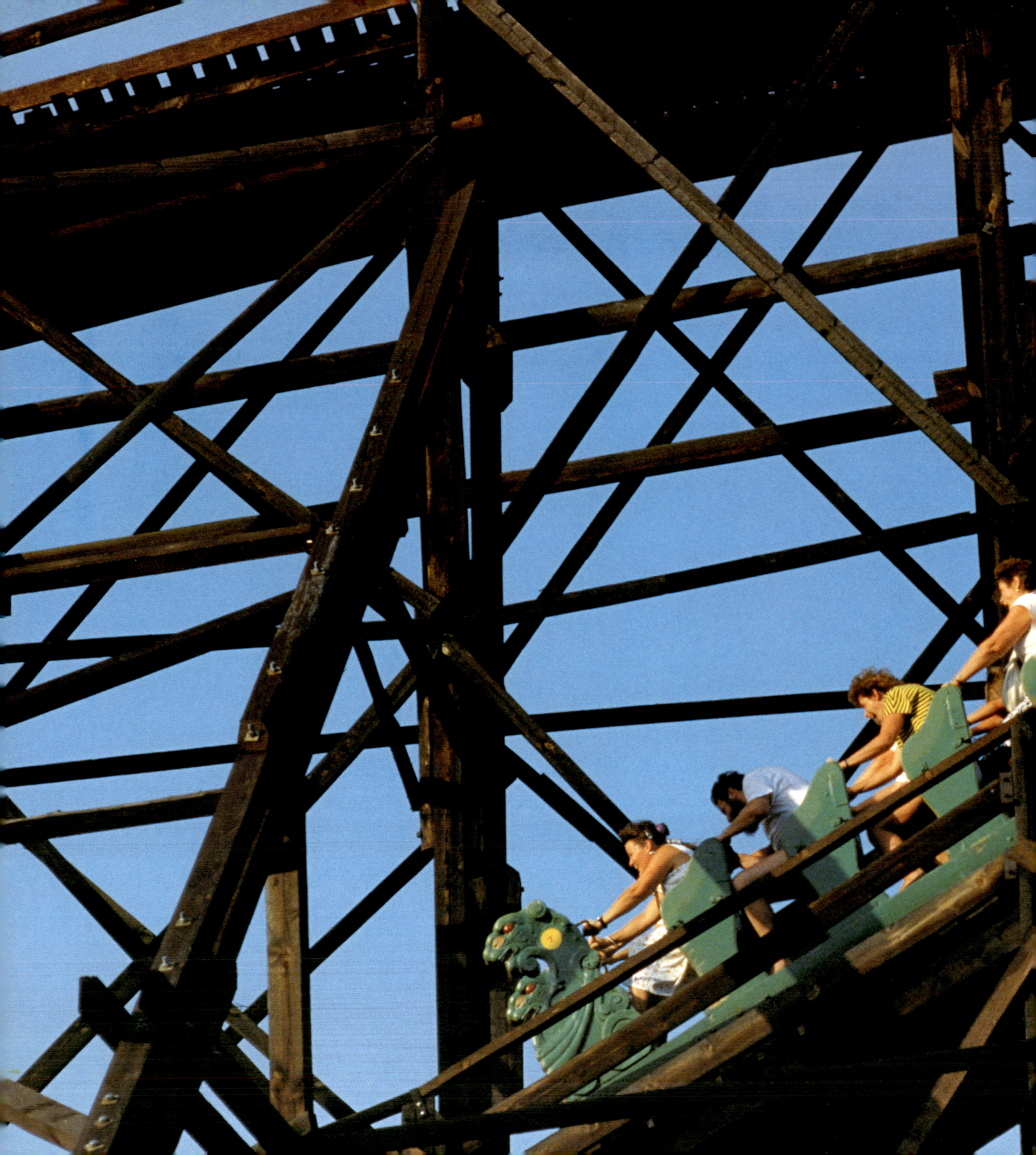

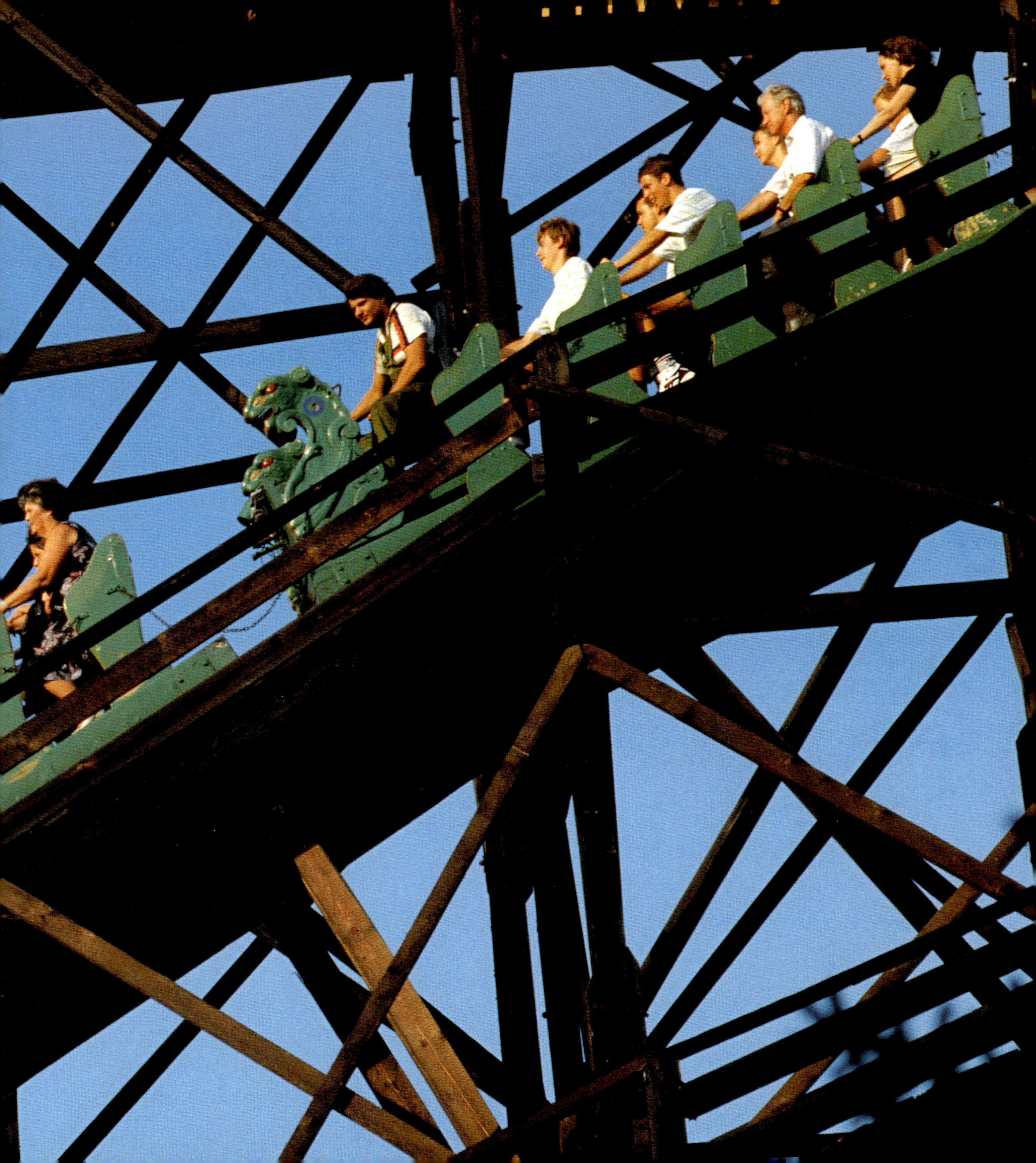

Kehricht geworfen werde, welcher mit dem wachsenden Wasser abgespült und an die Insel Csepel angelegt und diese somit immer vergrößert wird, was seit Jahrhunderten geschieht und zu der Gefahr der Überschwemmungen ohne Zweifel nicht wenig beiträgt.«

Der nächste Schritt ging in die Tiefe. Das Flußbett wurde mit einer Taucherglocke untersucht. István Széchenyi war natürlich mit von der Partie. Man schrieb bereits das Jahr 1837. Weitere drei Jahre vergingen mit Finanzierungsstreitigkeiten. 1840 begann man mit dem Bau eines Dammes, der das Wasser aus dem Bett verdrängte. Dazu wurden Tannen aus Bayern angeliefert. Zwei Jahre lang hörte man die dumpfen Schläge, mit denen die Baumstämme in das Flußbett gerammt wurden.

Gewaltige Erdbewegungen, tonnenweise Arbeitsmaterial, Bauhütten und Büros, Pferdewägen, Kräne, Schiffe prägten das Bild entlang des Stromes. Da lagen die Eichenstämme aus Slawonien und die Tannen aus Bayern, dort lagerte der Granit aus Mauthausen, und die vier Ketten, die insgesamt 42.000 Zentner wiegen, wurden in England in Auftrag gegeben. In Ungarn gab es weder das nötige Werkzeug noch die richtigen Öfen dafür.

Johann Georg Kohl mußte sich erst eine Erlaubniskarte besorgen, um die Baustelle besichtigen zu können. »Ich fuhr mit einem der leitenden Baumeister zu dem Brückenpfeiler in der Mitte der Donau, und mich interessierte dies Gewirre von italienischen, englischen, deutschen, magyarischen und slavischen Arbeitern, welche hier in der Mitte des großen Stromes auf den Gerüsten wie die Ameisen durcheinander liefen, außerordentlich.« Daß bei dieser Schwerarbeit viele Männer verletzt wurden, verschweigt Kohl nicht. »In dem Hospital St. Rochus gab man mir die Anzahl der verschiedenartigen Beschädigungen und Verstümmelungen des ersten Sommers auf 15 an. Sollte es jeden Sommer bei dieser Anzahl bleiben, so müssen sich noch 70-80 Menschen darauf gefaßt machen, bei diesem Brückenbau zu verunglücken, selbst wenn nichts Außerordentliches passiert.«

Die soziale Reihung der Arbeiter ist genau festgelegt. Die führende Oberschicht sind Engländer – die Ingenieure, Statiker und Konstrukteure. Dann folgen die wasserkundigen italienischen Arbeiter aus Venedig und Triest. In der Hierarchie zuunterst stehen die einheimischen Bauarbeiter, die Pester. Ein englischer Ingenieur nannte sie abfällig »a stupid people«. Die Hierarchie machte sich bei der wöchentlichen Auszahlung bemerkbar. Die Italiener erhielten 25, die Deutschen und Ungarn 10 Gulden. Im Comptoire am Donauufer, in der sich die Schlange der Arbeiter zur Auszahlung reihte, darf auch Kohl nicht fehlen. »Sie wurden der Reihe nach aufgerufen und traten dann zum Tische, das Wochenlohn zu empfangen. Der Cassier griff behände in die großen Haufen hinein und zählte ihnen rasch die blanken Stücke hin, indem er ihnen ebenso rasch befahl, einzustreichen und sich zu entfernen. Gott, was muß der Sina für ein reicher Mann sein, der solche Eile hat, sein Geld loszuwerden.« Und was passierte mit dem Geld, verehrter Herr Kohl? »Ich sah dann, wie das mühsam erarbeitete Wochenlohn sofort in Cours gesetzt wurde; es wurden einige kleine Schulden an Cameraden bezahlt; andere fanden ihre Frauen, die schon mit ihren Kindern auf das Lohn warteten; viele aber stritten sich darüber, welches für den heutigen Abend das Wirtshaus sei, und gingen lärmend und jubelnd zum Thore hinaus.« Nun dann, Prost und Egészségére!

Wieder vergingen zwei Jahre. Doch nun konnte der Grundstein für den ersten Brückenpfeiler gelegt werden. Man las zuerst eine Urkunde vor, die die Ereignisse des ersten Bauabschnittes beinhaltete, legte diesen Schrieb samt einigen Gold- und Silbermünzen mit einer feierlichen Zeremonie unter den Kalkstein, der heute noch die Brücke trägt.

Die Bauarbeiten waren noch im Gange, als die ungarische Revolution 1848 ausbrach. Im Dezember 1848 marschierten die ungarischen Honvédtruppen über einen provisorischen Steg. Ihr Befehlshaber, Dembinszky, wollte sie in Brand stecken, um dem kaiserlichen österreichischen Heer den Weg zu versperren. William Clark konnte ihn von diesem Plan abhalten, indem er selber die Holzteile abbauen ließ, damit die Ungarn vor der österreichischen Armee fliehen konnten. Im Januar 1849 zogen dann die Österreicher über das Brückenprovisorium. Oberst Allnoch wollte sie gleich sprengen, um den Übergang zu verhindern. Die Brücke wurde kaum beschädigt, der Oberst allerdings wurde durch die Detonation in Stücke zerrissen.

Die Brücke hatte zum zweiten Mal in ihrem Leben Geschichte geschrieben.

Im November 1849 wurde die Buda-Pester Kettenbrücke feierlich eröffnet. Der geschlagene Oberst der ungarischen Honvédtruppen ging als erster über die Brücke. Das Volk folgte staunend – und bis Mitternacht gratis. Graf István

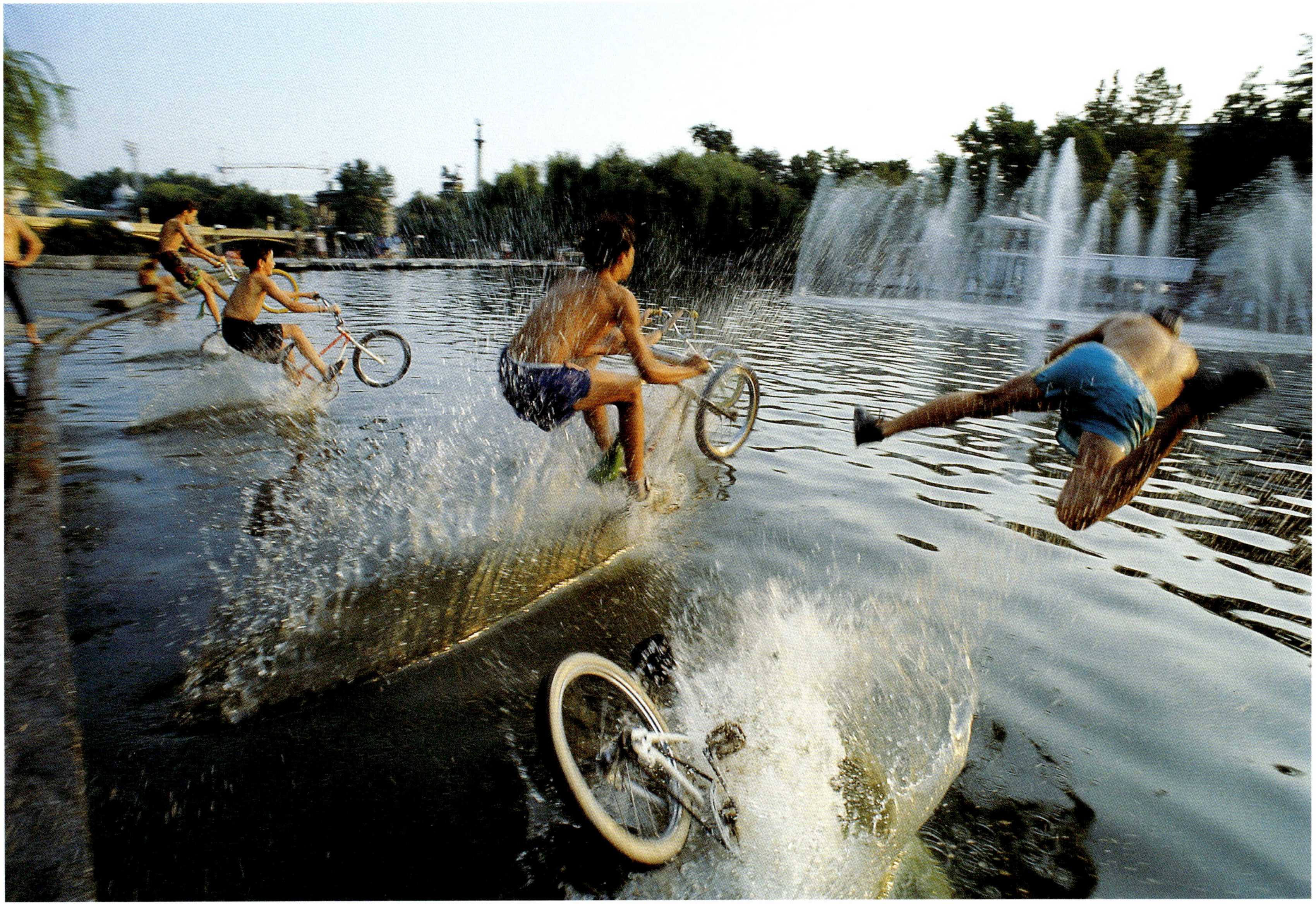

Széchenyi ging nie über die Brücke. Er lag in geistiger Umnachtung in einer Wiener Privatklinik und stand unter Hausarrest. Österreich hatte die Ungarische Revolution niedergeworfen.

Die Kettenbrücke galt damals als eine der modernsten Brücken der Welt. Im Namen der bürgerlichen Freiheit hatte nun jeder Maut zu zahlen, ausgenommen Soldaten. Dafür hatten diese einige Richtlinien zu befolgen. Sie durften nur langsam und weniger als zehn Mann auf einmal über die Brücke marschieren. Eigentlich durften sie nicht marschieren, denn der gleichmäßige Marschschritt einer Truppe konnte die Brücke derart zum Schwingen bringen, daß sie instabil wurde. Dieser Konstruktionsfehler wurde während Umbauarbeiten im Jahre 1913 behoben. Ein weiterer »Schönheitsfehler« ging tragisch aus. Die steinernen Löwen, die die Brücke bewachen, haben keine Zungen. Ein Schuhmacherlehrling soll dies spöttisch am Tage der Einweihung bemerkt haben. Daraufhin sprang der Bildhauer János Marschalkó vor Scham ins Wasser.

Nein, so war es doch nicht, das ist die Legende. Doch den Schuhmacherbuben hat es wirklich gegeben – Jakab Frick soll er geheißen haben. Er mag auch flink und frech ausgerufen haben, daß den Löwen die Zungen fehlen. Jedenfalls rechtfertigte sich Meister Marschalkó in einigen Artikeln darüber, daß eine Katze kein Hund sei, die ihre Zunge heraushängen lasse. Man müsse nur hoch genug hinaufklettern, denn sähe man tief in der Rachenhöhle die Zunge. Ein anderes Mal antwortete er auf die Anklage: »Deine Frau sollte eine solche Zunge haben wie meine Löwen, dann wehe dir!«

Am Ende kommt immer die Abrechnung. Der Bau der Brücke kostete 6.220.000 Gulden, das sind – auf den heutigen Kurs umgerechnet – knapp eine Milliarde Schilling. Unser guter J. G. Kohl hat sich um zwei Drittel der tatsächlichen Kosten verschätzt. Im Vertrag mit Bankier Baron Sina und der Aktiengesellschaft wurde festgelegt, daß er 87 Jahre lang das Recht habe, Maut zu kassieren. Ein weiterer kurioser Punkt des Vertrages war: »Das Hinüberziehen der Schiffe von einem Ufer auf das andere, da es der Brücke schädlich sein könnte, und das freie Hin- und Hergehen auf derselben hindern würde, wird schlechterdings untersagt; die Durchfuhr jedoch unter der Brücke wird jedem ohne Bezahlung gestattet.« Eine seltsame Idee, daß man auch den durchfahrenden Schiffen Maut abverlangt hätte. Ebenfalls kostenlos und gestattet, so wird im Vertrag festgehalten, war das Überqueren der zugefrorenen Donau.

Der eifrigste Mauteintreiber, den die Literatur je hervorgebracht hatte, war bestimmt Stepán Brych. Er war allerdings an der Moldau tätig und geschaffen vom tschechischen Schriftsteller Jaroslav Hašek. Brych verstand keinen Spaß, liebte keine langen Erklärungen. Machte jemand Spompanadln, winkte er routiniert den Wachtmeister herbei und befahl mit einem knappen »Mitnehmen« den säumigen Zahler in Richtung Wachstube. Als eines Nachts ein Mann eilends über die Brücke lief und auf Stepán Brychs harschen Befehlston nicht reagierte, lief ihm dieser nach. Beide rannten wie um ihr Leben. Der Unbekannte rettete sich ins Wasser, der Mauteintreiber sprang hinter ihm her. In der Mitte des Flusses rief er »Bezahlen Sie endlich den Kreuzer.« Dann holte er ihn ein, umklammerte den Zahlungsunwilligen.

Tage später fand man zwei Leichen. Die eine hatte einen Kreuzer in der Hand. Es war die Leiche des gewissenhaften Mauteinhebers Stepán Brych ...

Kehren wir zurück nach Budapest. Die Aktiengesellschaft der Kettenbrücke hat tatsächlich nur 20 Jahre lang die Mauteinnahmen kassiert, danach kaufte ihr die Stadtverwaltung die Brücke ab. Denn ein weiterer Passus lautete, daß acht Kilometer flußaufwärts und flußabwärts der Kettenbrücke keine feste Brücke gebaut werden durfte. Dies erwies sich, durch die rasche Expansion der Doppelstadt, als untragbar. Doch das ist eine andere Geschichte – jene der Margaretenbrücke.

Budapest ist die Stadt der schön geschwungenen Brücken. Sie sind nicht so gedrungen wie die Prager Brücken über die Moldau und nicht so verspielt wie die Pariser Brücken über die Seine. Die Budapester Brücken vereinen das ewige Paradox von Funktion und Ästhetik einer Brücke; daß sie als ein Kunstwerk gebaut sein muß, das mit seiner Masse das Stadtbild, die Umgebung nicht erdrückt, daß sie also zierlich und leicht sein soll, daß sie aber auf die Betrachter den Eindruck der stabilen Sicherheit machen muß.

Der ungarische Schriftsteller Antal Szerb beschrieb die Kettenbrücke schlichtweg als »endgültig«, als Ausdruck dessen, was eine Brücke zu sein hat. István Széchenyi merkte an, »daß eine Brücke mehr darstellt als Stein und Stahl. Sie ist Ausdruck der kreativen Bemühungen der Menschheit, ihrer Ideale und Ziele. Sie trägt Lasten, um die Bürde der Menschen zu erleichtern.« Und der Autor Peter

Esterházy stellte Fragen: »Doch welcher Stein ist es, der die Brücke trägt?« Sein zweites Ich antwortet: »Die Brücke wird nicht von diesem oder jenem Stein getragen, sondern nur von der Linie des Bogens, den dieser bildet.« Dann dreht er die Frage um. »Warum sprichst du von den Steinen? Nur der Bogen ist für mich von Bedeutung.« Die Antwort scheint endgültig: »Ohne Steine gibt es keinen Bogen.«

Ohne Steine gibt es keinen Bogen. Das muß auch das Motto des französischen Erbauers Gouin gewesen sein, als er die Pläne für seine Margaretenbrücke einreichte. Sie ist in der Mitte um 30 Grad geknickt, das erforderte die Strömung, und später fügte man ihr eine Verbindung zur Margareteninsel hinzu. So konnten die Bürger von Pest und Buda die beliebte Insel mit ihren Heilquellen und den Parkanlagen aufsuchen. Laternen, wie sie auf der Place de la Concorde zu sehen sind, beleuchteten die Brücke. Sie wurde, wie alle anderen Brücken Budapests, von den abziehenden deutschen Truppen im Zweiten Weltkrieg gesprengt. Die eleganten französischen Bogenlampen hat man danach nicht mehr rekonstruiert.

In die Freiheitsbrücke, die ehemalige Franz-Josephs-Brücke, schlug der Kaiser zur feierlichen Eröffnung einen silbernen Nagel ein. Als die Brücke während des Zweiten Weltkrieges gesprengt wurde, blieb der Nagel mit dem Monogramm »F. J.« erhalten. Fast überlebte er auch das Revolutionsjahr 1956, doch ein Souvenirjäger hat die chaotischen Wochen dazu benützt, ihn zu entwenden. Man fertigte ein Duplikat, ein Journalist berichtete darüber – und schon war auch das Duplikat verschwunden. Heute gibt es wieder einen Ersatznagel, doch die Stelle sei nicht verraten. Dem Kaiser von Österreich und König von Ungarn gefiel übrigens die Brücke seiner Frau, die Elisabeth-Brücke, besser. Mag sein, daß dem sparsamen Mann die Idee, daß kein Pfeiler in die Donau gesetzt wurde, als eine besonders billige Variante erschien. »Wird sie keine Pfeiler haben?« fragte er, und als die Frage bejaht wurde, spendete er reichlich. So hat jede Budapester Brücke ihre Geschichte und ihre Legenden. Und unterhalb fließt die Donau weiter, unbeirrt, graublau, mächtig in Richtung ungarischer Tiefebene.

Seite 93 Der heilige Gellért blickt auf die Elisabeth-Brücke
Seite 96 Elisabeth-Brücke und die innerstädtische Pfarrkirche
Seite 97 Kettenbrücke: Feuerwerk am 20. August, dem Staatsfeiertag
Seite 98 Hölzerne Hochschaubahn im Vidám-Park
Seite 101 Fahrradakrobaten im Stadtwäldchen

PUSZTA & PAPRIKA

BILDER AUS DER TIEFEBENE

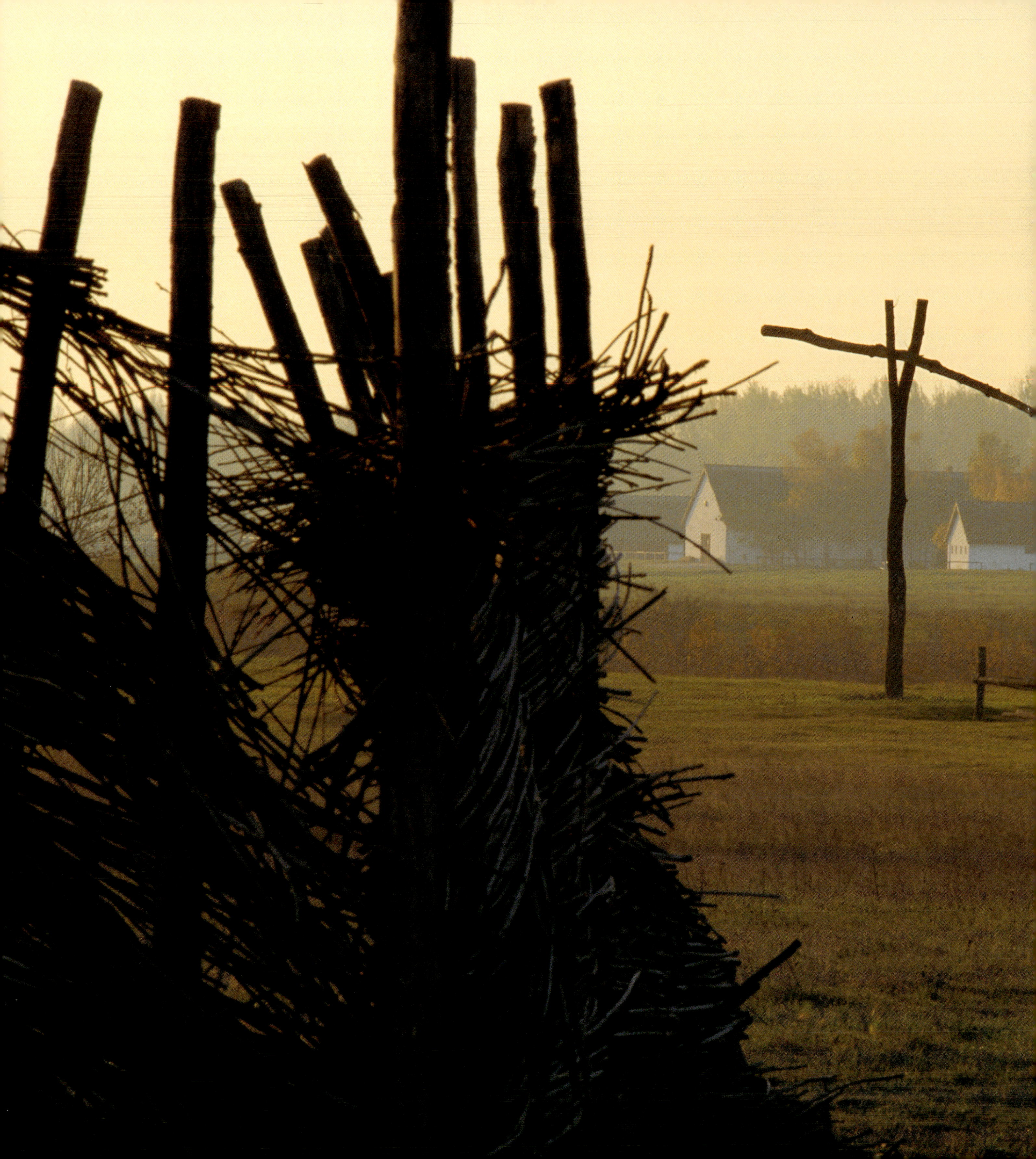

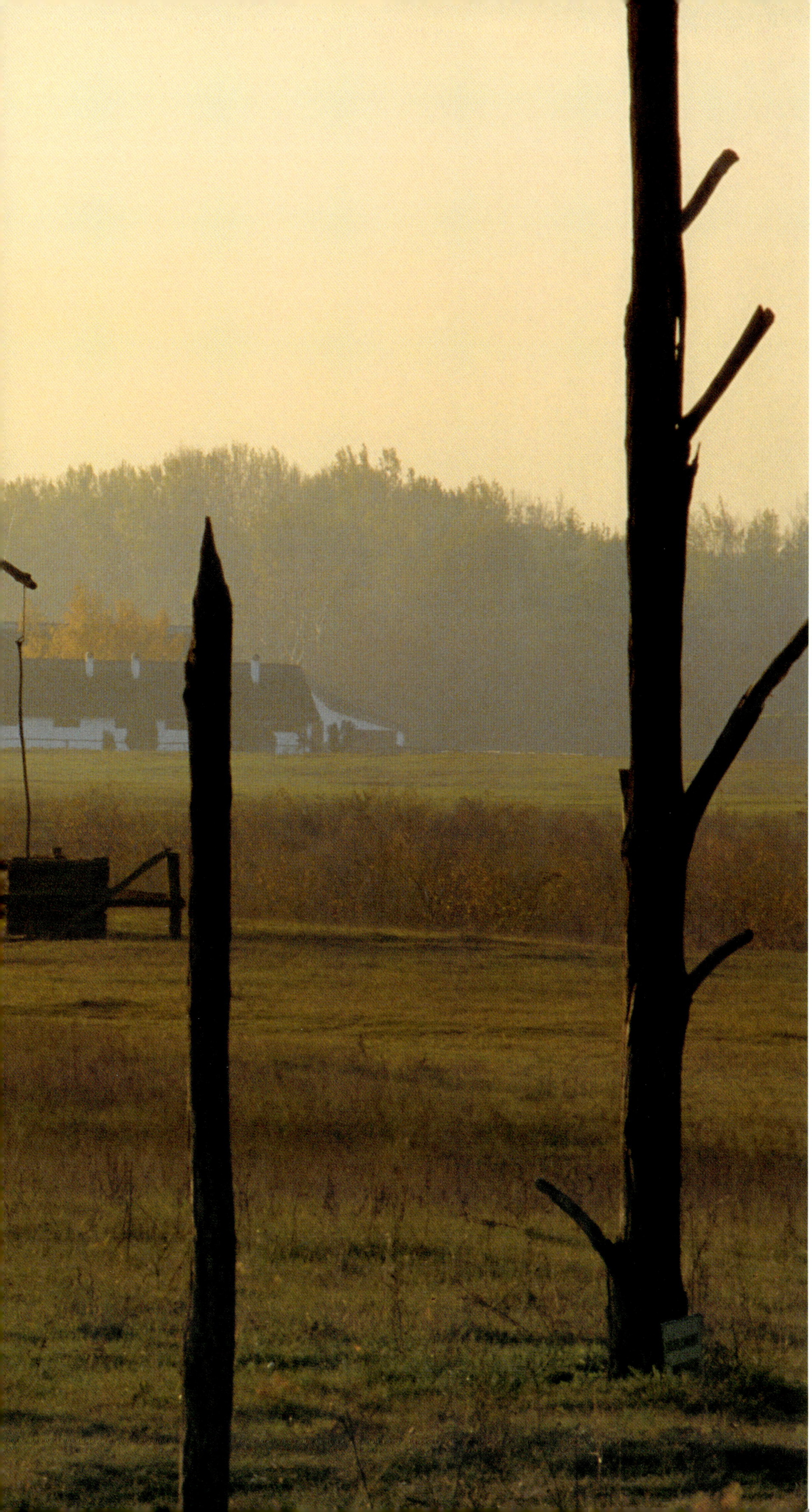

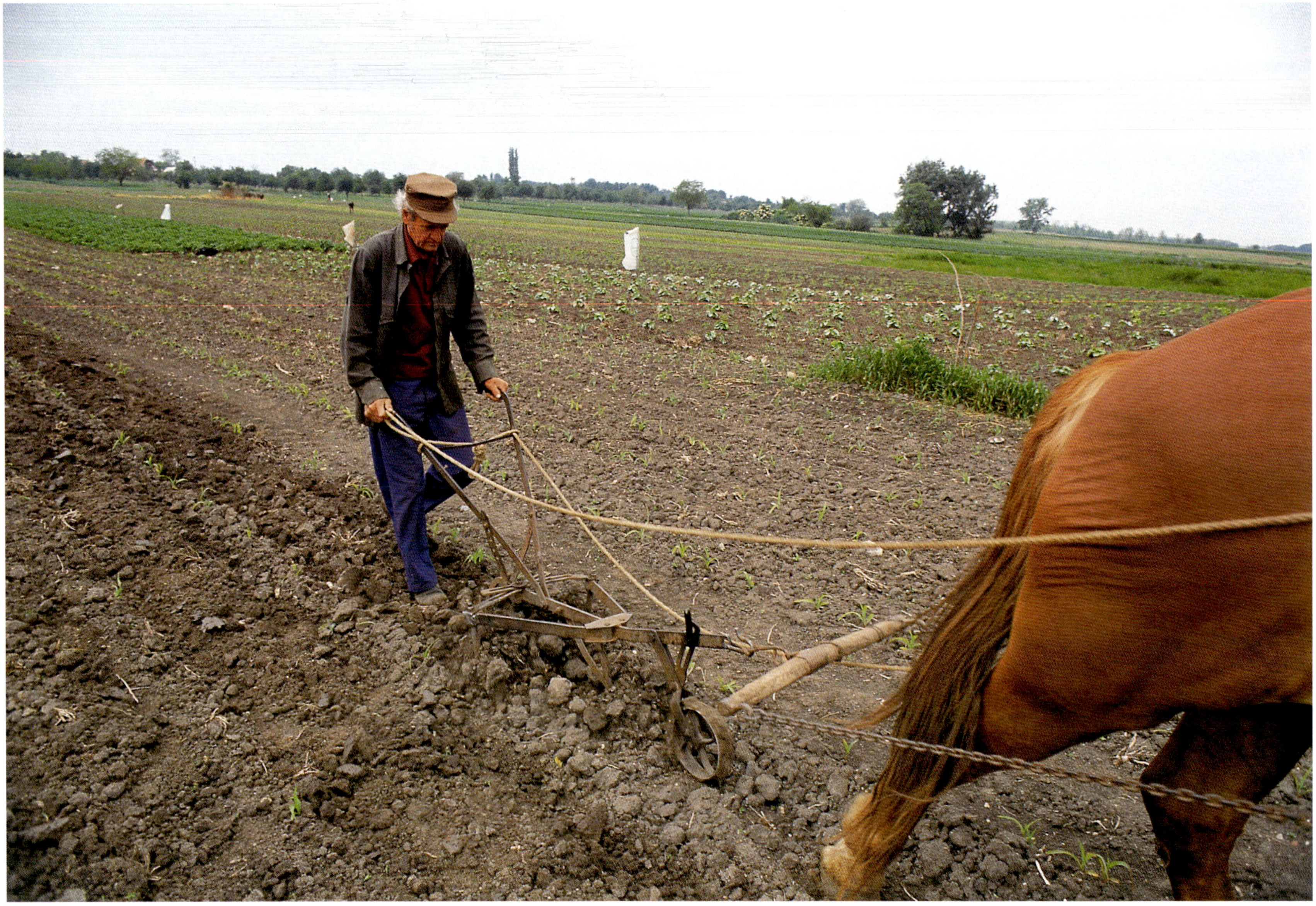

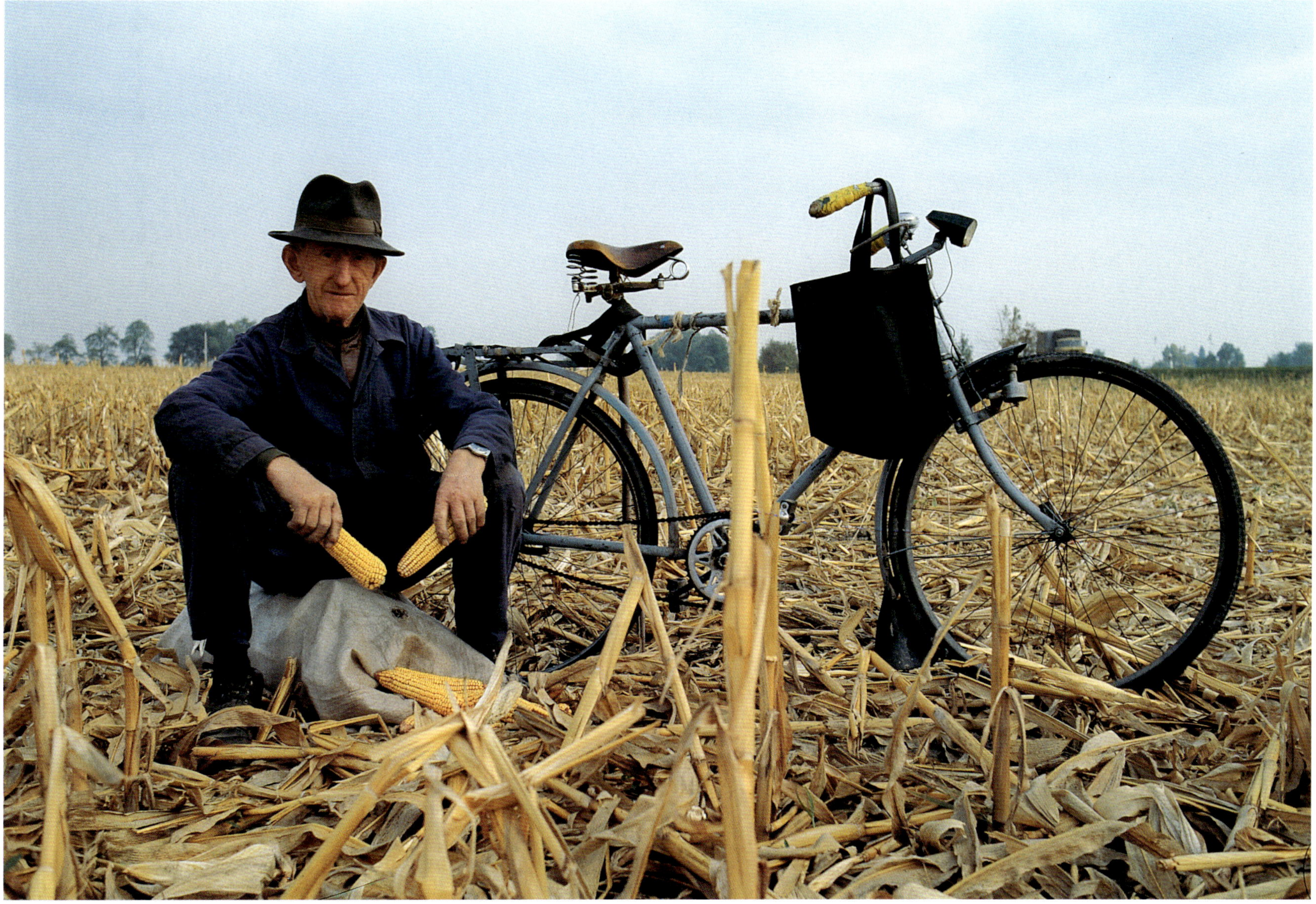

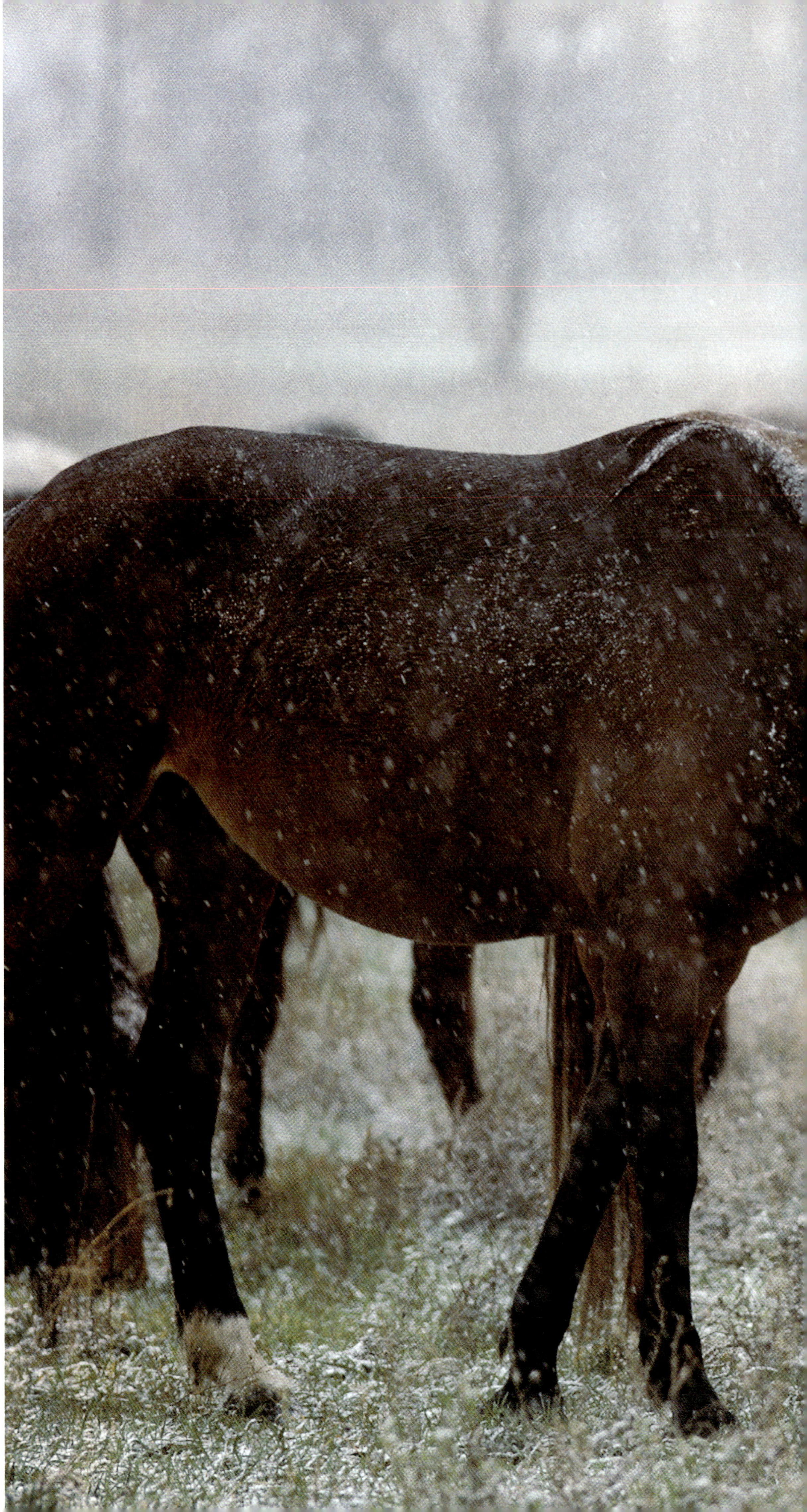

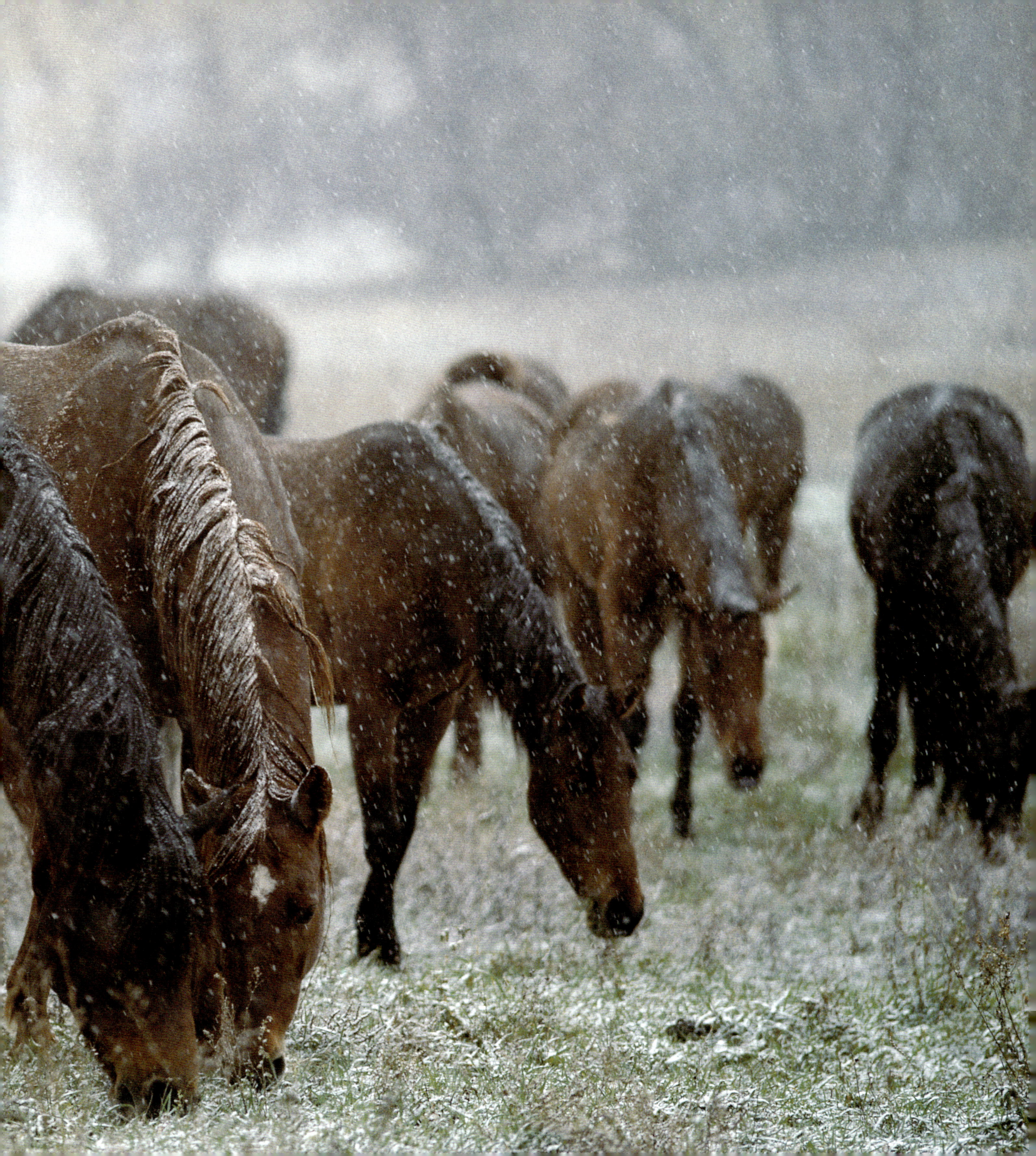

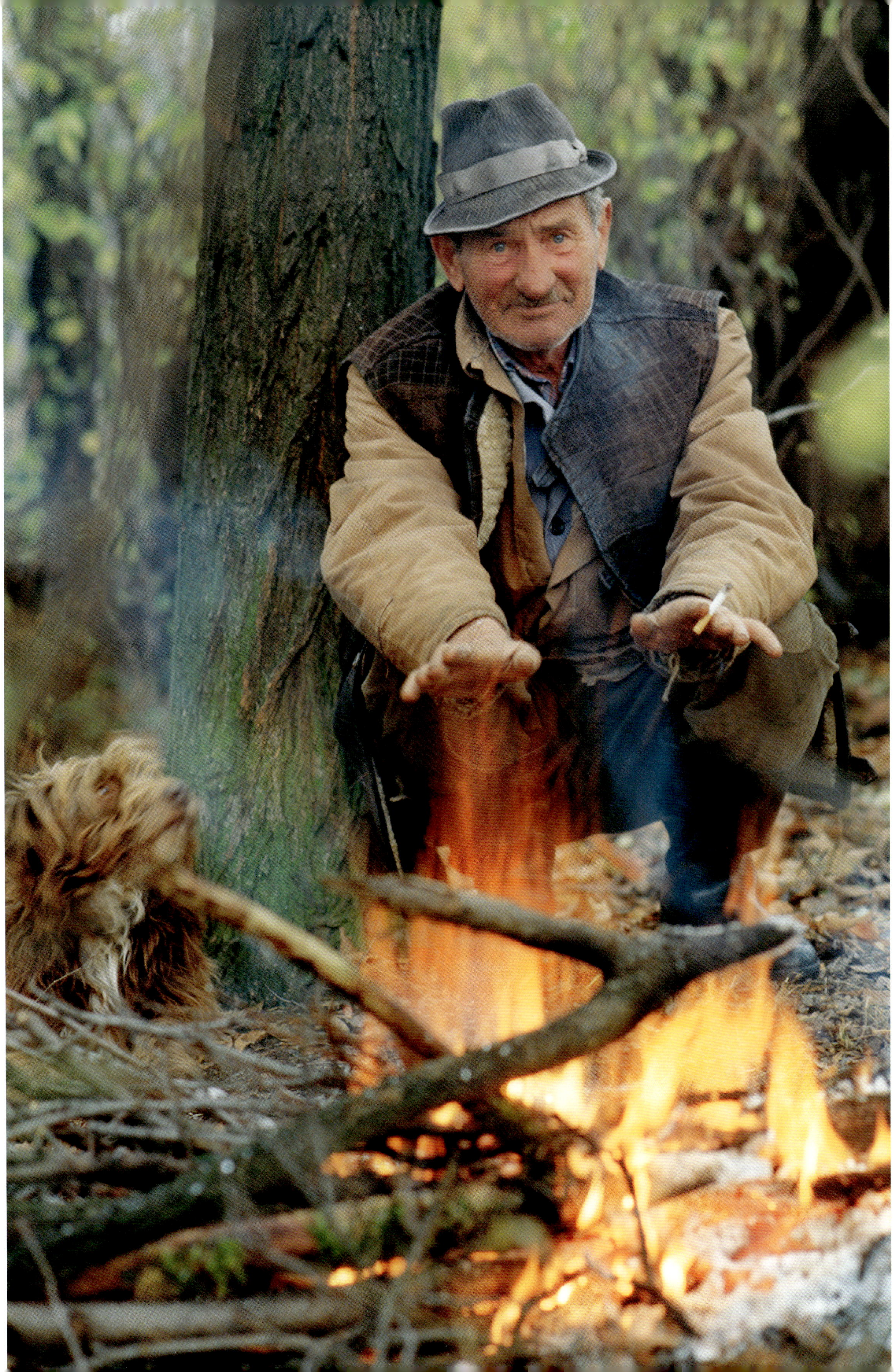

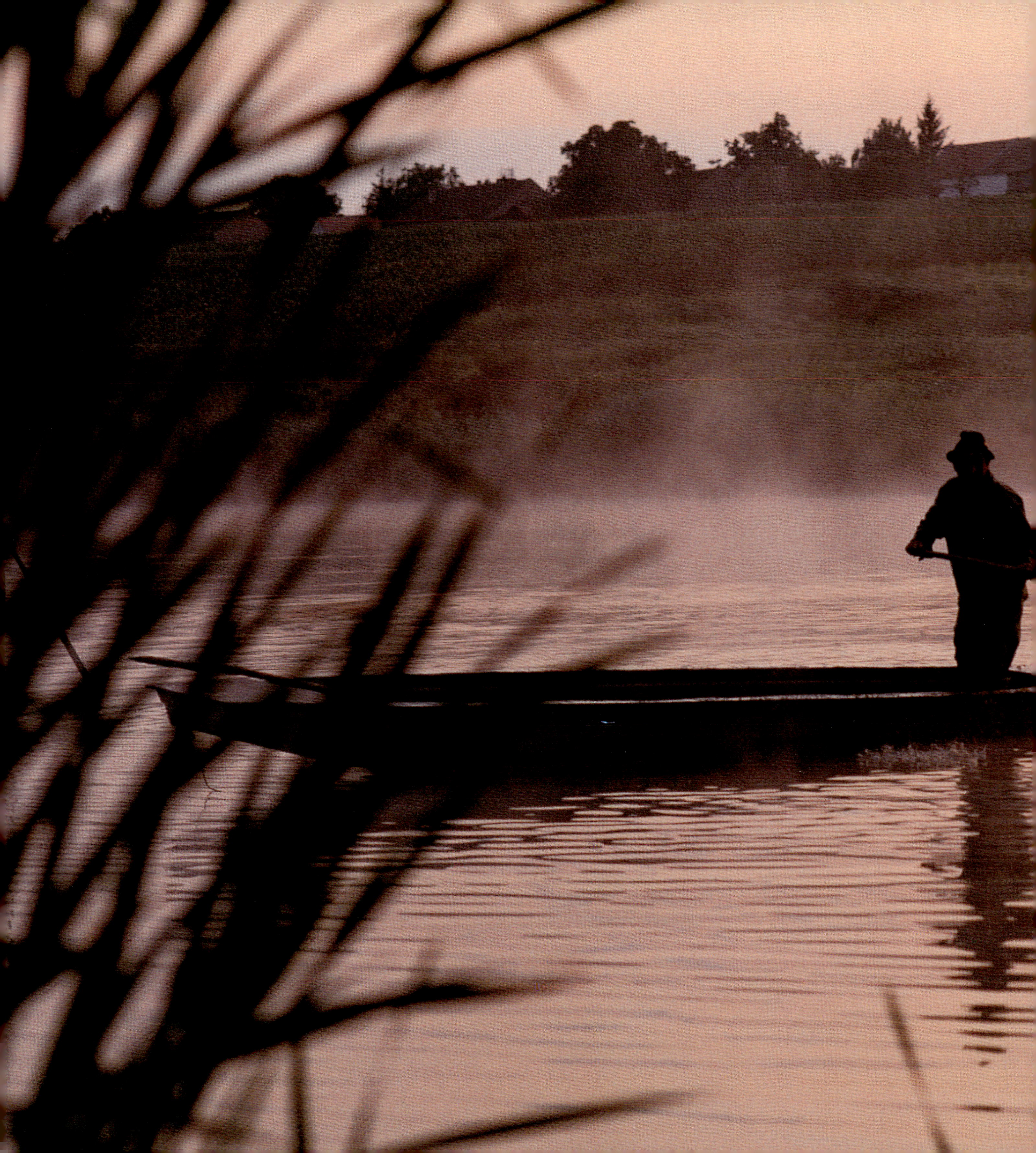

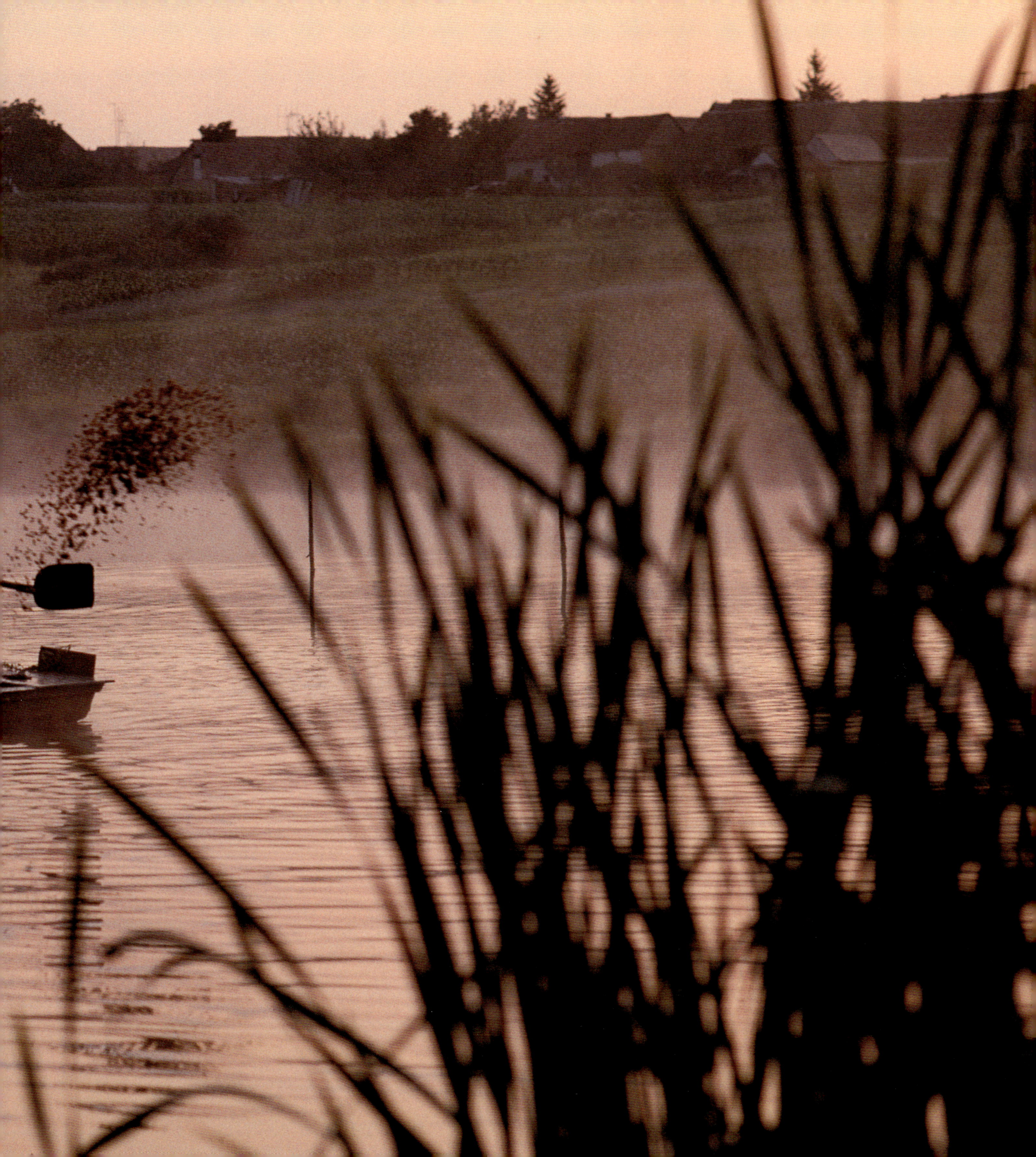

BEGEGNUNG MIT BELGRAD

EINE REISE IM WINTER

Kaugummis gehen manchmal verschlungene Wege. Sie reisen durch die halbe Welt, passieren Kriegsgebiete, lagern in dunklen Hallen, warten auf dunkle Geschäfte. Dann landen sie in einem Belgrader Bahnhofskiosk. Knallgelb ist das Kaugummipackerl, mit roten, arabischen Schriftzeichen: »Made in Iran, Teheran.« Belgrad, Winter 1994: Die Hauptstadt Ex-Jugoslawiens atmet soeben auf. Die höchste Inflation der Weltgeschichte macht gerade Pause, die Geschäfte füllen sich wie von Zauberhand, zum Beispiel mit iranischen Kaugummis.
Wie sie, trotz internationalen Embargos gegen Rest-Jugoslawien, nach Belgrad gekommen sind, läßt sich schwer nachvollziehen. Da sie in einem moslemischen, ja fundamentalistischen Land produziert wurden, liegt die Vermutung nahe, daß der Kaugummi für die bosnischen Glaubensbrüder bestimmt war. Dann hat ein Serbe mit einem Moslem Geschäfte gemacht – und die Ware aus Teheran landete in Belgrad. Geschäfte werden im Krieg auch mit Feinden gemacht.
Den Kaugummi bekommt der kleine, alte Rom zugesteckt, der am Bahnhof steht und mit seiner Fiedel Menschen begrüßt und verabschiedet. Lieber nimmt er den Super-Dinar, jene Währung, die im Februar 1994 neu eingeführt wurde und dem Wert einer deutschen Mark entspricht. Das Geldbündel, das eine Frau dem Zigeuner in die Tasche stecken will, lehnt er dankend ab. Mit den zig Nullen auf diesem Papier kann man nichts mehr anfangen, auch nicht der schluckarme Mann mit der Fiedel. Dieses Inflationsgeld, das vor wenigen Tagen noch im Rinnstein gelegen war, weil es nicht das Papier wert war, auf dem es gedruckt wurde, verwenden nun zynische Studenten, um sich Zigaretten anzuzünden. Manche notieren darauf Telefonnummern, andere kurze, traurige Gedichte.
Vor dem Bahnhof brandet das Leben einer Hauptstadt. Taxifahrer hupen, Menschenmengen schieben. Nur das Kreischen der Straßenbahnen fehlt, weil sie schon lange nicht mehr fahren. Auch der Busverkehr ist stark eingeschränkt, Staus werden durch die drastische Benzinknappheit verhindert.
Man muß gut zu Fuß sein, um in Belgrad von einem Ort zum anderen zu kommen. Vladimir, Postbeamter, geht täglich eineinhalb Stunden zur Arbeit. Danka, Professorin, fährt Autostopp zur Universität. Dragica, Pensionistin, ist schon lange nicht mehr aus ihrem Viertel herausgekommen – ihre Füße machen nicht mehr mit.

Belgrad ist eine Stadt, in der es pausenlos bergauf und bergab geht. Steile Straßen, die himmelwärts, und steile Straßen, die donauwärts führen. Nur Novi-Beograd, jener neue Stadtteil, der an der Mündung zwischen Save und Donau errichtet wurde, ist eine flache Scheibe. Novi-Beograd ist auf Sand gebaut, sagen viele Belgrader. Das meinen sie nicht nur bildlich. Der einstige Stolz des Tito-Staates ist auf Schwemmland gebaut, und das Hochhaus des ehemaligen Zentralkomitees, das einstige Zentrum der Macht Jugoslawiens, ja auch das einstige Zentrum des politischen Zusammenhalts Jugoslawiens, hat sich um einige Zentimeter geneigt. Halbleer steht es da, Büroräume, die billig vermietet werden, nimmt keiner in Anspruch.
Novi-Beograd vorgelagert liegt die Insel Ratno Ostrvo, die Kriegsinsel, die ihren Namen aus der Zeit Prinz Eugens trägt. Er hat sie – ein weidenbestandenes Eiland – besetzen lassen, um ungestört seinen Angriff über die Donau ins türkische Belgrad zu planen.
Die Donau in Belgrad hatte eine strategische Bedeutung. Wo sich Novi-Beograd ausbreitet, waren früher Auwälder. Knapp dahinter lag die österreichische Grenzstadt Semlin, das heutige Zemun. Zemun ist längst Novi-Beograd einverleibt, doch den Charme eines k.u.k.-Garnisonstädtchens hat es bis heute bewahrt. Gute Fischrestaurants liegen an der Uferpromenade, und auf einem Hügel steht ein Turm, von dem aus das flache Land kontrolliert wurde. Als der kleinwüchsige Feldherr Prinz Eugen 1717 seine Armee Richtung Belgrad in Marsch setzte, hatte er vorher das Kriegsministerium in Wien für eine Donaukriegsflotte begeistern müssen. Zehn Schiffe, eines davon die »Santa Maria«, liefen vom Stapel – bestückt mit insgesamt 400 Kanonen. Die Türken erwarteten den Angriff mit ihren Booten auf der Save. Vor dem Fluß erhebt sich der Kalemegdan, der Festungsberg Belgrads. Die zu schwache Ufersicherung der Türken war schnell bewältigt, Prinz Eugen hatte unbemerkt eine Schiffsbrücke errichtet: 27 Bataillone und 24 Grenadierkompanien sangen das Lied: »Er ließ schlagen eine Brucken, daß man kunnt hinüber rucken ...«
Doch dann begann die Belagerung. Die gut ausgebildeten Truppen des Großwesirs Chalil hatten die Burg, den Kalemegdan, fest im Griff, und in den Lagern der Österreicher grassierten Fieber und Ruhr. Als der Prinz am 15. August den Angriff wagte – und gewann, glaubte Europa endgültig von den Osmanen befreit zu sein. Am Kalemegdan

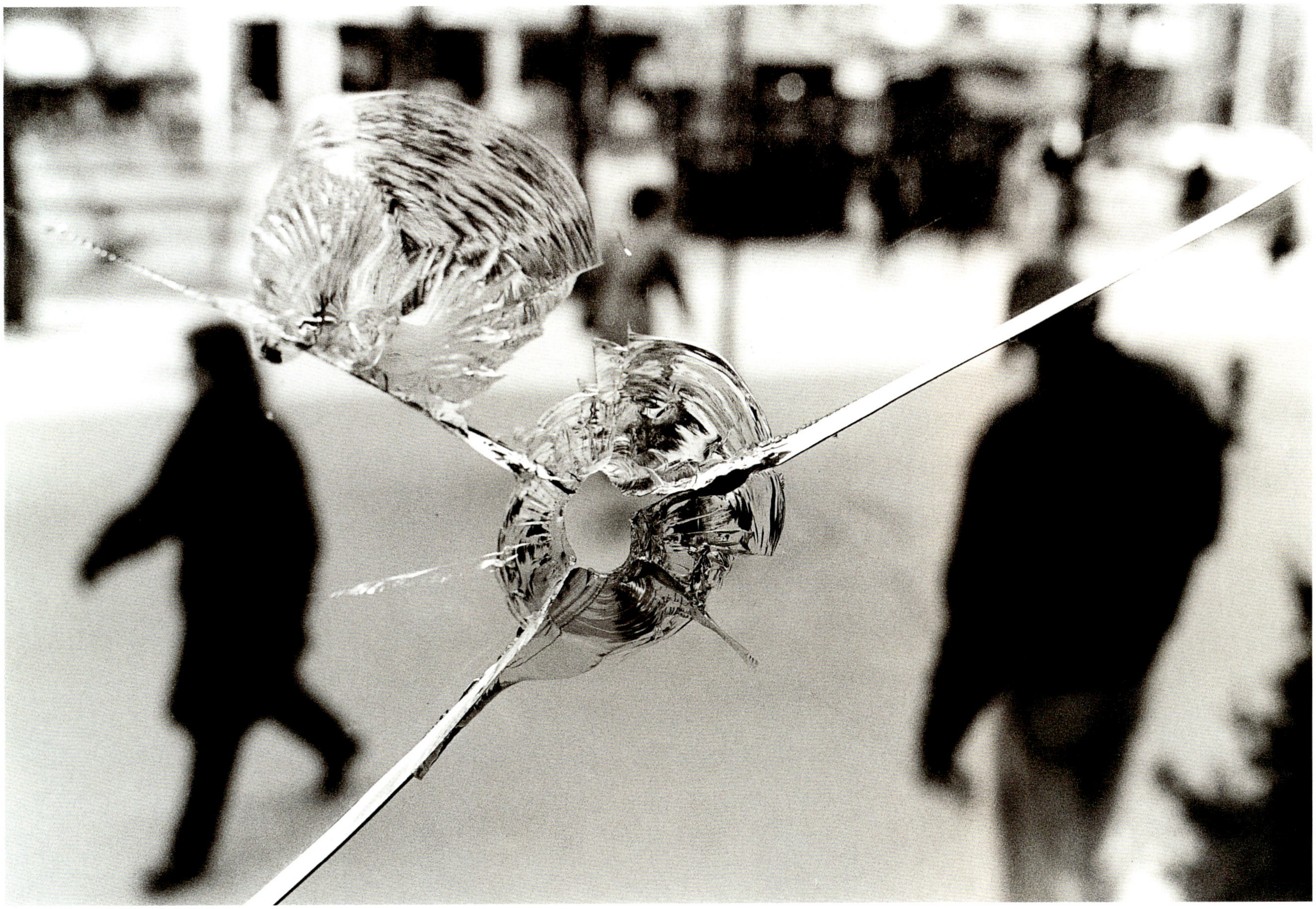

wehte die schwarz-gelbe kaiserliche Fahne. Doch noch einmal sollte sie vom türkischen Halbmond abgelöst werden. Den Serben blieb dabei nur die Rolle der leidtragenden Bevölkerung. Sie duldeten, sie warteten.

200 Jahre später kämpfte man wieder um Belgrads Brükken. 1918, in den letzten Tagen des Ersten Weltkrieges, als zwei k.u.k.-Regimenter auf zwei verschiedenen Brücken Belgrads marschierten, um gegen anrückende Serben, Franzosen und Engländer zu kämpfen, verweigerte ein Bataillon die Befehle der Chargen. Es waren Ruthenen, Slowaken, Tschechen und Ungarn, die ihre Heimat schon längst nicht mehr in der todgeweihten Monarchie sahen. Auf der zweiten Brücke ging ein kaisertreues Regiment aus den deutschsprachigen Kernländern. Und als der Feuerbefehl gegeben wurde, schossen sie auf ihre rebellischen Kameraden.

Der österreichische Schriftsteller Alexander Lernet-Holenia schrieb in seinem Roman »Die Standarte«: »Das Feuer hörte sofort auf. Ungeheuer widerhallend verrollte das Echo der letzten Schüsse an den Mauern der hochgelegenen Festung über Belgrad. Der Boden der Brücke war überdeckt mit toten und verwundeten Leuten und Pferden. ... Im ganzen hatte das Feuer höchstens eine oder anderthalb Minuten gedauert. Aber das Regiment war praktisch nicht mehr da.« Die Ruthenen, Slowaken, Tschechen und Ungarn, mit denen die Österreicher vier Jahre lang Seite an Seite gekämpft hatten, wurden innerhalb einer Minute ermordet.

Belgrad ist keine schöne Stadt. Belgrad trägt die Narben der Zerstörung. Historiker rechnen aus, daß Belgrad im Laufe seines Bestehens vierzigmal zerstört und wiederaufgebaut wurde. Bis in das 20. Jahrhundert war Belgrad eine Grenzstadt. Sie lag am Rand des Römischen Reiches und des byzantinischen Herrschaftsgebietes. Der serbische Feudalstaat des Mittelalters hatte sein Zentrum in Mazedonien und im heutigen Südserbien. Das Zentrum des serbischen Reststaates lag nach der Schlacht am Amselfeld donauaufwärts im Gebiet der heutigen Vojvodina. Die Schlacht am Amselfeld (es liegt in der zu 90 Prozent albanisch bewohnten Provinz Kosovo) im Jahre 1389 führte zum nationalen Trauma der Serben. Zum Trauma des heldenhaften Untergangs. Zum Trauma, das heute wieder und wieder durch nationale Propaganda genährt wird.

350 Jahre regierten in Belgrad die Türken, und Belgrad bildete die Grenze zum Habsburgerreich. Es war eine sensible Grenze. Allein zwischen den Jahren 1660 und 1830 ist Belgrad zweimal von den Serben und dreimal von den Österreichern erobert und okkupiert worden, während die Türken die Stadt in dieser Zeit viermal zurückeroberten.

In heutigen Zeiten ist es schwer, Belgrads Geschichte zu beschreiben. Weil Geschichte mißbraucht oder ignoriert wird. Weil sie für Propaganda und Gegenpropaganda benützt wird. Obwohl gerade aus der Geschichte die Wurzeln des jugoslawischen Konflikts zu verstehen wären. Trotzdem steht der Sinn nicht nach Geschichte. Weil die grausame und blutige Geschichte jetzt und heute geschrieben wird. Und weil die Stadt so lebt, als ginge sie das, was wenige Hunderte Kilometer entfernt passiert, nichts an.

Belgrad ist keine schöne Stadt. Vierzigmal wurde sie zerstört. Das einundvierzigste Mal zerstört man sie geistig. Die Narben, die dieser Krieg hinterläßt, sind nicht sichtbar, nur fühlbar. Die Tausenden jungen Deserteure, die Belgrad verlassen haben, nahmen die Intelligenz, den Esprit und die Weltoffenheit mit ins Exil. Zurück bleibt Resignation und die Angst vor der nächsten Wirtschaftskrise. Verlassen wurde Belgrad auch von den Kroaten, Slowenen und Moslems. Ein alltägliches Beispiel: Tomas, ein junger Belgrader, hat Maria, eine Serbin aus Zadar, geheiratet. Maria hatte ein Haus in Zadar, Zadar liegt in Kroatien. So suchte die junge Familie eine Bleibe in Belgrad. Und fand einen kroatischen Bäcker, dessen erster Sohn soeben zur Welt gekommen war. Früher hätte es ein großes Fest und Trinkgelage zu diesem Anlaß gegeben. Doch seine Freunde haben ihn verlassen oder trauen sich nicht mehr, Freund zu sein. So hat er das Angebot »Tausche Haus in Zadar gegen Haus in Belgrad« bereitwillig angenommen. Der kroatische Bäcker aus Belgrad lebt nun in Zadar – in der Heimat, fern der Heimat.

Es wird entflochten, zerrissen und auseinanderdividiert: So auch bei der einstmals weltberühmten Volkstanzgruppe »Krsmanović«. Im Februar 1994 packt die Generalsekretärin des Tanzvereins die slowenischen und kroatischen Trachten in die Mottenkiste. Dabei hat sie Tränen in den Augen. Tränen der Verzweiflung weint auch Dragan, ein Student, der an der Front gekämpft hat. Doch davon spricht er nicht. Tränen der Wut kommen den Mitarbeitern des kleinen Antikriegs-Zentrums in der Belgrader Innenstadt, wenn sie am SOS-Telefon mit der Nummer 626-623 sitzen und Rassismus, Verfolgung und Diskriminierung protokollieren.

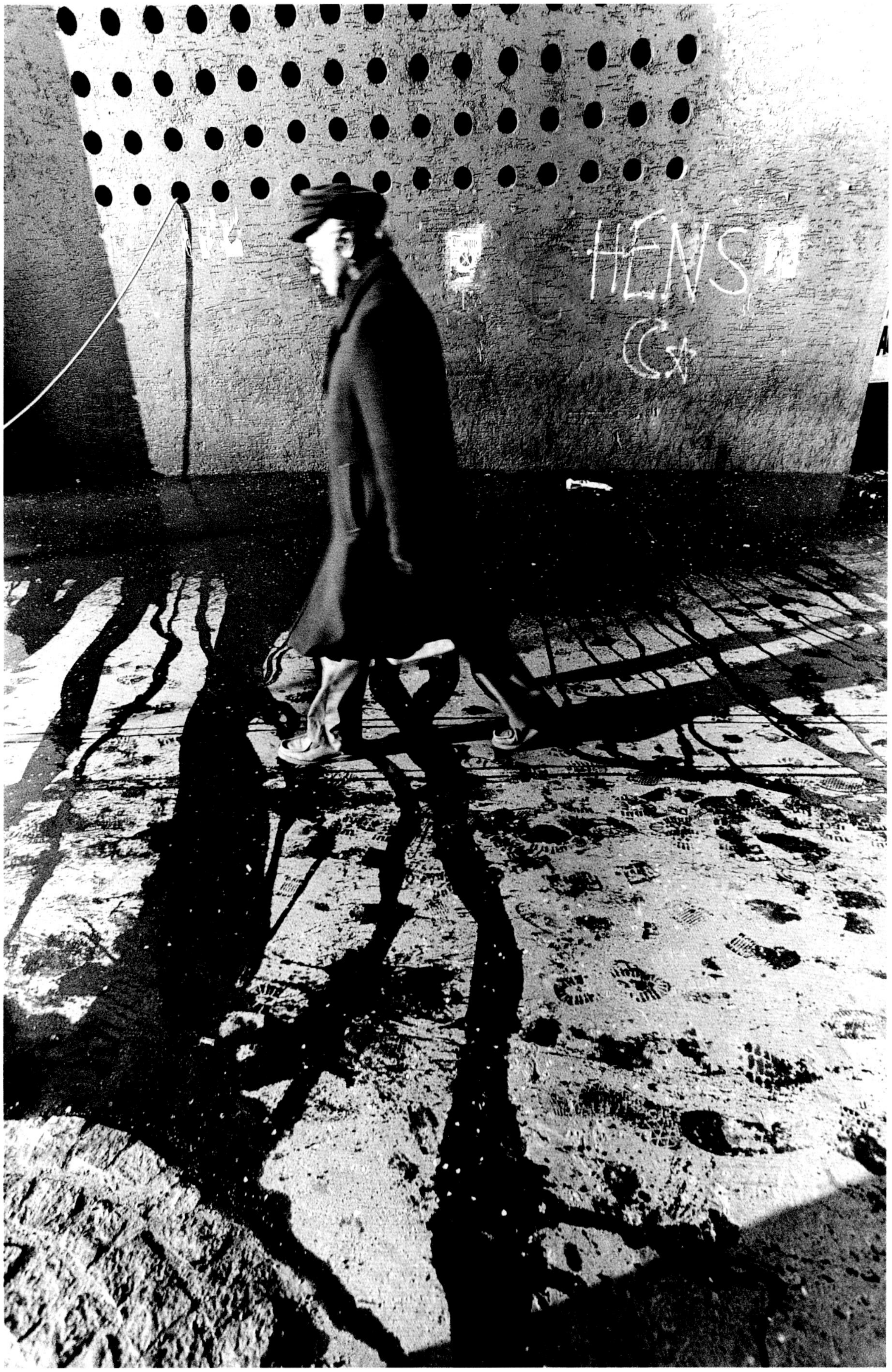
HENS

Tränen der Resignation weint Jasna, die den Streik des Jugend- und Kulturzentrums leitet. Der alte Direktor des Hauses soll durch einen neuen, regierungsnahen, ersetzt werden. Ein Solidaritätskonzert wird veranstaltet. Die Undergroundband heißt ironischerweise »The Directors«, ihr erstes Lied passenderweise »Strajk«. Die rauhen Gitarrenklänge verlaufen sich im Nachthimmel, der Streik wird ignoriert. Nicht einmal Polizisten hat man zu dieser Veranstaltung abkommandiert – auch eine Möglichkeit, Widerstand zu zermürben.

Wenn es Nacht wird in Belgrad in diesem Februar 1994, wacht die Soldateska auf. Da ziehen betrunkene Soldaten in verschiedensten Uniformen durch die Straßen. Da treffen sich die Stammtischbrüder in den Wirtshäusern. Da prahlen Wochenendkrieger von ihren letzten grausamen Taten. Ja, es gibt Männer, die das Wochenende im Kampfgebiet verbringen. Es sind dieselben Familienväter, die noch vor ein paar Jahren die Sonntage im Schrebergarten verbrachten, friedlich in der Save und der Donau fischten.

Es ist Nacht in Belgrad und kalt im Café des Hotel Moskau. Alte Männer sitzen in ihre Winterjacken gewickelt und erhitzen sich in ihren Diskussionen. Diskussionen führt man auch Tag und Nacht in den Büroräumen des »Belgrade Circles«, der Plattform der unabhängigen Intellektuellen. »Hier tut das Denken nicht weh«, wie Milo Dor in seinem Buch »Leb wohl, Jugoslawien« schreibt: »Die Waffenruhe ist die erste und unumgängliche Voraussetzung für ein Gespräch. Man kann diese Ruhepause dazu benützen, um über eigene Taten und Untaten nachzudenken sowie über ein weiteres Zusammenleben in einer neuen, wie immer gearteten Form oder über eine zivilisierte, geordnete Trennung. Ich weiß, das Denken tut weh, vor allem, wenn man sich dabei die eigene Schuld eingestehen muß, aber es kostet kein Menschenleben. Wenn der Waffenstillstand nicht eingehalten wird, heißt es Leb wohl, Jugoslawien, und damit auch: Leb wohl, Europa.« Und gute Nacht, Belgrad.

Wenn die Sonne aufgeht, schickt sie ihre Strahlen über den Kalemegdan, beleuchtet die verfallenen Ziegelmauern der zerstörten Burganlage, sodaß sie rot aufflammen. Pensionisten lüften ihre Körper aus, Liebespaare verabschieden sich und die ersten Schachpartien werden in der weitläufigen Parkanlage aufgenommen. Unterhalb des Kalemegdan fließt die Save in die Donau, und am gegenüberliegenden Ufer schwimmt die Skyline Novi-Beograds im Morgennebel.

Der Kalemegdan ist der beste Ausgangspunkt für einen Stadtspaziergang. Ein aktueller Stadtplan ist dafür unerläßlich, weil viele Straßen neue Namen tragen. Am Kiosk antwortet die Verkäuferin mit bitterer Stimme: »Sie wollen einen Stadtplan? Wer besucht denn heutzutage Belgrad?« In der Gospodar-Jevremov-Straße liegt die einzige Moschee Belgrads, die Bajrakli-Dschamija, erbaut unter Sultan Süleyman II. im Jahre 1690. Das Theatermuseum nebenan zählt zu den ältesten Gebäuden Belgrads und ist kaum 200 Jahre alt. Wenn man der Kralj-Petar-Straße hinunter Richtung Save folgt, gelangt man zum Patriarchenpalais, in dem das Oberhaupt der serbisch-orthodoxen Kirche, Patriarch Pavle, wohnt. Im Palais ist auch das Museum der serbisch-orthodoxen Kirche untergebracht. Kein Besucher geht über das knarrende Parkett des Museums. In Belgrad hat man andere Sorgen: die des täglichen Überlebens. Unterhalb der Brücke Bratstvo I Jedinstvo am Markt von Belgrad wird gefeilscht. Frauen aus Südserbien bieten Mimosensträußchen an, die ersten Frühlingsboten. Bauern aus der weiten Ebene der Vojvodina verkaufen Gemüse und Eier.

Eine Dame im Pelz erzählt den neuesten Witz: »Wissen Sie, warum Milosević ein so guter Präsident ist? Weil wir jetzt alle Brot backen gelernt haben.« Man kann Brot natürlich auch kaufen – wenn man es sich leisten kann. Milka-Schokolade aus Österreich und Marlboros aus Italien sind die Importschlager des Schwarzmarktes. Das internationale Embargo hat das Wirtschaftsleben in die Illegalität gedrängt. Kaugummis aus Teheran sind hier nicht zu finden. Dafür Gucci-Handtaschen in den feinen Geschäften der Terazije. In der Fußgängerzone verkaufen Nationalisten ihre Fahnen mit der serbischen Krux, patriotische Kampflieder auf Musikkassetten, Militärkappen.

Folgt man dem Boulevard der Revolution, kommt man am Parlament, der Hauptpost und dem Büro der jugoslawischen Fluglinie JAT vorbei. Da der Flugverkehr durch das Embargo eingestellt werden mußte, sind die Mitarbeiter damit beschäftigt, Bustransfers zum Budapester Flughafen zu organisieren. Und in den Auslagen werden krisensichere Fahrräder zum Verkauf angeboten. Linker Hand steht die Kirche Sveti Marko. Hier liegt der letzte König Alexander aus der Dynastie Obrenović begraben. Es ist ein nüchterner Bau, der in den Zwischenkriegsjahren errichtet wurde. Sein kulturhistorisches Vorbild ist die Gračanica-Kirche im Kosovo.

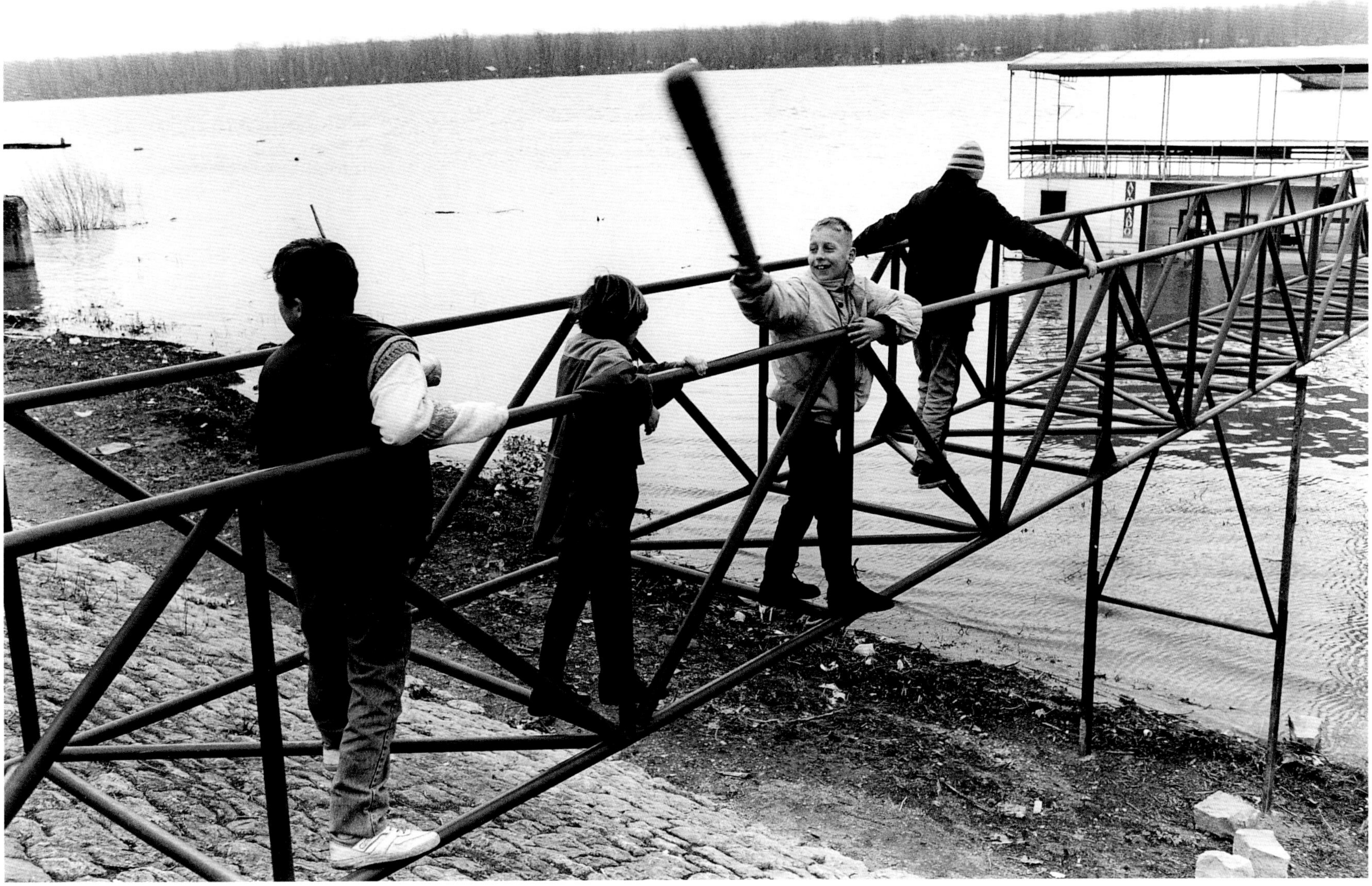

Am Rande Belgrads, hinter einer schnurgeraden Stadtautobahn, ist die ehemalige Privatresidenz Titos. Steil führt ein Boulevard bergauf. Jeder zweiten Laterne hat man die Glühbirne herausgeschraubt. Die Gedenkstätte Titos steht auf Halbmast. Scharf weht der Wind und zerrt das schmutzige Laub mit sich fort. Hinter dem Kassahäuschen der Gedenkstätte spalten sich die Wege in Einbahnsysteme. Früher bewegten sich Menschenmassen – geleitet von Richtungspfeilen – dem »Haus der Blumen« zu. Heute ist es hier still und menschenleer.

Im »Haus der Blumen« liegt Tito begraben. Die Blumen fehlen. Statt dessen hat man zwei Dutzend pflegeleichte Gummibäume um den Marmorsarkophag gepflanzt. Elf Tonnen wiegt der weiße Steinblock, und mit goldenen Lettern sind die Worte »Josip Broz Tito 1892-1980« geschrieben.

Titos Grabwärter begrüßt die Gäste wie eine offizielle Delegation. Früher – und früher bedeutet immer vor dem Krieg –, früher war er Wirtschaftsprofessor. Seit er seine Arbeit verloren hat, bewacht er das Grab. Früher wachten auch sechs Gardesoldaten, doch die seien vor zwei Jahren abgezogen worden. »30 Besucher kommen pro Tag«, sagt er, »aber meistens sind es nur drei«. Der gewöhnliche Besucher dürfe außen herum um das Grab gehen, Delegationen und Staatsbesuche sogar bis zum Marmorblock.

Doch heute behandelt der Grabwächter die Besucher wie eine Delegation. »Sehen Sie die goldene Schrift«, sagt er, »man sagte den Journalisten, daß sie aus purem Gold sei.« Dann geht er auf Zehenspitzen zum Grab, so als wolle er Tito nicht wecken, nimmt das »T« von Tito in die Hand und zeigt seinen verblüfften Besuchern eine goldglänzende Blechhülse. Ja, man darf Journalisten eben nicht alles glauben.

Es ist totenstill in Titos Blumenhaus um zehn Uhr morgens an einem Februartag 1994, während die Chronik des Krieges soeben wieder mit Menschenblut geschrieben wird. Auf dem Markt von Sarajevo detonierte eine Granate. Ob sie von den serbischen Geschützen rund um die eingekesselte Stadt abgeschossen wurde oder nicht, soll noch geklärt werden. Die Serben fordern eine Untersuchung. Der Nationalist Vladimir Schirinowski hat vor ein paar Tagen seinen Besuch in Belgrad beendet. Das dramatische Ultimatum der NATO ist noch nicht ausgesprochen.

Und Tito schweigt.

Zurück zur Donau. Ein Mann im Kampfanzug trainiert im gelben Gras der Uferböschung. 87, 88, 89, 90, 91 … Liegestütze. Ein Studentin kommt vorbei, Zynismus liegt in ihrem Gesicht: »Er verschwendet seine Kraft für Dummes«, sagt sie und ballt die Faust.

Belgrad ist keine schöne Stadt. Belgrad liebt man auf den zweiten Blick.

AM EISERNEN TOR

DIE VERGESSENE LANDSCHAFT

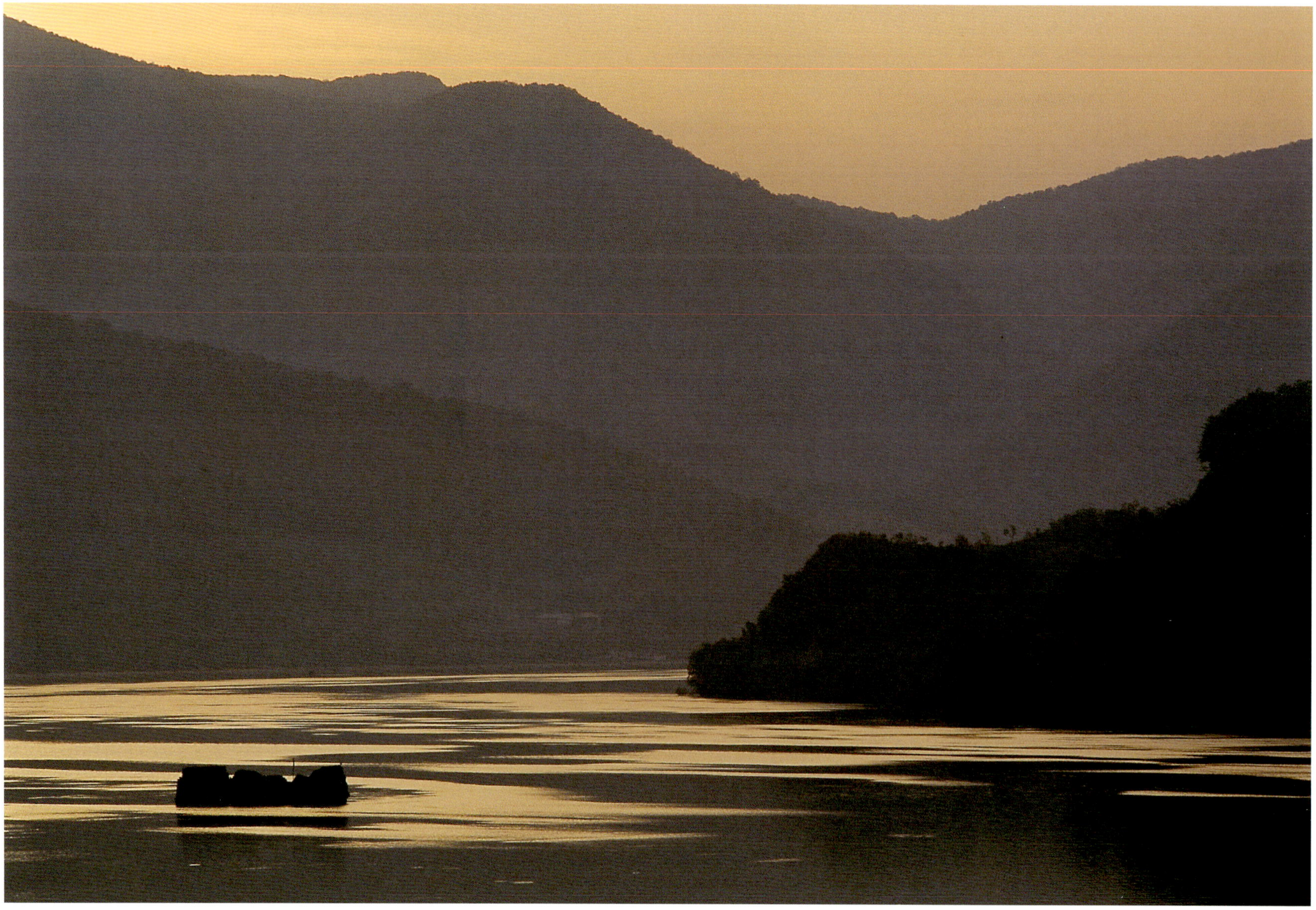

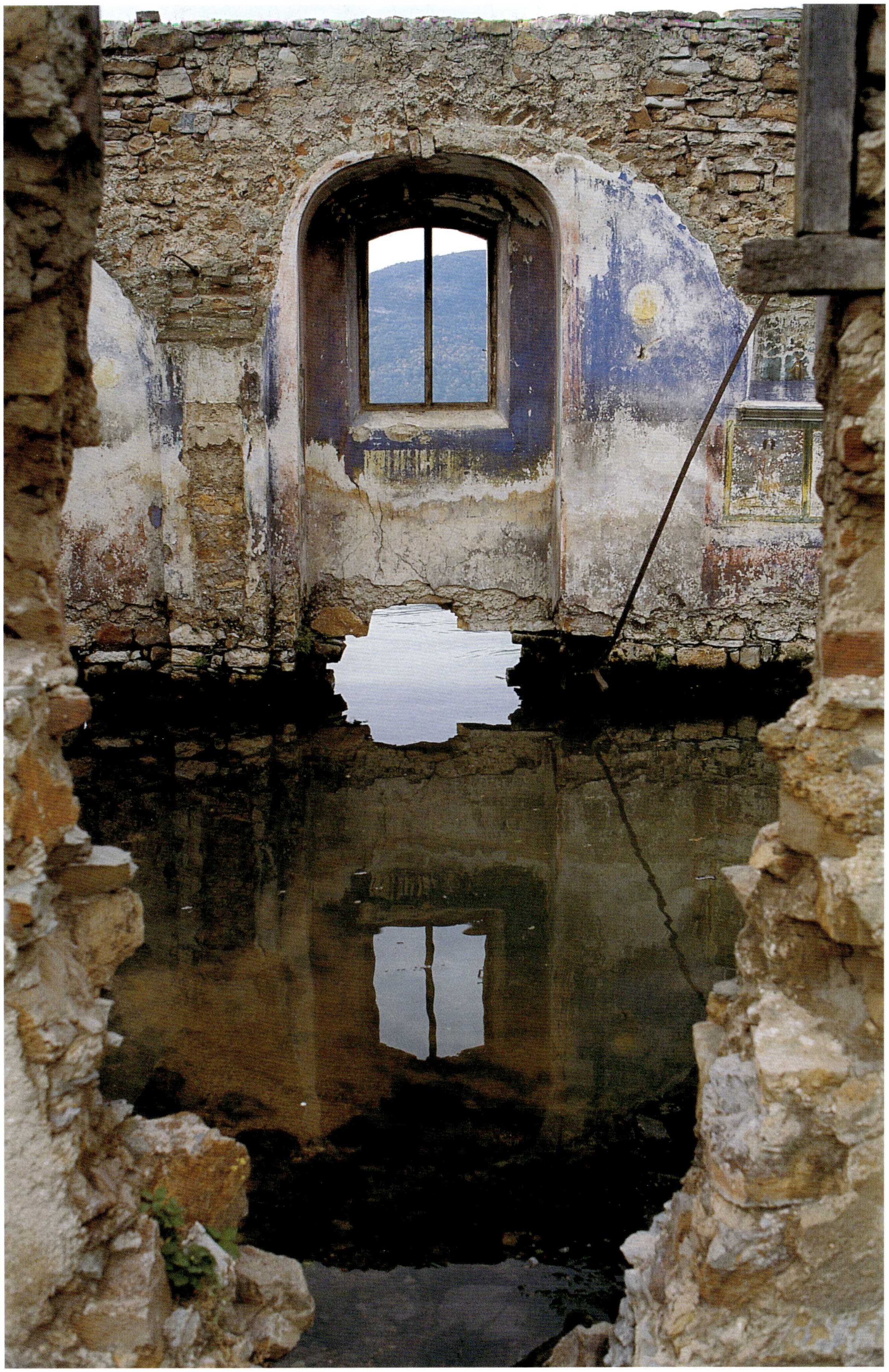

Sie sind heimtückisch. Bei Sonnenschein reihen sich die Karpaten zu freundlichen Bergketten. Auf ihren Rücken grasen Schaf- und Ziegenherden. Kukuruz winkt mit seinen gelben Blättern. In den Tälern verstecken sich Dörfer mit staubigen Straßen, vorlauten Gänsen, rotgrünen Gartenzäunen.

Nachts aber türmen sich die Schatten zu schwarzen Gebirgen, werden die Wälder zu dunklen Mäulern, aus denen Wölfe kriechen. Nachts ziehen die Schrecken der Vergangenheit durch die Träume der Schlafenden wie stürmische Wolkenbänke. Nachts kehrt die Einsamkeit in die Karpaten zurück.

Tagsüber aber füllt sich das Land mit buntem Leben: Schulkinder mit Lederranzen und alte Männer mit Reisigbündeln auf den Rücken, klappernde Lastwägen, die schwarzblaue Schwaden hinter sich herziehen, unverwüstliche Dacias, türkische Gastarbeiter mit deutschen Autokennzeichen, Ochsengespanne mit Heubergen, Pferdewägen mit Waschmaschinen, plastikbespannte Planwägen einer Roma-Familie, Birnen-Verkäuferinnen.

Dann öffnen sich die Ausläufer der Carpatii meridionali (Südkarpaten), werden zu langgezogenen Hügeln, an denen ein großer See leckt: die Donau.

Der Bucht entlang erstreckt sich das Städtchen Orşova. Reisender, erwarten Sie keinen mittelalterlichen Stadtkern, keine in den Karpaten so typischen Holzhäuser, nichts Schilfgedecktes, nichts Folkloristisches. Reisender, Sie befinden sich an einem riesigen Stausee. Alles, was alt war, hat die Donau verschlungen, zermalmt und zerrieben.

Orşova bietet dem Besucher trotzdem Altes: einen Schiffsfriedhof. Hier rosten Schiffe in allen Stadien des Zerfalls, glucksen leise vor sich hin. Vielleicht wohnen noch ein paar Ratten darin, obwohl es heißt, daß Ratten als erste das sinkende Schiff verlassen. Alt-Orşova liegt versunken im Wasser. Es hatte während der österreichisch-ungarischen Monarchie eine besondere Bedeutung. Bis nach dem Ersten Weltkrieg war Orşova die letzte österreichische Station auf dem Donau-Weg. Es war der letzte Ort vor dem »Orient«. Hier nahm man Abschied von Europa. Nach Orşova begann auf der linken Flußseite – bis 1859 – die Walachei. Ab 1859 war die linke Seite rumänisch. Das rechte Ufer war königlich-serbisch und anschließend bis zum Wiedererstehen eines neuen Bulgariens im Jahre 1878 türkisch.

Und das Eiserne Tor war für Österreich die Pforte zum Orient. Hier, in diesem Teil Europas, beginnt Europa sich aufzulösen, obwohl es noch lange nicht zu Ende ist. Der rumänische Religionswissenschaftler und Schriftsteller Mircea Eliade, der unter dem faschistischen Diktator Antonescu Kulturattaché war, fand das Wort »Zwischeneuropa«. In seiner Zeit erlebte Rumänien – zwischen 1926 und 1938 – neunzehn Regierungen. Der deutsche Felix Hartlaub hat – und das ist aus der begrenzten Sicht eines Befehlshabers der deutschen Wehrmacht nicht verwunderlich – vom »Dickicht des Südostens« berichtet. Der Arier fühlte sich vom Völkergemisch überfordert, er glaubte in einem »Nebel« gefangen zu sein. Manès Sperber hat in seinem Buch »Die Wasserträger Gottes« über die Bewohner am »äußersten Rand der Welt« geschrieben. György Konrad, ungarischer Schriftsteller und Intellektueller, drückt es so aus: »Das ist das Unglück der Zuspätgekommenen.« Das ist das Unglück, nicht mehr und noch nicht in Europa zu sein. Im Europa der klaren Nationalitäten, im Europa der florierenden Wirtschaft, im Europa der französischen Romane, im Europa der Moderne, im demokratischen Europa.

Karl Emil Franzos, der vergessene Schriftsteller aus Galizien, sprach in seinen Reisebeschreibungen aus Galizien, Südrußland, der Bukowina und Rumänien von »Halb-Asien«. Diese geographische Poesie hat am Eisernen Tor ihren berechtigten Platz.

Umso mehr, als noch vor wenigen Jahren die türkische Insel Ada Kaleh mit ihren Minaretten, türkischen Cafés und dem orientalischen Bazar nicht versunken war. Ada Kaleh war ein seltsamer Ort. Ein Ort, den die Weltgeschichte einfach vergessen hatte. Ein Ort, der von den politischen Wirrnissen nicht berührt wurde. Die kleine Insel blieb bis ins Jahr 1912 türkisch, dem Osmanischen Reich zugehörig, zu einer Zeit, als Rumänen, Serben und Bulgaren die türkische Vorherrschaft längst abgeschüttelt hatten. Man hatte nach dem türkisch-russischen Krieg von 1877/78 am Berliner Kongreß von 1878 die Grenzen des Balkans wieder einmal neu gezogen. Die Insel Ada Kaleh wurde dabei schlichtweg vergessen. Nach den Balkankriegen wurde das kleine türkische Inselreich österreichisch und nach dem Ersten Weltkrieg rumänisch. Die türkische Bevölkerung aber blieb, bis sie knapp vor der Fertigstellung des Donaukraftwerkes Eisernes Tor aufs rumänische Festland und in die Türkei umgesiedelt wurde. Reisende, die noch mit der Fähre nach Ada Kaleh übersetzten, berichten von der mediterranen Vegetation der Insel. Mandelbäume und Oliven, Tabak, Feigen, Rosen verströmten feine, herbe, süße Düfte. Aus den Rosenblüten erzeugten die Bewohner ein süßes Gelee, welches zum türkischen Kaffee gereicht wurde.

Heute erinnert nur mehr ein danach benannter Talübergang vor der Stadt Turnu-Severin an Ada Kaleh.

Im Stadtpark von Orşova grasen Pferde. Arbeitslose Männer sitzen in der Sonne und kommentieren das Weltgeschehen. Doch das Weltgeschehen fließt nicht mehr die Donau entlang. Das Embargo der Völkergemeinschaft gegen Restjugoslawien hat den Schiffsverkehr fast zum Erliegen gebracht. Ein Erpressungsversuch serbischer Kapitäne, die drohten, das geladene Öl ins Stromwasser zu leeren, wurde nicht wahr gemacht. Die Donau entging einer ökologischen Katastrophe.

In der Nacht, und die Nächte sind dunkel in Rumänien, in der Nacht, da mögen kleine Fischerboote mit Schmugglerware vielleicht am benachbarten serbischen Ufer anlegen. Die Männer, die vorhin das Weltgeschehen eifrig kommentierten, werden plötzlich stumm.

Eine halbe Autostunde donauabwärts von Orşova befindet sich die Staustufe Eisernes Tor Nr.1. Ein mächtiger Damm von 35 Metern Höhe erzeugt einen Rückstau bis knapp vor Belgrad. Der Stausee hat eine Wasseroberfläche von 17.000 Hektar. Seit 1972 wird die dabei gewonnene Elektrizität gemeinsam von Rumänien und Jugoslawien genützt. Der pathetische Dokumentarfilm, den vor allem Schulklassen zu sehen bekommen, preist die technische Gigantomanie. In diesem Film lebt noch das gespenstische Ceauşescu-Vokabular – »Titan der Titanen«, »Genie der Karpaten«, »Zyklop der Donau« etc. – weiter.

Die Arbeitsbedingungen während des Kraftwerksbaus waren unmenschlich. Natürlich schweigt der Film darüber. Natürlich schweigt er über die Aussiedlungsaktionen, denen viele Dörfer hier und diesseits der Donau zum Opfer fielen. Mußte man nicht die alten Fischer und Bauern aus ihren Stuben zerren? Sahen sie zu, wie das Wasser im Namen des Fortschritts immer höher stieg, über den Gartenzaun kletterte, die Dahlien und den Kohl mit sich riß? Sahen sie zu, wie das eine oder andere vergessene Huhn gackernd in den Strudeln ertrank? Wie viele Großväter und Großmütter sind damals an gebrochenen Herzen gestorben? Keine Statistik kann darüber Auskunft geben.

Hier am Eisernen Tor äußerte der römische General Gaius Scribonius Curio im Jahre 74 vor Christi seine Abneigung, die finsteren Wälder jenseits der Donau zu betreten. Mögen es wirklich die Wälder gewesen sein, die ihm, dem Eroberungswilligen, ein Hindernis sein sollten? War es nicht die unbestimmte Angst vor den vielfach vermischten Kulturen, vor dem Durcheinander der Völkerwanderungen?

Zwischen Donji Milanovac und dem Eisernen Tor waren in den Felsen des rechten Donauufers früher noch die Löcher zu sehen, in denen die Stützbalken der »Via Danubia« verankert waren. Kaiser Tiberius hatte 28 n. Chr. mit dem Bau der Brücke begonnen, unter Trajan wurde sie im Jahre 103 fertiggestellt. Auf ihr marschierten die römischen Legionen gegen die Daker. Die finsteren Wälder wurden romanisiert. Die Donau, die bisher der römische Limes gegen alle Arten von Barbaren war, verlor hier ihre Grenzfunktion. Transdanubisch erstreckte sich die Provinz Dacia. Von diesen römischen Spuren ist wenig geblieben: Die Trajan-Tafel wurde während des Kraftwerksbaus sorgfältig vom Felsen gelöst und zwanzig Meter höher angebracht. »Der Sohn des göttlichen Nerva und regierender Kaiser, Nerva Trajanus Augustus Germanicus, Pontifex maximus, zum vierten Mal Tribun des Vaterlandes und Konsul, hat Gebirge und Strom überwunden und diese Straße erbaut ...«

Die »Portile de Fier«, wie das Eiserne Tor in Rumänien genannt wird, war vor dem Bau des größten mitteleuropäischen Stromkraftwerkes das Ende der gefährlichsten Passage der Donauschiffahrt. Die Karpaten und die Ausläufer des Balkangebirges rücken bedrohlich zusammen, zerklüftete Felswände und unübersichtliche Windungen machten den Strom zur unberechenbaren Macht. Stromschnellen, Strudel und Strömungen, Tiefen und Untiefen, wohl auch überirdische Mächte brodelten im engen Tal. Bei der Kazan-Enge entstand ein so großer Rückstau, daß die Donau zeitweise donauaufwärts strömte.

»Der stolze Strom, der bei normaler Bettfülle die mächtigsten Flußschiffe auf seinen Wellen schaukeln sieht, wird bei fallendem Wasser, eben in Folge dieser Felshemmnisse, zum ohnmächtigen kleinen Fluß, dem sich beinahe das unbedeutendste Schiffchen nicht mit Sicherheit anvertrauen kann. Und wenn, hervorgerufen durch trockene Witterungsverhältnisse, der Wasserstand einen solchen Tiefpunkt erreicht hat, daß jeder Schiffsverkehr zur Unmöglichkeit wird und Tausende von Reisenden bemüßigt sind, die Kataraktenstrecke mit Landfuhrwerken zu durcheilen, da treten sie hervor, die Felshemmnisse, über den tobenden und

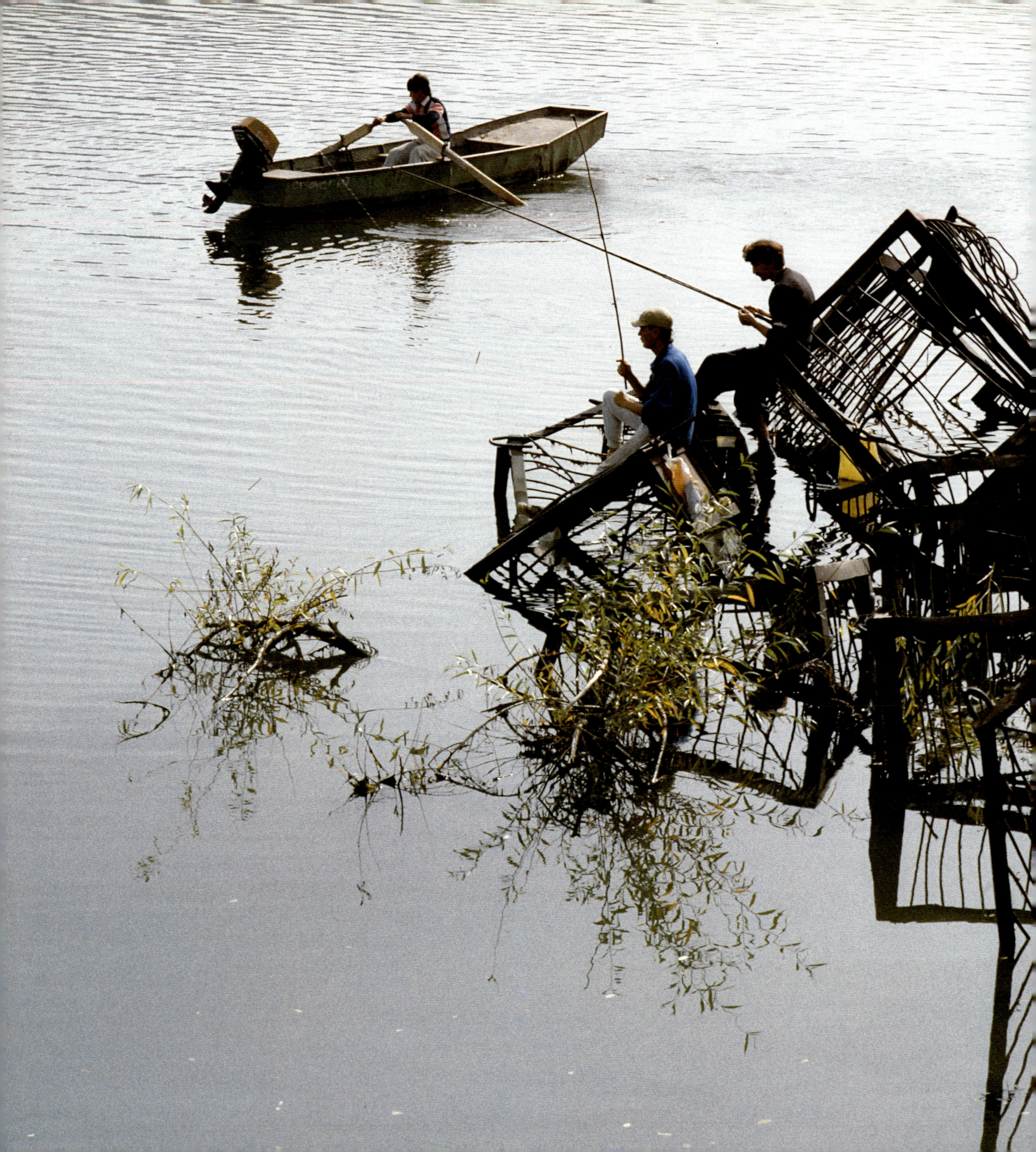

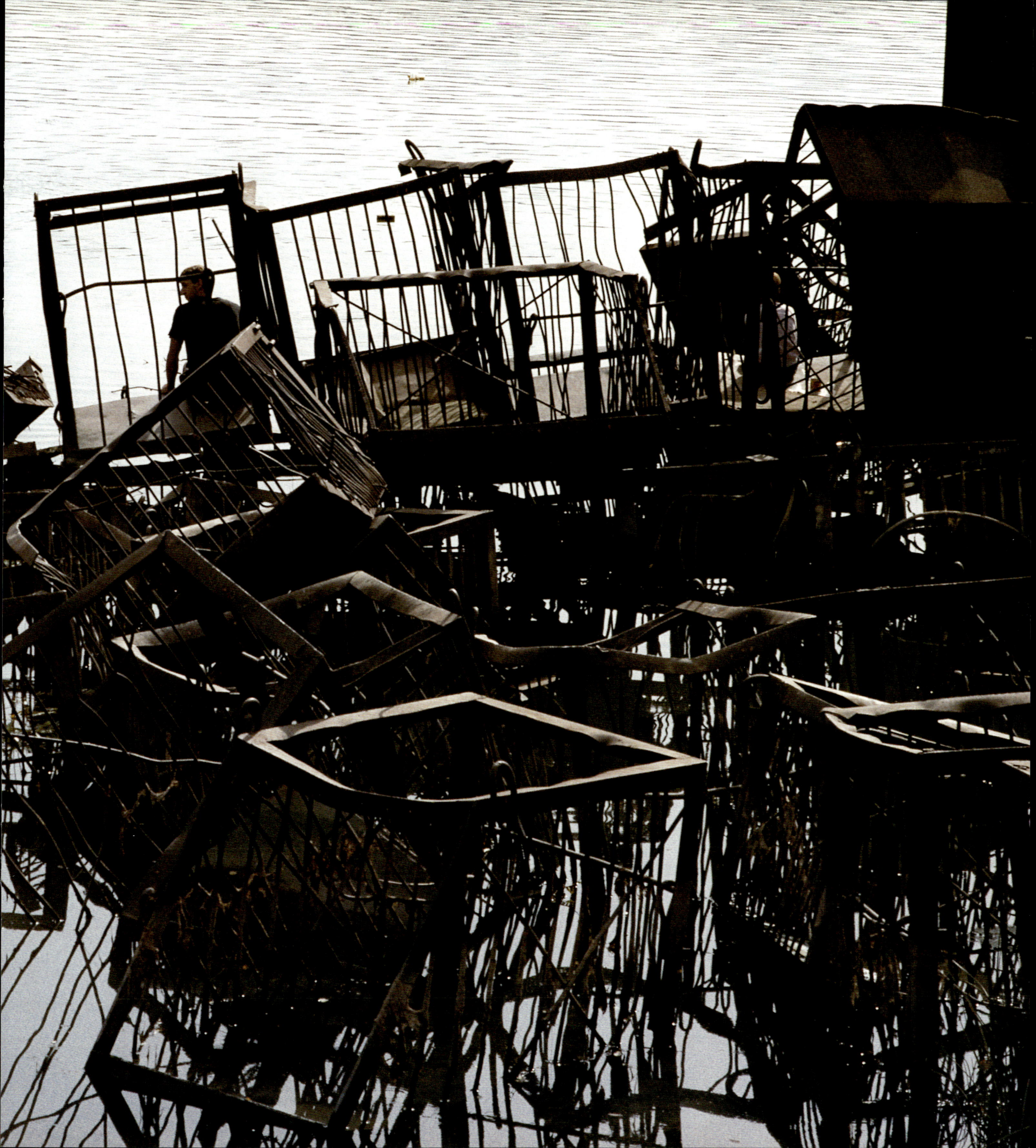

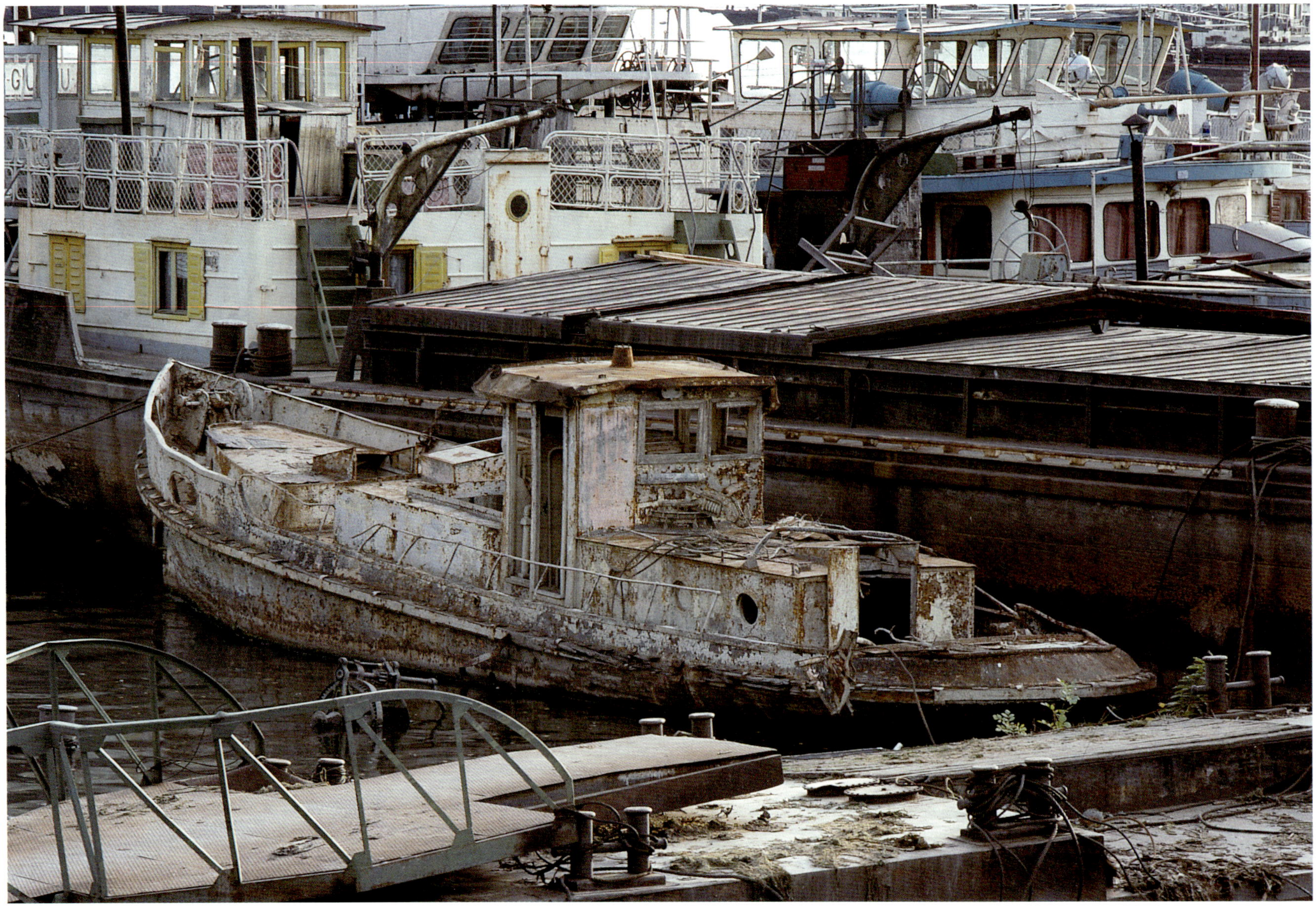

brausenden Wasserspiegel, hier in einzelnen Stücken, dort in Gruppen gereiht und dann wieder in einer förmlichen Linie das Strombett durchschneidend und so dem Beschauer einen wildromantischen Anblick gewährend, lassen sie ihn gleichzeitig die Gefahren erahnen, welche selbst bei günstigem Wasserstande dem darübereilenden Schiffe und seiner Bemannung drohen.« Das war im Jahre 1874.

Der Eingang der Passage beginnt bei der Festung Golubac auf der serbischen Seite des Stroms. Von hier zwängt sich die Donau auf einer Länge von 120 Kilometern zwischen den Bergen hindurch. Mächtiger als der Strudengau, gefährlicher als der Nibelungengau, wilder als die Wachau. Bis zu 700 Metern ragen die Felswände empor. Jede Felsnase, jeder Steinbrocken, jede Biegung hat hier einen Namen: Vielleicht, weil die Angst erst etwas von ihrem Schrecken verliert, wenn sie benannt wird. Kein Wunder, daß die Donauschiffer in früheren Zeiten beim Felsen Babakaj gegenüber der Ruine Golubac für ein heiles Durchkommen beteten. Wer zum ersten Mal die Fahrt durch die Engen machte, erhielt die Taufe am Babakaj. Er wurde mit Wasser begossen, auf daß er dem Schiff kein Unglück bringe. Viele Sagen ranken sich um den Felsen, der heute wie ein harmloser Zahnstummel aus dem Wasser ragt. Der Sage nach soll ein türkischer Pascha seine Geliebte an den Felsen geschmiedet haben, da sie ihn mit einem Ungarn betrogen hatte. Der feurige Magyare befreite die Schöne wieder.

Unter Kaiser Franz Joseph kam die erste Erleichterung für die Schiffer. Er ließ die Eiserne-Tor-Bahn erbauen. An die 10.000 Arbeiter bauten acht Jahre lang an der Strecke. Sie sprengten einen zwei Kilometer langen und 80 Meter breiten Kanal. Dampflokomotiven der österreichischen Donaudampfschiffahrtsgesellschaft, sie war die reichste Binnen-Schiffahrtsgesellschaft der Welt, zogen die Schiffe donauaufwärts. 1896 wurde die Treindl-Eisenbahn unter dem Beisein des rumänischen und serbischen Königs eröffnet. Eine dieser Lokomotiven liegt bis heute am Donaugrund.

Ende dieses Jahrhunderts hat sich die Fahrt durch den »Sektor Eisernes Tor«, so der Terminus technicus der Schifffahrt, auf ein Viertel verkürzt. Vor der Errichtung des Stauwerks dauerte sie 120 Stunden, heute sind es 30.

Reisender, fahren Sie nicht mit dem Schiff durch die gezähmte Passage. Die Landschaft würde zur Kulisse verkommen. Nehmen Sie den Landweg, begleiten Sie die Donau. Sie ist eine Verwandlungskünstlerin. Einmal ein ausladender Strom, der sich plötzlich durch ein Nadelöhr zwängt, einmal Salzkammergut-See, der in der nächsten Kurve zum norwegischen Fjord wird. Wo abgestorbene Bäume, Mangroven gleich, aus dem Wasser schauen, suhlen sich Hausschweine im Schlamm. Ein Bauer führt seine beiden Pferde zum Tränken. Enten streichen aufgeregt übers Wasser, Frauen treiben behäbige Wasserbüffel an. Grenzsoldaten schnorren Zigaretten, Schafhirten schnarchen unter Buchen.

Und doch ist das, was wir so leichtfüßig »malerisch« nennen, tiefe Armut. Die Autoreifen-Schuhe der alten Frauen sind nicht folkloristisch, auch wenn die Schuhe aus Stroh geflochten wären. Die Kuh, die nicht nur Milch geben muß, sondern dazwischen ihr eigenes Heu von den steilen Wiesenlagen in die Scheune zieht, ist nicht glücklich, sondern ausgemergelt.

Aber vergessen Sie nicht, in das ruhig und alt gewordene Donauwasser zu blicken. Versunkene Dörfer ruhen am kühlen Grunde, mit ihnen versanken Erinnerungen, Lebensfäden, Geschichten.

Zwei Turmspitzen einer Burg halten sich über Wasser. Es ist die altungarische Festung Tri Cule. Wenige Kilometer weiter, nahe dem Dorf Svinita, bei Stromkilometer 996, steht eine Kirche im Strom. Das Dach ist längst verfallen, hat verkrüppelten Hagebutten-Büschen Platz gemacht. Die Fenster sind gähnende Löcher und im Kirchenschiff murmelt das Wasser Gebete. Die Farben der Fresken leuchten zyanrot, kobaltblau, magenta und ocker. Durch die Fensterlöcher schaut langmütig die Donau. Die Luft riecht magisch, aber auch nach dem Laub der Nußbäume. Standen sie im Pfarrgarten? Oder am Friedhof? Ein umgeworfener Grabstein liegt im Gras. Der Grabstein des »im 3. Lebensjahr entseelten George, Sohn des Oberstleutnant Anton Balazs, 1831«. Seine Gebeine sind längst weggeschwemmt, vielleicht als Knochensplitter an den Strand des Schwarzen Meeres gespült worden. Die ungarische Familie Balazs war unter der österreichischen Kaiserin Maria Theresia in das alte Swiniza gekommen.

Der Revolutionär und Berthold Brechts Drehbuchautor gleichen Namens, nämlich Bela Balazs, geboren 1884, wuchs in der heutigen Slowakei – im damaligen Oberungarn – auf. Über seine Kindheit schreibt er: »Von dem Ort, an dem man sowieso alle Tage lebte, konnte man ja nicht in diesem wunderbaren dunkeltiefen Ton sprechen, der erst dem schönen Wort seinen ganzen Gehalt gab. Heimat, das war Ferne, Traum und Sehnsucht.« Hatte sein Namensvetter an der Donau ähnlich gedacht?

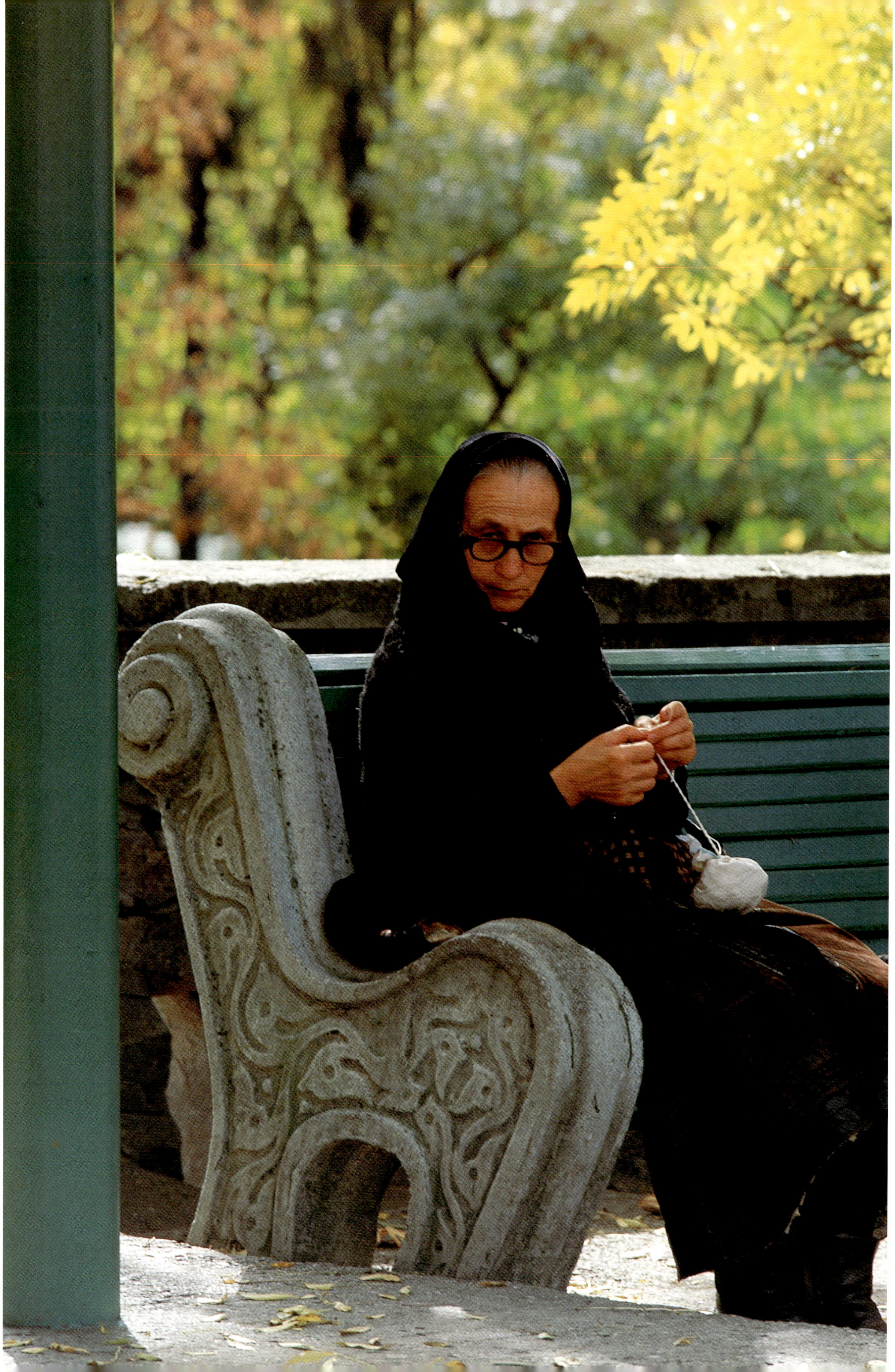

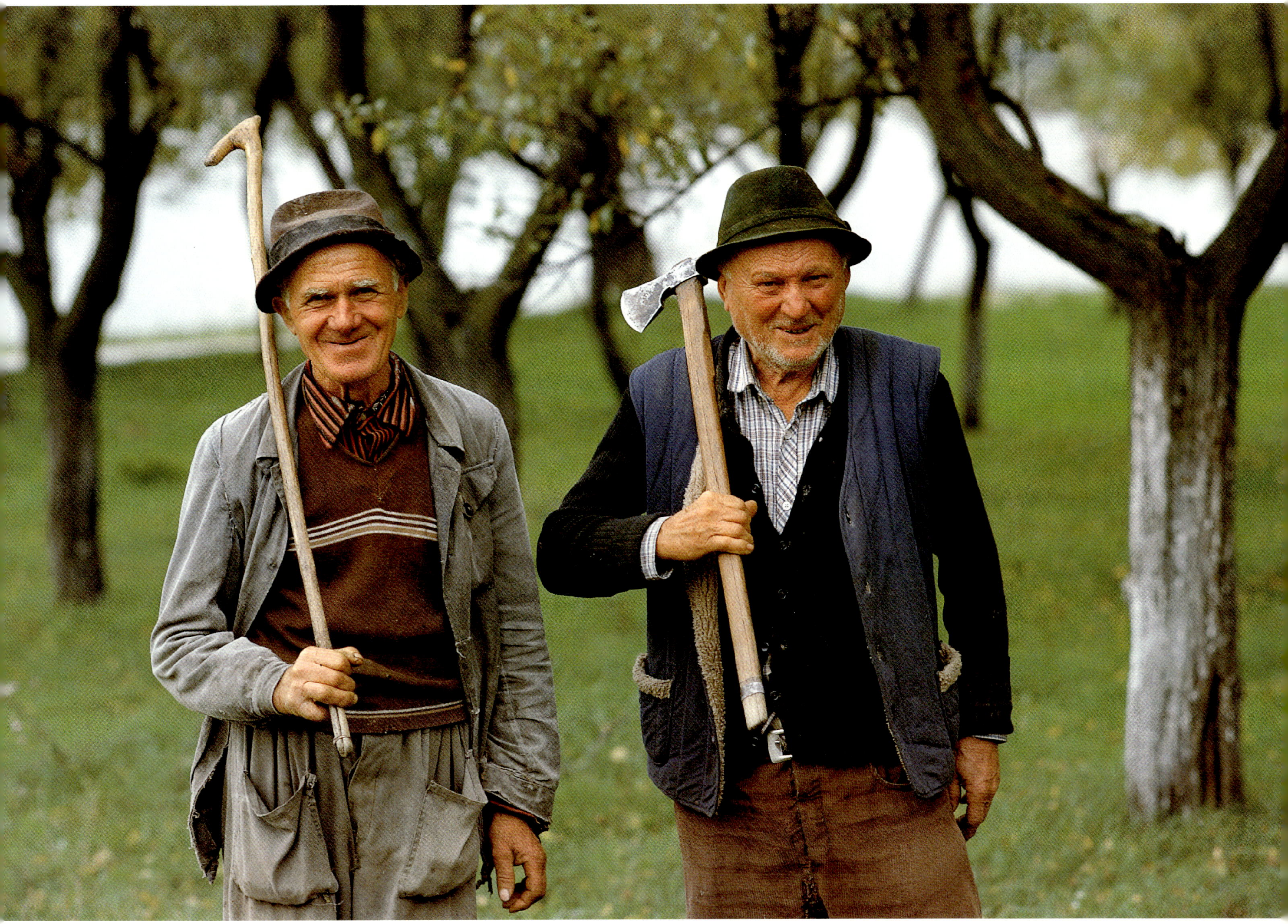

Weiter führt die Straße ins Cazanele Mici. Die zweitausend Jahre alte Sonnenuhr zeigt keine Zeit mehr, sondern ist bloß Zeuge für ihre Vergänglichkeit.

Reisender, Sie wissen es bereits: Auf jedem dritten Felsen steht eine Burg, und jede Burg hat ihre blutige Geschichte. Im Tal Cazanele Mari finden Sie ausnahmsweise keine Mauerreste, aber im Jahre 1692 verteidigten sich hier fünfhundert österreichische Soldaten unter Hauptmann D'Arnau gegen eine Übermacht von mehreren Tausend Türken. Über einen Monat hielten sie der Belagerung stand.

Vis-à-vis, am serbischen Donauufer, raucht es aus den Dörfern. Das ist nicht der Krieg, das sind die Köhler. Ausgebleichtes Holz, Schwemmgut, ziehen sie an Land, schichten es im Kreis auf, wie zu einem Iglu. In der Mitte steckt ein langer Ast. Er dient als Rauchfang. Rundherum wird Stroh ausgebreitet. Ein ringförmiger Erdwall liegt bereit. Wenn das Holz brennt, wird die Erde darübergeschaufelt, damit es langsam zu Holzkohle verglost.

Ein rumänisches Märchen nennt die Donau den »Weg ohne Staub«. Umso staubiger ist die Straße, die sich schmal zwischen Strom und Felsen schlängelt. Ein letztes Mal bäumen sich die Karpaten zu trotzigen Felsenformationen. Dann werden sie weiter und weicher und geben den Strom frei.

Die Landschaft wird öd. Trockengelegte Sümpfe, abgeholztes Aulandterrain. Ein Zementwerk klebt auf einem der letzten Hügelrücken. Rundherum hat ein weißer Staub alle Farbe zugedeckt. Erbärmliche Baracken lehnen sich an die Stadt Moldava Veche. Hier wohnen die Roma. »Von weitem ist der Zigeuner ein Mensch« lautet eine oft gehörte Redensart. Aber nur von weitem. Wenn sie zu nahe kommen, brennt man ihre Häuser nieder.

Am 20. September 1993 wurden drei Menschen getötet und 17 Häuser zerstört. Bei einer Rauferei zwischen acht Rumänen und zwei Roma wurde zuerst ein junger Rom mit einer Heugabel verwundet und dann ein Rumäne getötet. Bald darauf sammelten sich 500 Menschen rumänischer und ungarischer Herkunft und zündeten das Haus an, in das sich die beiden Roma gerettet hatten. 45 Polizisten legten den aus dem brennenden Haus flüchtenden Roma Handschellen an. Dann wurden die beiden jungen Männer von der Menge totgeschlagen. Tatenlos sah die Polizei dem Gemetzel zu. Ein weiterer Rom starb in den Flammen. Dann brannte der Mob 13 Häuser nieder, die herannahende Feuerwehr wurde an den Löscharbeiten gehindert. Mehr als 170 Roma mußten ihre Häuser verlassen. Hadareni heißt das siebenbürgische Dorf, nördlich der Donau gelegen. Das ist nur ein Beispiel für die Aggressionen gegen Roma und Sinti im heutigen Rumänien.

Pogrome können jederzeit ausbrechen, auch in Moldava Veche. Im Rumänien Ceauşescus waren die Roma nicht als eigene Volksgruppe anerkannt. Sie wurden zu der rumänischen Bevölkerung gezählt – und trotzdem unterdrückt. Nach dem Fall des Eisernen Vorhangs waren sie die ersten, die die neu gewonnene Mobilität zu nutzen wußten. Sie versorgen Märkte und Schwarzmärkte mit Waren aller Art. Zum alten Haß gegen die Roma kommt neuer Neid dazu.

Alt-Moldava ist in der Donau ertrunken; der neuen Ortschaft Moldava Veche (Neu Moldava) hat man weder Gesicht noch Rückgrat, weder Herz noch Seele gegeben. Herausgefallene Fensterstöcke, eingeschlagene Glastüren, penetrante Gerüche; Grünanlagen mit Baumskeletten und Erde, so fest wie gestampfter Lehm, spiegeln sich in den Gesichtern der Bewohner wider. Tristesse und Trunksucht wohnen in Moldava Veche.

Die deutschsprachige Rumänin Herta Müller schrieb:
»Ceauşescu ist durch seinen Tod nicht verschwunden.
Seine Fingerabdrücke sind als zerstörte Städte und Dörfer,
als verwüstete Landschaft,
als Blutspur der bei seinem Sturz Erschossenen,
als Schrecken unter der Schädeldecke der Überlebenden
überall im Land geblieben.
Ceauşescus Träume sind Friedhöfe im Land.«

Reisender, Sie sind vielleicht hungrig, weil Sie die saure serbische Kuttelflecksuppe doch nicht gegessen haben. Sie sind vielleicht durstig, weil die rumänische Limonade »Suk« ihren Magen verklebt hat. Sie sind müde. Sie sind müde, weil die großen, gierigen Donaugelsen Sie nicht schlafen ließen. Fahren Sie noch nicht nach Hause. Gehen Sie auf Kur.

In den Karpaten versteckt, liegt der Badeort Băile Herculane. Schon der Bahnhof verspricht Eleganz. Nicht, daß feine Damen mit Hutschachteln unterm Arm aussteigen würden. Nicht, daß schnurrbärtige Männer, ein spanisches Rohr schwingend, auf den Bahnhofskolonnaden spazieren würden. Wilder Wein schlingt sich um die Pfeiler. Wartende schnarchen. Unter der Kuppel des Wartesaals scheint die Zeit ausgezogen zu sein, macht einen weiten Bogen. Nur eine Uhr hat sie hinterlassen: »Paul Ganier, Paris«. Was für noble Gastritiker müssen hier ausgestiegen sein – eine französische Bahnhofsuhr im tiefen Banat.

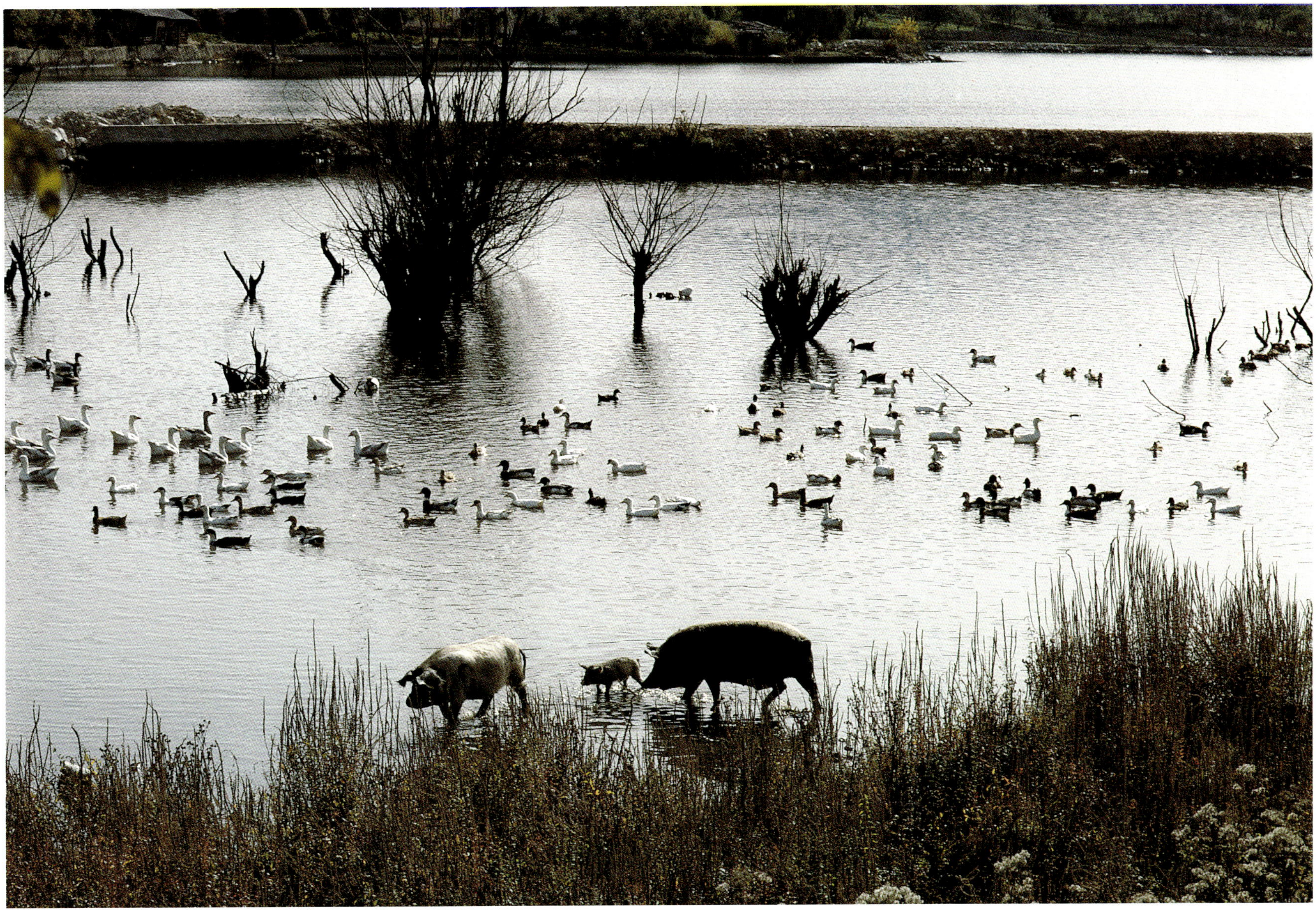

Vom Bahnhof zum Kurort Băile Herculane fahren Sie in ein schmales Karpatental, durchbrechen einen Kordon von scheußlichen Hotelkomplexen und stehen dann vor drei Karpatenbären. Ihr Fell ist räudig, ihre Augen erloschen. Reisender, fürchten Sie sich nicht; sie sind ausgestopft und sie bringen Glück. Die Wahrzeichen der Karpaten sind immer zu dritt anzutreffen – meist auf Hauptplätzen. Sie sind aus Metall, aus Holz, aus Plastik. Hier sind sie echt, weil sie im nobelsten Kurort Rumäniens stehen.

»Man hat in den Wäldern Jagdhütten gebaut und rundum Köder ausgelegt, Honig und frisches Fleisch. Da kam der arme Bär, wie ein Freund, um seinen Honig zu trinken. Doch ER lauerte in der Jagdhütte, und puff!, war der Bär tot. Ermordet, eigentlich. Nur ER durfte Bären schießen. Das waren SEINE Bären, SEINE Spielzeuge.«

Das ist kein böses Märchen, vielmehr ein wahre Geschichte, die jeder Rumäne kennt. ER ist Nicolai Ceaușescu. ER wird nicht beim Namen genannt, als könnte man IHN somit für immer bannen. Nur Fremde nennen IHN beim Namen.

Die Fassaden der Kurhäuser und Sanatorien verströmen den zerbröckelnden Esprit eines k.u.k. Kurortes. Elegante, rotbeige gestreifte Hotels mit ausladenden Balkons, Amphorennischen, in Marmor gefaßten Sprudelquellen. Ein Karlsbad in den Karpaten.

105 n. Chr. entdeckten römische Gouverneure die heilende Wirkung der heißen Quellen. Sie stellten die Statuen des Aesculap, der Hygieia und des Hercules auf.

Hercules, der Patron des Kurbades, steht auf der Hauptstraße. Er blickt hinüber zum Lichtspiel-Palast und traut seinen Augen nicht. »Inerview mit einem Vampir« steht am Programm.

Graf Dracula kuriert hier sein Herz und wird doch nicht gesund.

Seite 125 Kuhgespann beim Babakaj-Felsen
Seite 126 Die überflutete Festung Tri Cule
Seite 127 Die ehemalige Kirche von Alt-Swiniza
Seite 130 Altlasten: Baggerkörbe vom Bau der Staustufe Eisernes Tor
Seite 132 Schiffsfriedhof von Orșova
Seite 134 Im Kurort Băile Herculane
Seite 137 Schweinebucht bei Orșova

DIE ÜBRIGE WELT HIESS DORT EUROPA

ELIAS CANETTI IN RUSE/RUSTSCHUK/PYCE

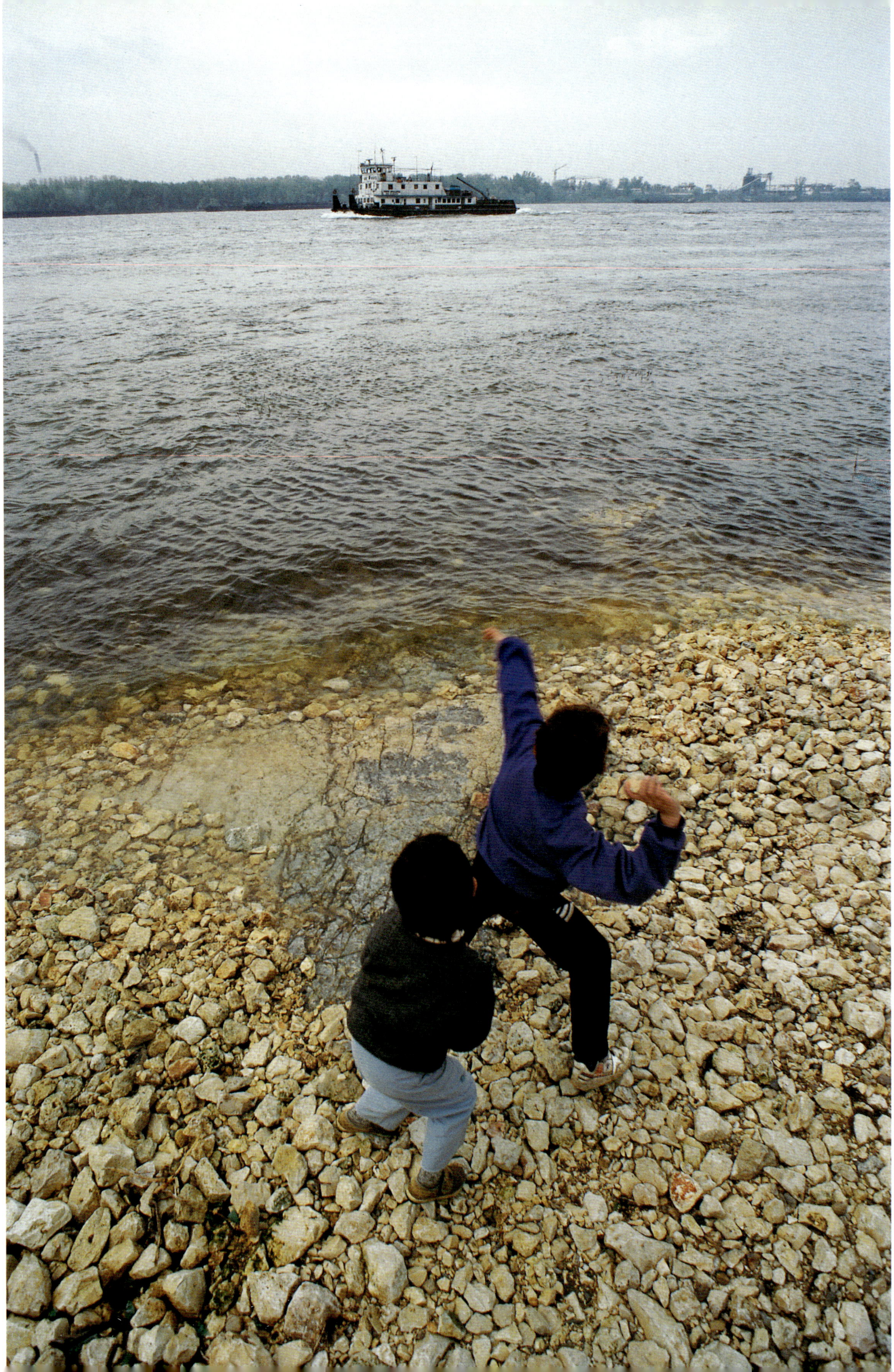

Vor mir fährt ein zerrütteter Ford Taunus. Wir fahren seit längerer Zeit auf der Gegenfahrbahn. Auf der rechten Straßenseite steht Reisebus an Reisebus an Reisebus; turkische Reisebusse. Gastarbeiter auf der Durchreise in ihre Heimat. Der Straßengraben gleicht einer Mülldeponie. Glassplitter, Plastiksäcke, Coladosen, Papier. Und dazwischen wartende Menschen. Geduldig wartende Menschen. Rauchende Männer. Lange Frauenreihen vor einem Klocontainer, der zum Himmel stinkt. Kinder zwischen Müll. Alltag an einer osteuropäischen Grenzstation. Warten. Frieren oder schwitzen. Wenn uns ein Auto entgegenkommt, klemmt sich der Ford Taunus zwischen zwei Busse. Ich suche auch eine Lücke. Wir sind vor der Donaubrücke zwischen der rumänischen Stadt Giurgiu und der bulgarischen Stadt Ruse. Die rumänische Zollstation am Anfang der Brücke haben wir passiert. Ab und zu streckt der Fahrer des Ford Taunus die Hand heraus und läßt einen Apfel in die Hand eines Grenzsoldaten fallen. Ich probier's mit Zigaretten. Wir fahren ungehindert auf der Gegenfahrbahn weiter. Die Donau ist in der Ebene der Walachei ausufernd breit. Die Brücke ist lang und an ihrem Ende die bulgarische Grenze. »Was machen Sie bloß in Ruse?« fragt mich ein Zöllner in einer Mischung aus Routine und Neugier. »Cane…«, will ich antworten, doch da winkt er mich schon weiter.

Vor mir liegt Ruse im Abendlicht. Eine osteuropäische Alltagsstadt. Industriegürtel, Hochhausgürtel, eine Altstadt die sich zur Donau neigt mit einem unübersehbaren Hotelkomplex aus den 70er Jahren mittendrinnen.

»Ruse?« fragten Freunde erstaunt vor meiner Abfahrt. »Warum ausgerechnet Ruse? Und wo liegt Ruse überhaupt?«

Das Eiserne Tor hat die Donau längst passiert. Sie fließt nun als Grenzstrom zwischen Rumänien und Bulgarien, das Balkangebirge verliert sich allmählich in die Mitte Bulgariens, die Ufer sind gesäumt von Ackerland, Schafweiden und Industriekomplexen. Die Burg Vidin über der gleichnamigen Stadt leuchtet in der Abendsonne. Die Straßencafés spielen französisches Flair. Im 18. und 19. Jahrhundert unter der türkischen Herrschaft wimmelte es in Vidin nur so von Beratern, Emissären und Agenten aus ganz Europa. Für die österreichische, französische und russische Politik war Vidin damals der Brennpunkt aller feuergefährlichen Balkan-Fragen. Verwirrt hatte sich die politische Lage durch einen selbstherrlichen türkischen Janitscharen-Offizier und Statthalter von Vidin. Er sah sich als Pascha und trotzte der Hohen Pforte und der 120.000 Mann starken Armee des Sultans, die den Befehl hatte, seiner selbsternannten Herrschaft ein Ende zu machen. Das Direktorium der französischen Revolution wiederum dachte, der Statthalter von Vidin sei der richtige Mann für den Thron am Bosporus, und wollte ihn zum Sultan machen. Dann kam Napoleon und Europa hatte andere Sorgen als das bulgarische Städtchen Vidin. Heute erinnert an den Statthalter eine Kuriosität: Auf der Spitze der Moschee ließ er ein Herz anstelle des türkischen Halbmondes anbringen. Donauabwärts folgen die Städte Lom, Kozloduj, Nikopol und Ruse.

Warum ausgerechnet Ruse?, klingt die Frage in meinem Ohr. Ein Reiseführer vermerkt: »Zunächst wird nichts Ihre Aufmerksamkeit fesseln. Die Landschaft ist flach und eintönig, Ruse selbst zwar die viertgrößte Stadt und der größte Donauhafen des Landes, ansonsten aber für einen Besucher aus dem Ausland ohne größeres Interesse. Es wäre denn, er wollte unbedingt die Stadt kennenlernen, in der Österreichs Nobelpreisträger für Literatur des Jahres 1981, Elias Canetti, geboren wurde.«

Erstes Frühlingsgrün verdrängt den Staub, der sich über Ruse gelegt hat. Die Häuser der Altstadt sind ein- und zweistöckig und mit verwandten Tönen des Schönbrunnergelbs gefärbelt.

»Canetti?« frage ich erwartungsvoll, als ich die Buchhandlung am Ende der Fußgängerzone betrete. »Canetti«, antwortet die Verkäuferin freundlich und führt mich zu einem Regal, in dem ein Dutzend Bücher von Canetti in bulgarischer Übersetzung aufgereiht ist. Das Publikum im Geschäft allerdings beugt sich lieber über Computerfachbücher, blättert in französischen, englischen und deutschen Wörterbüchern, schmökert in Managementbroschüren. Man will wieder das erreichen, was schon einmal dagewesen war: Die Vielfalt von Kulturen und Sprachen, die regen Handel und somit Wohlstand brachte. Elias Canetti hat in seinen Erinnerungen »Die gerettete Zunge« das versunkene Bild von Ruse – er nennt die Stadt mit ihrem türkischen Namen »Rustschuk« – lebendig erhalten:

Rustschuk, an der unteren Donau, wo ich zur Welt kam, war eine wunderbare Stadt für ein Kind, und wenn ich sage, daß sie in Bulgarien liegt, gebe ich eine unzulängliche Vorstellung von ihr, denn es lebten dort Menschen der verschiedensten Herkunft, an einem Tag konnte man sieben oder acht Sprachen hören. Außer den

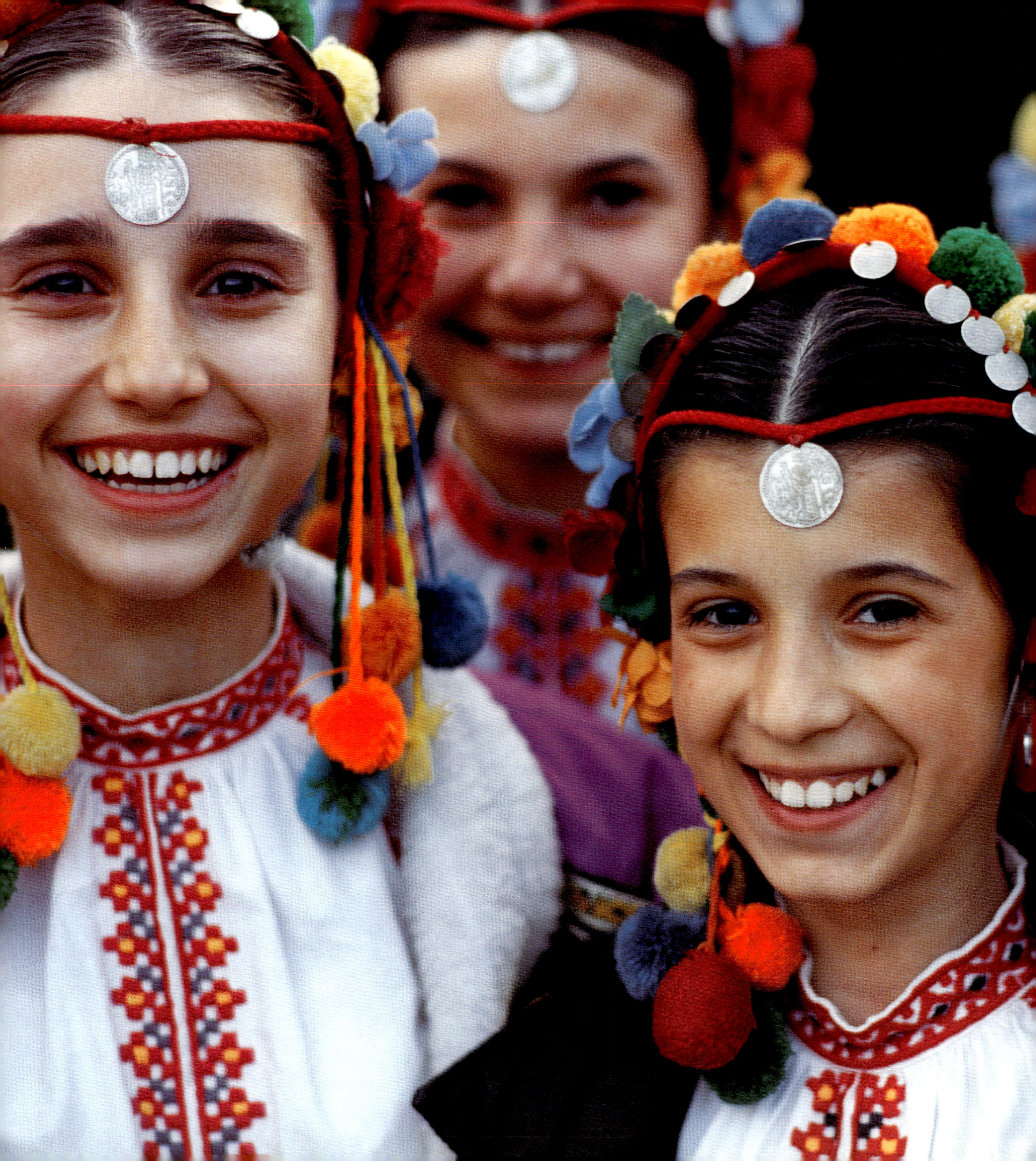

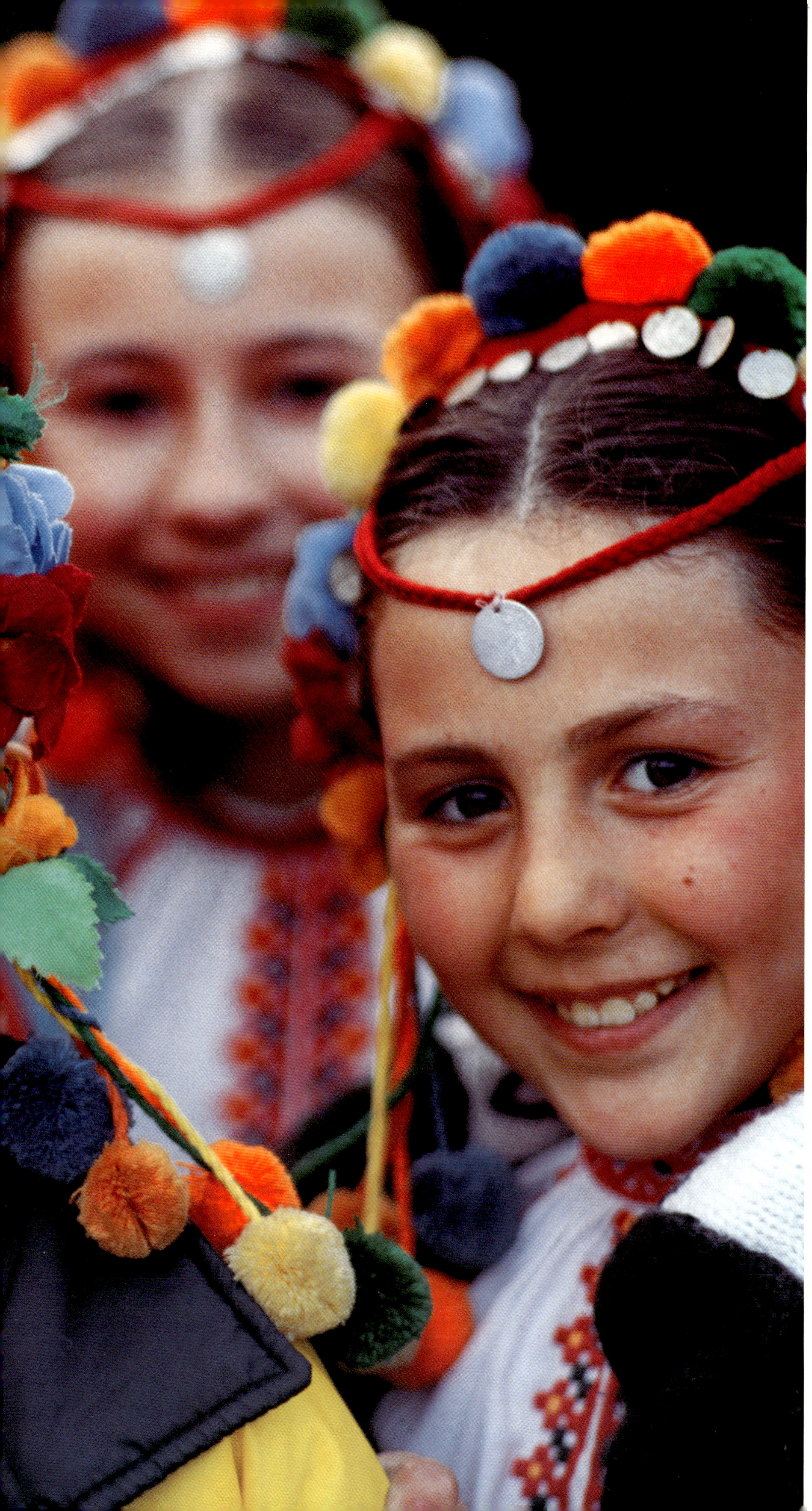

Bulgaren, die oft vom Lande kamen, gab es noch viele Türken, die ein eigenes Viertel bewohnten, und an dieses angrenzend lag das Viertel der Spaniolen, das unsere. Es gab Griechen, Albanesen, Armenier, Zigeuner. Vom gegenüberliegenden Ufer der Donau kamen Rumänen, meine Amme, an die ich mich aber nicht erinnere, war eine Rumänin. Es gab, vereinzelt, auch Russen.
Als Kind hatte ich keinen Überblick über diese Vielfalt, aber ich bekam unaufhörlich ihre Wirkung zu spüren.

»Canetti!« ruft eine Mitarbeiterin der Stadtbibliothek erfreut. Die Bibliothek liegt an einem stillen Platz, dem Stadttheater gegenüber. Schon ruft sie die Direktorin Iskra Kancheva herbei, bietet mir einen Platz und Kaffee an. »Aus Wien kommen Sie«, stellt Frau Kancheva zufrieden und in fließendem Deutsch fest. Sie kramt in einem Regal und drückt mir eine Kopie der Geburtsurkunde von Elias Canetti in die Hand. »Akt Nummer 477. Elias Canetti, geboren am 25. Juli 1905 um 11 Uhr vormittags …« – Dieser Geburtsurkunde werde ich später noch öfters begegnen. Und die Programmhefte des letzten Canetti-Symposiums in Ruse: »Die Gebäude der Familie Canetti und Adritti in Ruse« oder »Die übrige Welt hieß dort Europa – ethnische Komponenten in der Jugendbiographie Canettis« sind zwei der Themenschwerpunkte. Die Direktorin führt mich in den großen Saal des Hauses. Überlebensgroß hängt hier ein Plakat mit der Abbildung des Dichters. »Wissen Sie, sein Tod hat uns sehr traurig gemacht. Wir sind stolz, so einen großen Mann zu haben. Immer habe ich zugehört, wenn er im Sender ›Radio Free Europe‹ in bulgarischer Sprache seine Kapitel über Ruse vorgelesen hat.« Sie bringt seine Bücher. In deutscher Sprache: »Das Gewissen der Worte«, »Die gerettete Zunge«, »Die Fackel im Ohr« und »Die Blendung« mit einem Stempel »Widmungswerk der Republik Österreich«. Daß es da nur für eine Taschenbuchausgabe gereicht hatte, beschämt ein wenig.

Wien war – nach einem zweijährigen Aufenthalt in Manchester – die zweite Station für Elias Canetti auf seinem großen europäischen Lebensweg. Wien war auch die Stadt, in der sich seine Eltern kennenlernten, war die Anbindung zur Welt. »Die übrige Welt hieß dort Europa« schreibt Canetti in seinen Erinnerungen und Wien war der Nabel dazu. *… und wenn jemand die Donau hinauf nach Wien fuhr, sagte man, er fährt nach Europa, Europa begann dort, wo das türkische Reich einmal geendet hatte.*

Deutsch war auch die Sprache, in der sich die Eltern Canetti unterhielten, wenn etwas nicht für die Ohren der Kinder bestimmt war. Elias Canetti hat sich dabei Satz für Satz eingeprägt, ohne den Sinn zu verstehen. Und diese erste geheimnisvolle Erfahrung mit der deutschen Sprache war es auch, die ihn später zu einem deutschsprachigen Dichter werden ließ. Die Alltagssprache war Spaniolisch. In Ruse lebten deutsche und spaniolische Juden. Die Spaniolen, so wie die Familie Canetti und die Adrittis mütterlicherseits, lebten seit dem frühen Mittelalter in Spanien. Selbst nach der maurischen Invasion auf der Pyrenäen-Halbinsel koexistierten Mohammedaner und Juden in kultureller Symbiose. Aber auch im christlich gebliebenen Spanien erwarben Juden großes Ansehen. Als die Zeit der Inquisition gekommen war und die Zeit der Zwangstaufen, begann die Vertreibung. Aufnahme fanden die spaniolischen Juden im Osmanischen Reich, wie zum Beispiel in Ruse, dem damaligen türkischen Rustschuk. Die Menschen aus der Fremde, wie die Spaniolen oder die Armenier, waren es auch, die den Handel dann zur Hochblüte brachten. Brachten sie doch neben ihren Sprachkenntnissen und ihrer Anpassungsfähigkeit wirtschaftliche Kontakte mit.

Die Ulica Slavianska führt zur Donau hinab. Die Bürgerhäuser links und rechts könnten in Triest, Graz, Brünn oder Przemysl stehen. Auf dem Haus Nummer 12 sieht man ein Monogramm über der Einfahrt. Das »C« steht für Canetti. Heute ist in dem Haus auch ein Lager untergebracht. Vom Literatur- und Kunst-Tourismus ist man in Bulgarien noch weit entfernt. Es gäbe wohl auch kaum Menschen, die sich die Mühe machten, bis nach Ruse zu fahren.

Die Familie Canetti war, wie die meisten Spaniolen, begütert, und in der Ulica Slavianska residierte der Großvater. Hier hatte er sein Kontor, hier handelte er mit Kaffee, Tee, Reis, Schokolade, Streichhölzern, Seifen, Sensen.

Man verkaufte darin Kolonialwaren en gros, es war ein geräumiger Laden, in dem es wunderbar roch. Auf dem Boden standen große, offene Säcke mit verschiedenen Getreidesorten, es gab Säcke mit Hirse, mit Gerste und solche mit Reis. Ich durfte, wenn meine Hände sauber waren, hineingreifen und die Körner fühlen. Das war ein angenehmes Gefühl, ich füllte die Hand mit Körnern, hob sie hoch, roch daran und ließ die Körner langsam wieder herunterrinnen.

Die Betriebsamkeit der Menschen, die Geschäftigkeit der Zurufe, die Neigung der Straße – alles zieht zur Donau hinab. Matrosen aller Donauländer eilen zwischen Imbißstuben und Flußschiffahrtsbehörden hin und her. Das dumpfe Signal der Schiffshörner biegt um die Winkel und überflutet die Gassen. In der Schiffswerft von Ruse arbeiten 2.500 Menschen an Schiffen für Singapur, für die Staaten der ehemaligem Sowjetunion, für Griechenland und Zypern. Mir ist, als würde ich schon Meeresluft schnuppern. »Ein Schiff ist reine Handarbeit«, erklärt mir Ingenieur Avramov, wir stehen vor eisernen Kolossen, an denen gehämmert, geflext, geschweißt, gebohrt und geklopft wird.

Rustschuk war ein alter Donauhafen und er war als solcher von einiger Bedeutung gewesen. Als Hafen hatte er Menschen von überall angezogen, und von der Donau war immerwährend die Rede.

»Wenn Sie aus Wien sind, haben Sie sicher schon die ›Radetzky‹ besucht«, sagt der Schiffsingenieur Avramov. Zwischen Vidin und Ruse liegt Kozloduj, wo das österreichische Schiff »Radetzky« vor Anker liegt. Es ist nicht mehr der Originaldampfer aus dem 19. Jahrhundert, sondern ein detailgetreuer Nachbau. Das Original ging überraschend in die Geschichte des Balkans ein, als es im Jahre 1876 der junge bulgarische Schriftsteller, Sozialromantiker und Revolutionär Christo Botev enterte. Er und zwanzig Freunde verkleideten sich als biedere Passagiere und kaperten das Schiff, um einen bulgarischen Aufstand gegen die Türken zu unterstützen. Der österreichische Kapitän Dagobert Engländer manövrierte das Schiff nach Kozloduj, Botev dankte es ihm mit dem Ausruf »Es lebe Bulgarien! Es lebe Kaiser Franz Joseph! Es lebe das christliche Europa!« Doch Botev starb alsbald, von einer türkischen Kugel getroffen. Dagobert Engländer gelang es im übrigen, seine »Radetzky« unbeschädigt aus dem Gefahrengebiet zu bekommen.

»Canetti«, fragt der protestantische Priester, »ja, lebt er denn noch?« Ich habe mich auf der Suche nach der deutschen Synagoge verirrt. Seine Frage muß ich ihm leider verneinen. Elias Canetti starb am 14. August 1994 in Zürich. Ich stehe vor dem ehemaligen erzbischöflichen Palais der katholischen Kirche, und gleich nebenan findet sich die evangelische Kirche. Das erzbischöfliche Palais wird von italienischen Padres bewohnt. »Die missionieren jetzt«, meint der evangelische Priester mit leichtem Spott. Er nimmt mich an der Hand, führt mich an Marktstandln vorüber zur Synagoge. Mir fällt ein Satz von Elias Canetti ein, den ich einmal gelesen habe. Da wundert sich der Dichter, warum die Menschen nur jeweils einer Religion angehören, wo doch in seinem Herzen so viele Religionen nebeneinander Platz haben. »Hundert Mitglieder hat meine Gemeinde«, antwortet der Priester auf meine Frage. Das sind nicht viel weniger als in der jüdischen Gemeinde von Ruse. 150 Mitglieder zählt sie jetzt, vor ein paar Jahren waren es noch über 500. Auch hier ist die Abwanderung über den Westen nach Israel stark.

Die Beziehungen Bulgariens zu Israel sind traditionell gut. Bulgarien war der erste Staat, der Israel anerkannte. Und während des Zweiten Weltkrieges, als die Nazis die Regierung in der Hauptstadt Sofia dazu zwangen, Juden zum Tragen des Judensterns zu verpflichten, reagierte die bulgarische Bevölkerung anders als die deutschen Nazis das erwartet hatten. Man zeigte Sympathie mit der jüdischen Bevölkerung, vielmehr, man versuchte antisemitische Maßnahmen und Aktionen zu verhindern. Heute leben in Bulgarien an die 4.000 Juden.

Herr Aisner (eigentlich hieße er Eisner, doch irgendwann einmal taufte ihn eine bulgarische Behörde versehentlich um) begrüßt mich zerstreut, aber gastfreundlich in seinem Büro. Das Satellitentelefon läutet andauernd und Aisner gibt in verschiedensten Sprachen Direktiven durch. Export- und Importgeschäfte werden hier abgewickelt. Durch seine tatkräftige Unterstützung wurde die deutsche Synagoge am Marktplatz zum jüdischen Kulturzentrum »Betem« umgebaut. 1927 wurde die Synagoge errichtet und bis vor kurzem diente sie als Sportinstitut. Bei der Eröffnung war der israelische Botschafter anwesend, und demnächst wird auch der Elias Canetti-Club dort unterkommen.

»Canetti?« Nein, Canetti hat Herr Aisner nicht gelesen, dafür habe er leider keine Zeit. »Aber es stimmt noch immer, das mit dem Völkerreichtum«, sagt er. »Sehen Sie, wenn Sie aus diesem Fenster schauen, sehen Sie das Minarett«, er weist mit einem Kopfnicken dorthin. »Hier lag das türkische Viertel von Ruse und angrenzend das spaniolische. Wir haben türkische Schulen hier, und schauen Sie in das örtliche Telefonbuch – bei uns wurden die türkischen Namen nicht bulgarisiert.« Ich kann nicht umhin und muß an die vielen wartenden türkischen Reisebusse an der Grenze denken; vielleicht denken Grenzbeamte etwas anders als Herr Aisner.

Auch die armenische Bevölkerung unterhält in Ruse eine eigene Schule, eine Kirche, den »Club Erewan« und eine Bibliothek. In den bulgarischen Schulen lernte man zu Canettis Zeiten Deutsch und Französisch, heute Englisch und Russisch. Aber ein französischer und ein deutscher Sprachzweig sind in Planung, versichert mir Herr Aisner.

ЕПИСКОПСКИ ДОМ
НА СЕВЕРНАТА КАТОЛИЧЕСКА
ЕПАРХИЯ
УЛ. ИВАН ВАЗОВ 26А
РУСЕ-7000
24
ОБЩНОСТ НА
ОТЦИТЕ ПАСИОНИСТИ
УЛ. ИВАН ВАЗОВ 26А
РУСЕ 7000

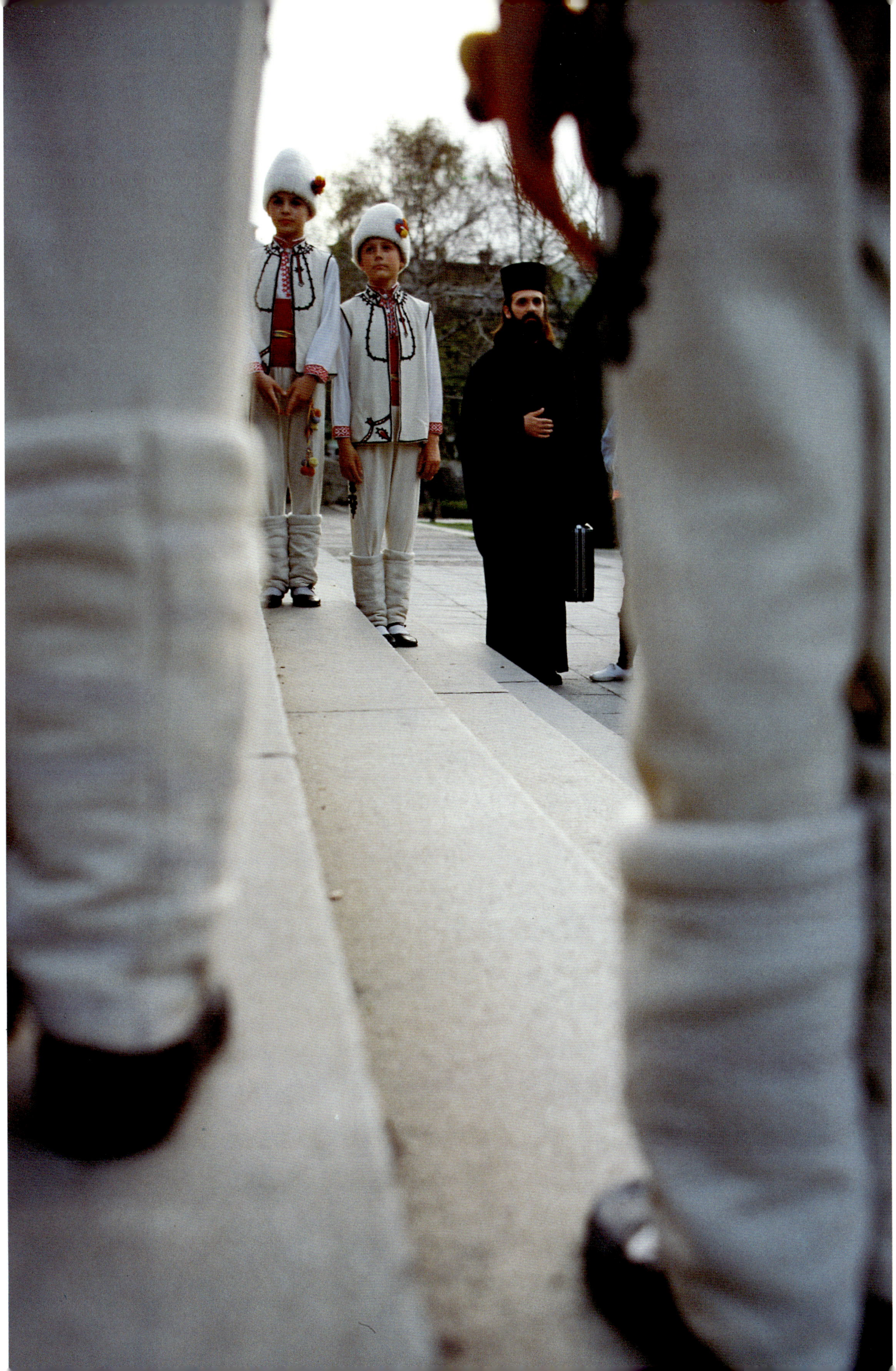

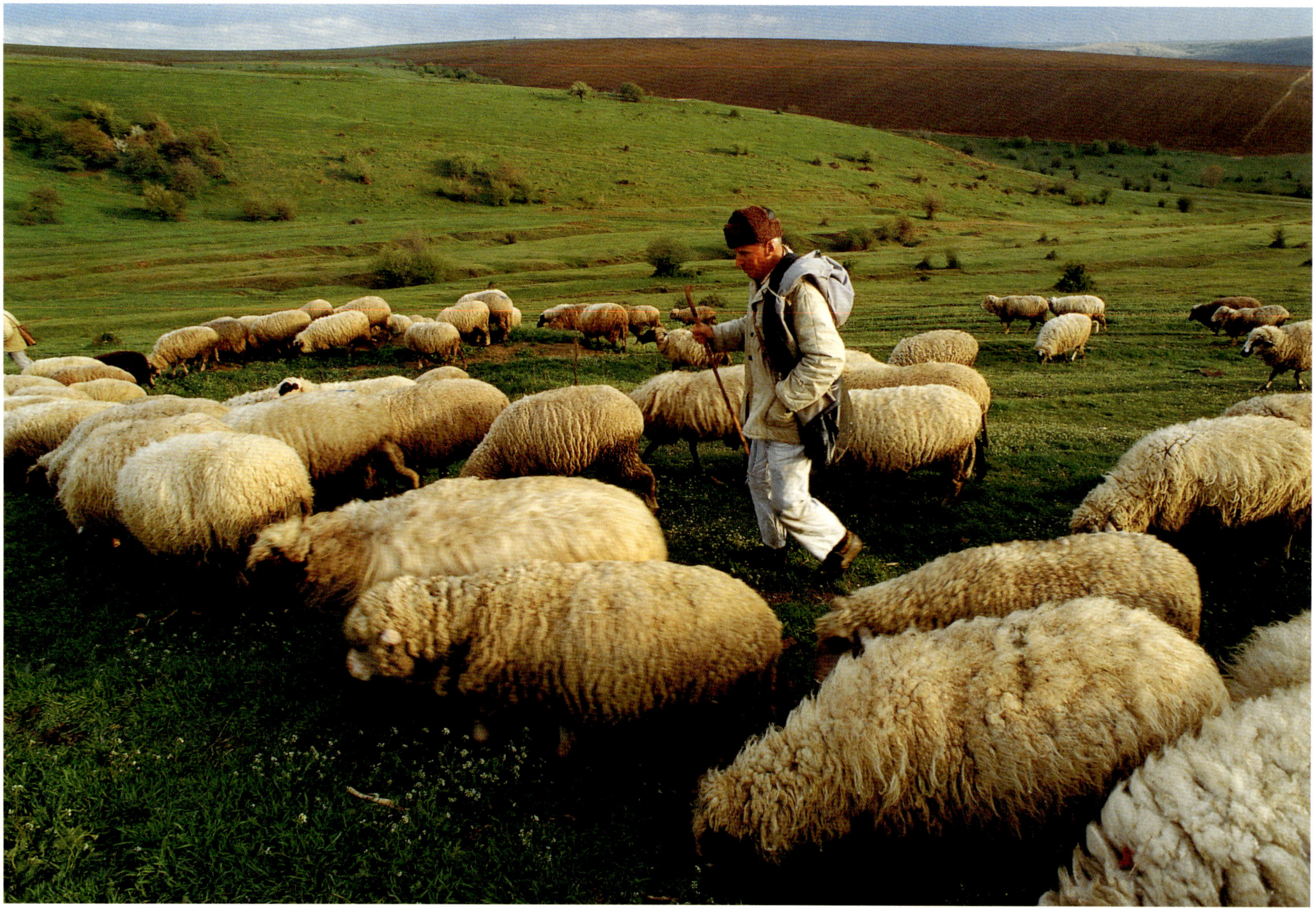

In diesem Küchenhof war oft ein Diener, der Holz hackte, und der, an dem ich mich am besten erinnere, war mein Freund, der traurige Armenier. Er sang beim Holzhacken Lieder, die ich zwar nicht verstand, die mir aber das Herz zerrissen. Als ich Mutter fragte, warum er so traurig sei, sagte sie, schlechte Leute hätten die Armenier in Stambol alle umbringen wollen, er habe seine ganze Familie dort verloren ... –. Wenn er die Axt niederlegte, lächelte er mich wieder an, und ich wartete auf sein Lächeln wie er auf mich, der erste Flüchtling in meinem Leben.

»Canetti!« ruft Herr Stephanoff ins Telefon und »kommen Sie mich doch im Theater besuchen!« Herr Stephanoff ist Direktor des Stadttheaters von Ruse. Er begrüßt mich mit einer Kopie der Geburtsurkunde von Elias Canetti und einem Brief: »Dear Mister Stephanoff«, schrieb Canetti am 3. Mai 1992 aus Zürich, »Ihr Brief hat mir große Freude bereitet. Sie wissen, Ruse, die Stadt meiner Kindheit, die ersten Jahre meines Lebens sind immer in mir anwesend.« Direktor Stephanoff hatte Canetti zu der Inszenierung seines Theaterstückes »Hochzeit« nach Ruse geladen. »Es macht mich traurig, daß ich nicht selbst nach Ruse kommen kann. Aber mein Gesundheitszustand läßt das nicht zu und mein Arzt hat mir nicht erlaubt zu reisen ... My heart goes out to all of you, and last not least, to you, Mr. Stephanoff. Yours very sincerely, E. C.«

Am Weg zu Canettis Geburtshaus komme ich an einem verwilderten Freiluftkino vorbei. Die Farbe blättert an der gekalkten Projektionswand ab. Wo einstmals Sitzreihen montiert waren, kitzeln Brennesseln die Kniekehlen. Gleich um die Ecke finde ich die spaniolische Synagoge. Bäume tauchen das Gebäude in dunkelgrünes Licht. Zerbrochene Steinfiguren bewohnen den Garten. Immer wieder kommt ein Passant vorbei, Deutsch, Russisch, Ungarisch und Bulgarisch sprechend, und ist mir Fremdenführer für fünf Minuten. Aus der Synagoge kommt dumpfes Hämmern, Hunde schlagen an. Ein junger Mann warnt mich vor den Arbeitern da drinnen. Dunkle Gestalten, die dunkle Geschäfte abwickelten – und die Synagoge als Lagerraum mißbrauchten. Endlich finde ich die Gurkostraße, in der Canetti aufgewachsen ist. Es ist still. Und staubig ist sie noch immer und auch verschlafen, wie der Dichter sie beschrieben hat. *Wenn man durch das große Tor von der Straße den Hof betrat, stand gleich rechts das Haus des Großvaters Canetti. Ihm gegenüber, links vom Hoftor, stand das Haus, in dem die Schwester meines Vaters, Tante Sophie, mit ihrem Mann, Onkel Nathan, wohnte. Neben diesem Haus, in derselben Linie, auch auf der linken Seite des Hofs, stand das unsere, das gleich aussah wie das des Onkels.*

Aus diesem tritt Luben Dakow, wenig erstaunt über den ausländischen Besuch, grüßt auf deutsch, russisch, ungarisch und rumänisch; ganz Bewohner einer Stadt an der Donau, die die Sprachen stromaufwärts und stromabwärts trägt.

Herr Dakow bittet seinen Besuch in ein dunkles Vorzimmer, bringt Gläser und Wodka und die Kopie der Geburtsurkunde von Elias Canetti. Die Dakowi wohnen seit 1945 in diesem Haus, und Luben Dakow arbeitete für die Schiffahrt. Heute ist er Möbeltischler und zeigt das Stück, das er soeben baut. Ob er Canettis Bücher gelesen habe, brennt mir die Frage auf der Zunge.

Und er beginnt zu erzählen, all die Kindheitserlebnisse des Schriftstellers, als wäre er selbst dabeigewesen. Er führt mich in den Hof, in dem der traurige Armenier Holz hackte, er zeigt das Haus des Großvaters, den Platz, wo der Ziehbrunnen stand und den, wo die Fässer mit Donauwasser standen. Er erzählt von dem Sohn einer Cousine Elias Canettis, der von Kopenhagen mit dem Rad nach Ruse fuhr, um das Haus der Familie zu sehen. Die besagte Cousine hat Elias Canetti in kindlicher Wut eines Tages in ein Faß voll heißen Wassers gestoßen. Tante Sophie hat die Verbrennungen dann mit Joghurt gelindert. *Laurica und ich vertrugen uns wieder wenigstens so gut, daß wir manchmal Fangen miteinander spielten. Einmal standen die Kesseln mit dem heißen Wasser da, wir liefen zwischen ihnen hin und her, viel zu nah dran, und als Laurica mich gleich neben einem von ihnen fing, gab sie mir einen Stoß ...*

Herr Dakow bringt die Kassetten, auf denen er die Canetti-Sendungen von »Radio Free Europe« aufgenommen hat. Ich kann das Bulgarisch nicht verstehen, doch höre ich zwischen dem Rauschen eine dunkle, warme Stimme. Und Dakow bringt Visitkarten, Photos, Zeitungsausschnitte – sein privates Archiv.

Nein, Ruse hat Elias Canetti nicht vergessen, und Elias Canetti nicht sein Rustschuk. Er hat dieser osteuropäischen Alltagsstadt eine Erinnerung bewahrt und er schreibt:

Es wird mir schwerlich gelingen, von der Farbigkeit dieser frühen Jahre in Rustschuk, von seinen Passionen und Schrecken eine Vorstellung zu geben. Alles was ich später erlebt habe, war in Rustschuk schon einmal geschehen.

Seite 139 Canetti-Kongress in der Stadtbibliothek von Ruse
Seite 146 Das Erzbischöfliche Palais von Ruse
Seite 147 Bulgarisch-orthodoxer Priester in der Nachbarschaft
Seite 148 Schafhirte bei Ivanovo

DAS DELTA

EIN ABSCHIED

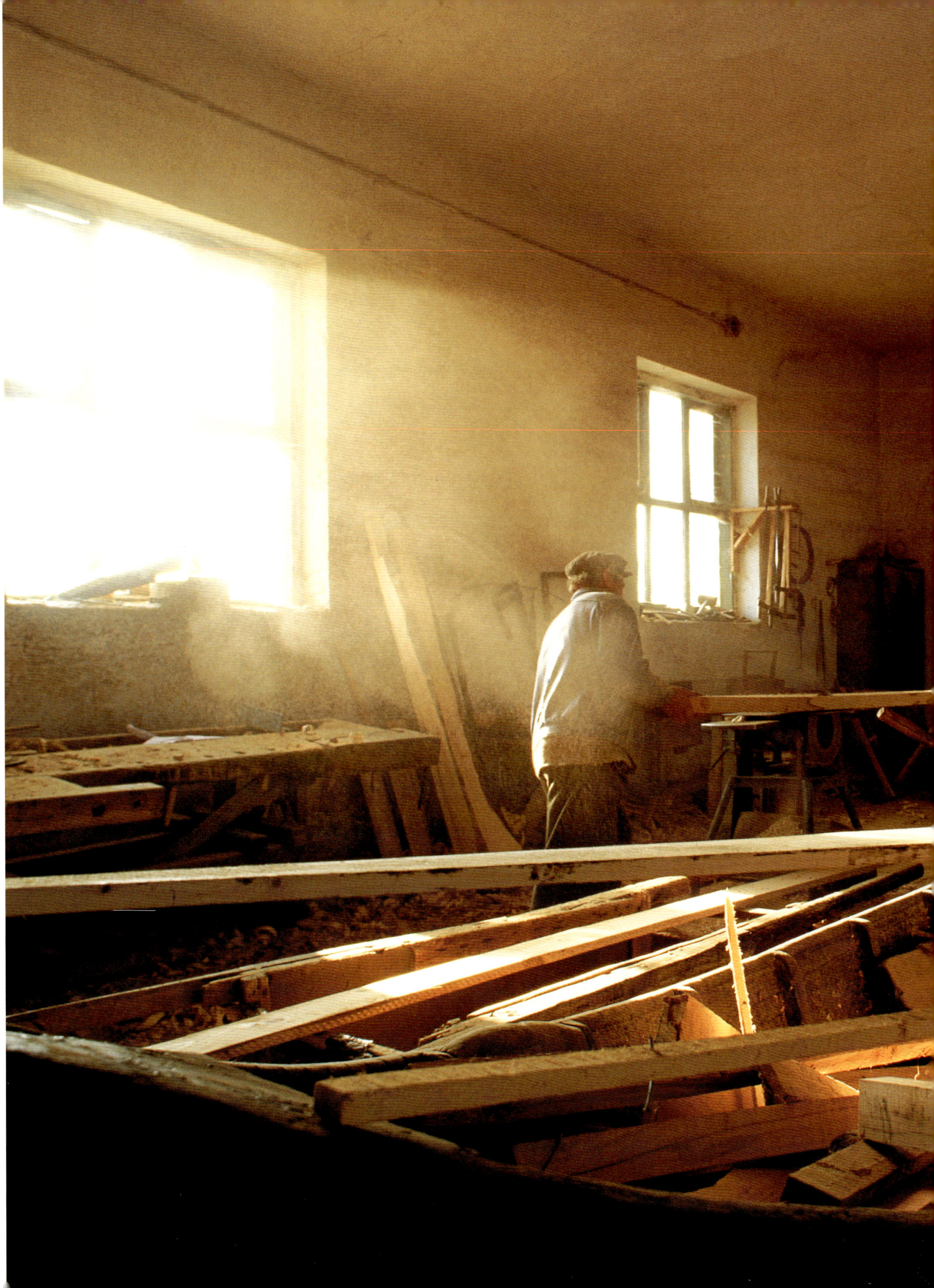

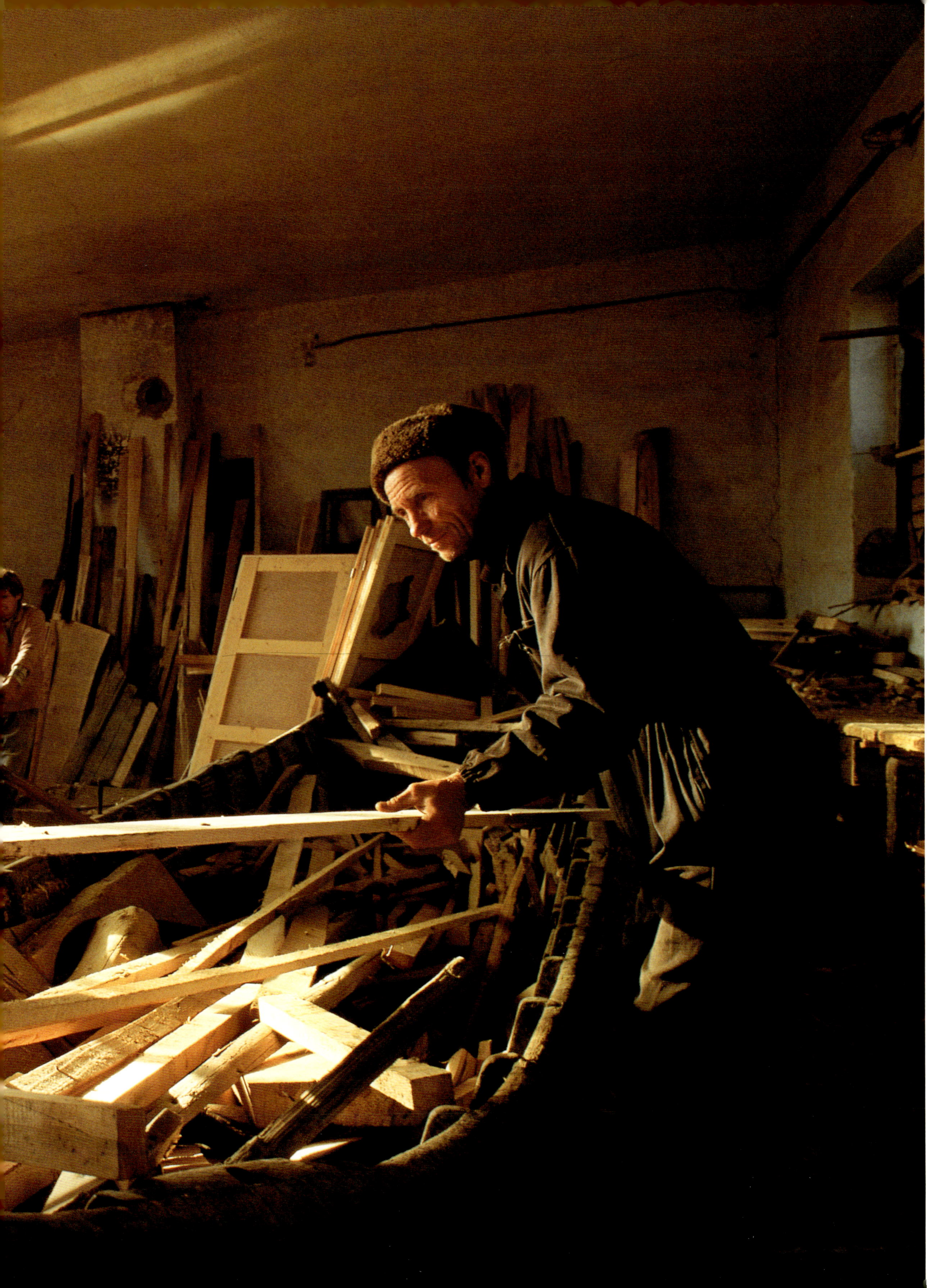

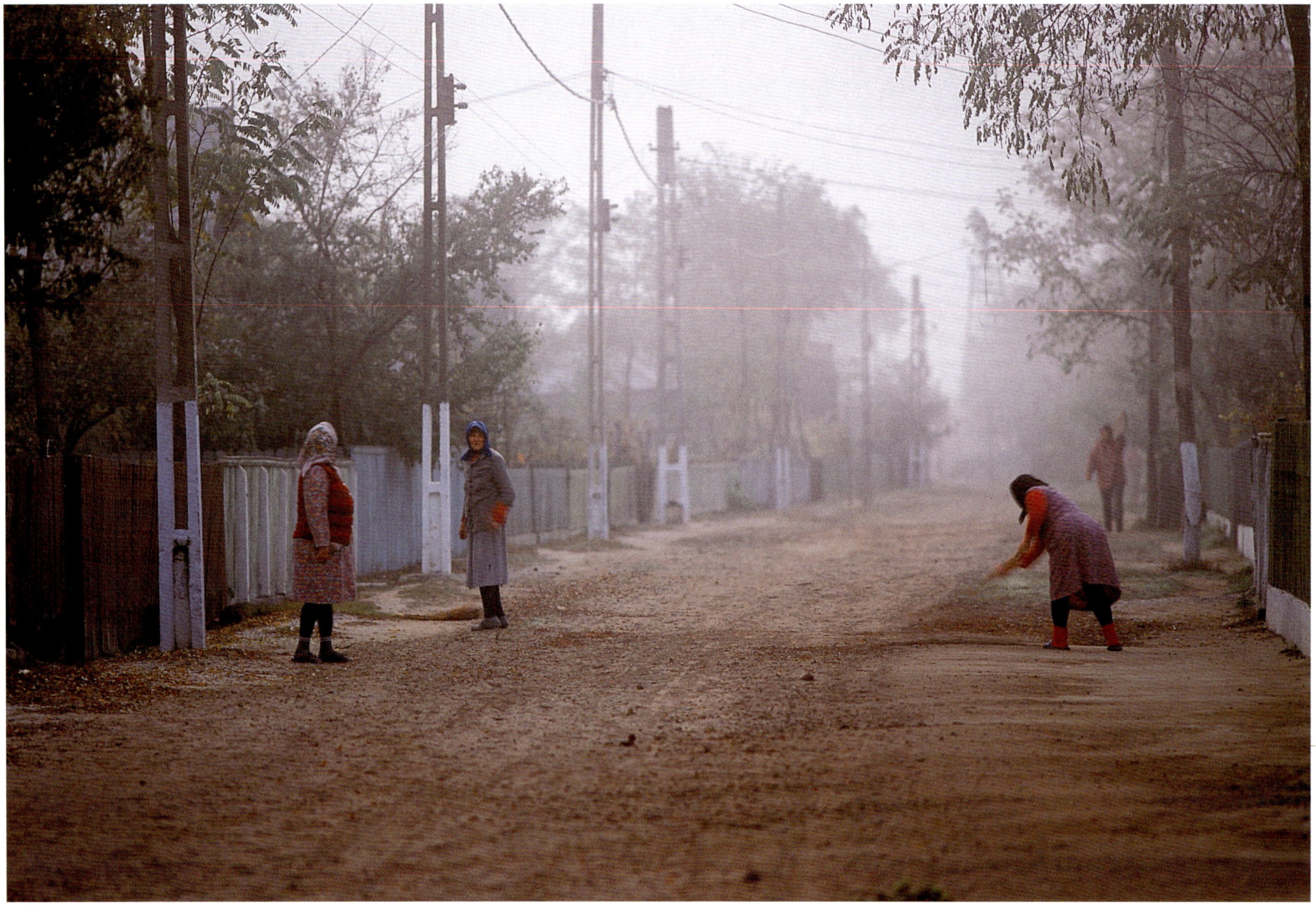

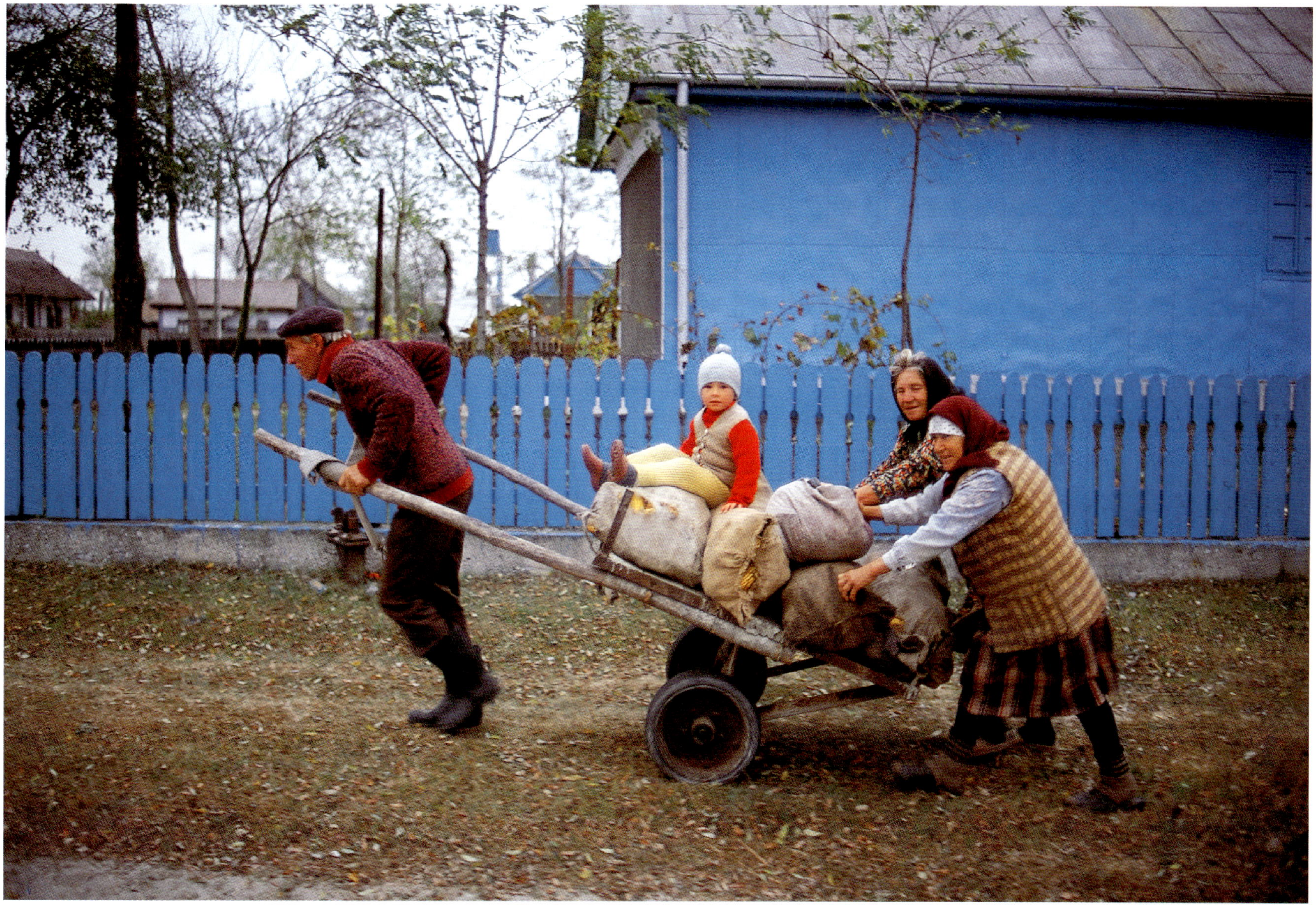

Die Sonne ringt mit dem Nebel; der Nebel ist zäher. Es ist später Vormittag, und an der Anlegestelle von Tulcea warten die Menschen auf Schiffe wie wir auf einen Autobus.

Tulcea im Donaudelta ist jene Stadt, in der sich das Land verabschiedet. Vorerst noch unbemerkt. Es gibt aber Anzeichen, daß das Wasser immer mehr Macht erhält. Da gibt es die Hochseeschiffe, die riesig, hochbordig, verrostet in der Donau dümpeln. Da gibt es schlanke, rote Postschiffe. Da gibt es Barkassen, die Schilf führen und wie beladene Heuwägen aussehen. Und da gibt es Fische, Fische und wieder Fische.

Das Boot, das nach Sfintu Gheorghe fährt, wird beladen. Kücken, Kühlschränke und Coca Cola-Kisten kommen mit. Säcke mit Saatgut und Säcke voll Erdnußlocken. So viele Erdnußlocken, als ob alle Einwohner Sfintu Gheorghes die Tuchenten mit Erdnußlocken füllen würden. Fischer steigen ein und Fischersfrauen, Arbeiter der Fischkonservenfabrik, Schilfschneider. Angestellte steigen ein, die längst nicht mehr in Sfintu Gheorghe wohnen, weil sie Arbeit gefunden haben in Tulcea, in Galaţi, in Bukarest. Vielleicht besuchen sie ihre Mütter oder die älteren Brüder, die Fischer geblieben sind. Soldaten steigen ein, die ihren Dienst an der Grenze zum Schwarzen Meer versehen. Schüler steigen ein, die noch zu Hause wohnen. Und Limnologen aus Bukarest. Tulcea – das ist das Tor zum Paradies der Limnologen und Ornithologen. Kaum ein Wasserwissenschaftler oder ein Vogelkundler, der nicht im Donaudelta forschen möchte.

Am Deck haben die Fischer Platz genommen, weil sie sich in geschlossenen Räumen ungemütlich fühlen, und die Limnologen aus Bukarest, weil sie dem Wasser nahe sein möchten. Das Wasser hat hier eben schon mehr Macht als das Land.

Alle anderen richten sich unterm Deck ein. Kühlschränke und Erdnußlockensäcke werden zu kleinen Kojen drapiert. Frühstücksbrote werden ausgewickelt und Babies in Jacken eingewickelt. Tulcea entgleitet zügig dem Gesichtsfeld und das Schiff – so klein wie eine Nußschale – passiert die hochbordigen Hochseeschiffe, wie die berühmte Mücke den Elefanten.

Träge ist die Donau geworden und wie einen prall gefüllten Bauch schiebt sie ihre Wassermassen vor sich her. Über zehntausend Kubikzentimeter Wasser fließen pro Sekunde vorbei, und es führt zwei Tonnen Geröll und Sand mit sich. Faul ist die Donau, weil sie kaum mehr als einen Millimeter Gefälle pro Kilometer hat. Deshalb verliert sie auch ihre Zielstrebigkeit, Richtung, beginnt sich zu teilen. Sie verzweigt sich in drei Hauptarme, verästelt sich in Hunderte Nebenarme, in von Menschen geschaffene Kanäle, bleibt in Seen ruhen und durchzieht wie feine Nervenstränge ein Gebiet von 3.400 Quadratkilometern. Die Wassermassen lösen das Land auf: zu Sümpfen, zu Auen, zu Lagunen, zu Inseln und schwimmenden Inseln. Noch gleitet links und rechts vom Boot festes Land vorbei. Galeriewälder befestigen die Ufer. Die schwimmenden Inseln treiben ziellos herum oder binden sich an Land an, welches noch Füße hat, die bis zum Grund reichen. Von diesen hin- und hertreibenden Schilfinseln, die eine Fläche von schätzungsweise 100.000 Hektar ausmachen und rumänisch »plaur« heißen, schreibt schon Herodot in seinen Berichten vom Rande der Welt. Er zählte sieben Donauarme. Auch Plinius der Ältere wußte von diesem Wasser-Land zu berichten, er zählte sechs Arme. Er gab ihnen auch Namen: Sacrum Ostium, der heilige Mund; Nacrostomum, die träge Mündung; Calostomum, die schöne Mündung; Pseudostomum die deshalb falsch ist, weil sie teilweise unterirdisch verläuft; Stenostomum, die nordwärts fließende Mündung, und Spirostomum, die schlängelnde Mündung. Nur mehr drei Mündungsarme zählte der englische Kapitän Spratt, der die erste Karte des Donaudeltas anfertigte. Der nördlichste ist der Chilia-Arm, der mittlere der Sulina-Arm und der südlichste der Gheorghe-Arm.

Karten aber haben in Europa wenig Gültigkeit, und im Donaudelta erst recht keine – doch dafür ist allein die Natur verantwortlich. Das Wasser weicht das Land ein, bis es untergeht. Das Land zerlegt sich in seine Bestandteile Schlamm, Sand, Stein und Müll. Dann taucht es wieder auf. An manchen Stellen wächst es jedes Jahr um hundert Meter.

Das Schiff tuckert auf dem Gheorghe-Arm und hat in Mahmudia angelegt. Drei Stunden ist es bereits unterwegs, und noch weitere drei Stunden wird es bis zum Ziel der Reise, bis Sfintu Gheorghe, dauern.

Herodot sprach nur vom Rande der Welt, Ovid lebte am Rande der Welt.

»Auf den Feldern wächst nichts als traurige Stauden und Wermuth. Wermuth zeigt in diesem Land seine Bitterkeit an. Überall wo eine Rebe noch wächst, springt eine Knospe. Aber die Rebe wächst nicht an dem getischen Strand.«

Das schrieb Ovid aus Tomi, dem heutigen Constanza am Schwarzen Meer. Kaiser Augustus hatte ihn aus der Weltstadt Rom verbannt. Für Ovid bedeutete die Wildnis Eintönigkeit; für den freiwillig Reisenden ist die Wildnis eine Vielfalt.

Das Delta ist ein Konglomerat verschiedener Aggregatzustände: naß, feucht, halbtrocken, trocken. Der Nebel, der im Inneren des Deltas immer dicker wird und den Weiden fahle Leintücher umhängt, den Horizont in ein vages Nichts auflöst, das Wasser in den Himmel zieht und den Himmel ins Wasser, ist dem Aggregatzustand feucht zuzurechnen. Naß, sagen die Limnologen aus Bukarest, die immer noch am Deck des Schiffes ausharren. Der Nebel kriecht in jede Bauchfalte, sammelt sich in den Ohren und unter den Kniekehlen. Nur an den Fischern rinnt die Nässe ab wie an einem Wachstuch. Auch die Menschen im Aufenthaltsraum unterm Deck scheinen Nässe zu atmen. Die Fenster sind dick beschlagen und dienen den Kindern als Schreibtafel. Kartenrunden haben sich etabliert, ein Mann liest andächtig in einem Kinderbuch. Feucht ist auch die Stimmung an der Theke, wo die eine oder andere Wodkaflasche von ledriger Hand zu ledriger Hand wandert.

Eine Mutter zweier Buben kündigt die Jausenzeit an. »Wurst?« fragen die beiden hoffnungsvoll. Schließlich kommen sie gerade aus Tulcea, haben dort Besorgungen gemacht, vielleicht ein Amt aufgesucht und eine Tante. Schließlich gibt es in Tulcea alles, was es in Sfintu Gheorghe nicht gibt. Etwa die Spielzeugabteilung und die Fleischabteilung des Supermarktes. »Nein«, sagt die Mutter, »Fisch«, und schon lugt aus dem Einwickelpapier eine gesalzene Schwanzflosse hervor. »Peşte?« rufen die Buben wie aus einem Mund, zuerst ungläubig, dann empört: »Peşte!« Immer nur Fisch, Fisch und wieder Fisch.

Da lachen die Fischer und Fischersfrauen, die Fischhändler und Fischkonservenarbeiter, und das Lachen dröhnt, daß die Wassertropfen an den Scheiben wackeln.

Während die beiden Buben enttäuscht am Fisch kauen, stoppt das Schiff. Keine Station ist zu sehen. Nur ein Fischerboot, das zum Schiff gerudert wird. Über die Bordwand beginnt ein aufgeregter Handel. Käufer und Verkäufer bekommen eine Lobby. Man argumentiert für und wider den Preis. Unterdessen werden auch Neuigkeiten ausgetauscht und auch Witze aus dem unerschöpflichen Repertoire des Ceauşescu-Genres. Das Schiff ist an Uzlina vorbeigekommen, wo Ceauşescu eine Ferieninsel hatte. Die Insel war mit einem Stacheldrahtverhau abgeriegelt, neben einer Villa gibt es noch ein Gästehaus, Dienstbotengebäude und eine strohgedeckte Bowlingbahn. Solche Feriendomizile hatte ER auch in den Karpaten und nahe Bukarest. Aber nirgendwo gab es einen Grillplatz, um den strohgedeckte Aquarien angeordnet waren. Die Aquarien sind natürlich leer, und es stellt sich die Frage, ob Ceauşescu die Fische, die darin schwammen, noch gegrillt hat. Oder bekamen auch sie die Freiheit zurück?

An der Reling wird man handelseins. Ein Sack Fische – Waxdick, dolmetschen die Limnologen – und ein Bündel Lei-Scheine wechseln die Besitzer. Der Kapitän gibt den Befehl zur Weiterfahrt.

Der Nebel zieht die Zeit wie einen Strudelteig, aus dem man Hunderte Fischpasteten backen könnte.

An der nächsten Anlegestelle verlassen die Limnologen das Schiff. Ausgerüstet mit Zelten, Trinkwasser und Proviant, werden sie in den Mikrokosmos des Schlammes und des Planktons eintauchen.

Der Gheorghe-Arm ist breit, und wo er allzu kapriziöse Schlingen schlägt, hat man künstliche Kanäle angelegt, die diese Schlingen abkürzen. Um die Donau für Hochseeschiffe bis nach Tulcea und weiter nach Brăila und Galaţi schiffbar zu gestalten, wurde der mittlere Arm des Deltas in seinem Lauf stark reguliert. Der Sulina-Arm führt nur 14 Prozent der Wassermenge zum Schwarzen Meer, ist aber wirtschaftlich gesehen der wichtigste Weg. An dessen Mündung liegt die Hafenstadt Sulina. Als der Sulina-Arm noch nicht begradigt war, führte die Schiffsroute an dem kleinen Ort Mila 23 vorbei. Das Dorf bekam deshalb seinen seltsamen Namen, weil es 23 Seemeilen landeinwärts von der Küste liegt. Heute wird der Donaulauf in Kilometer eingeteilt, die Berechnung vom Ende des Stromes zum Beginn der Quellen ist geblieben.

Schemenhaft taucht vor dem Bug eine schwimmende Viehkoppel auf. Erst als das Schiff daran vorbeifährt, läßt sich ein Gatterboot erkennen, das eine Herde von einem zum anderen Ufer, von einem Weideland zum nächsten transportiert. Gatterboote sind eingezäunte, floßähnliche Konstruktionen, auf denen Kühe dichtgedrängt gelangweilt ins Wasser schauen. Sie sind's gewöhnt. Durch schmälere Kanäle werden die Herden getrieben, und auch die Hausschweine des Donaudeltas sind im Schwimmen geübt.

Neben dem Fischfang und der Viehzucht ist das Schilf die dritte Einnahmequelle der Bewohner. Die unüberblickbar

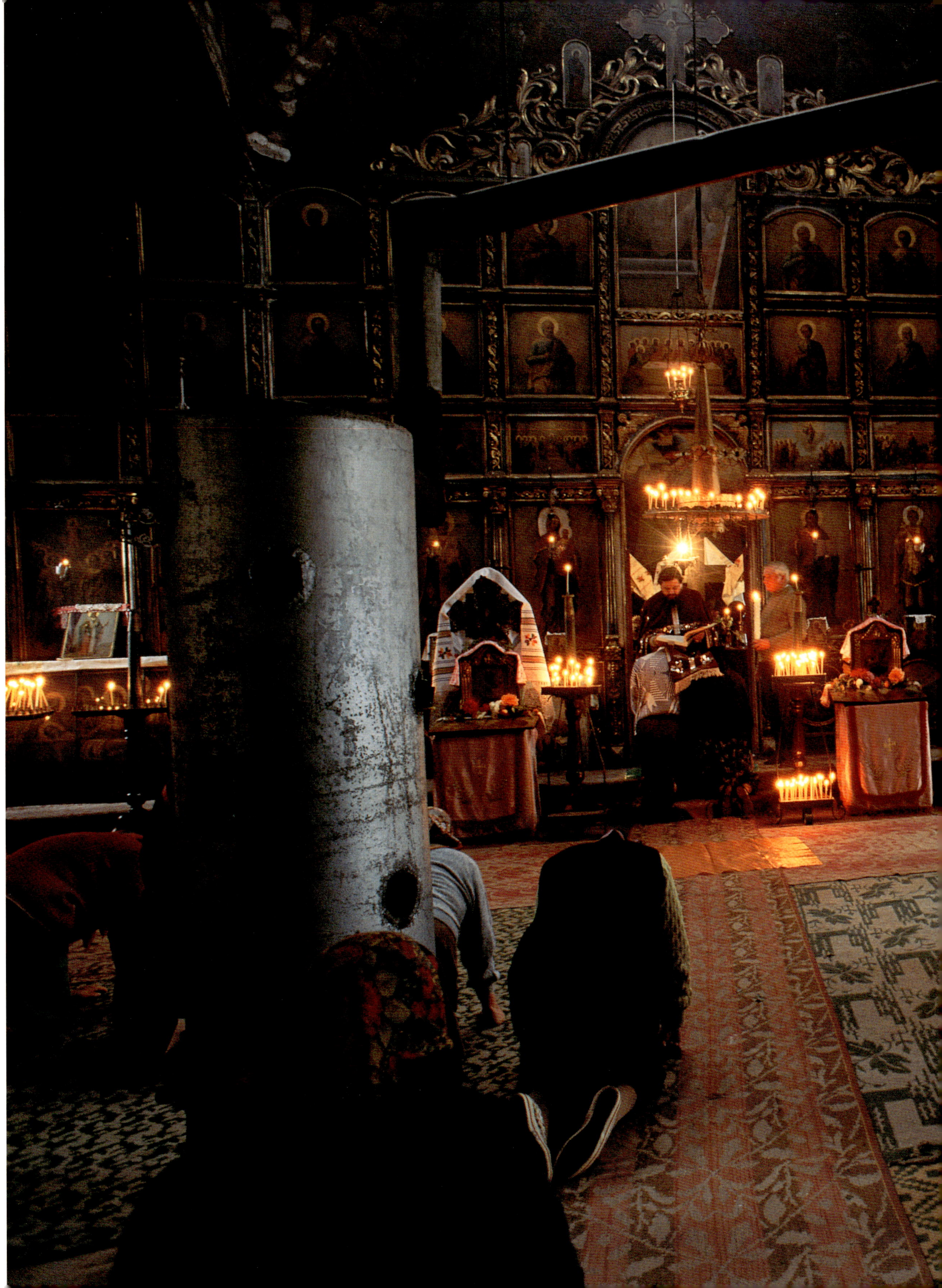

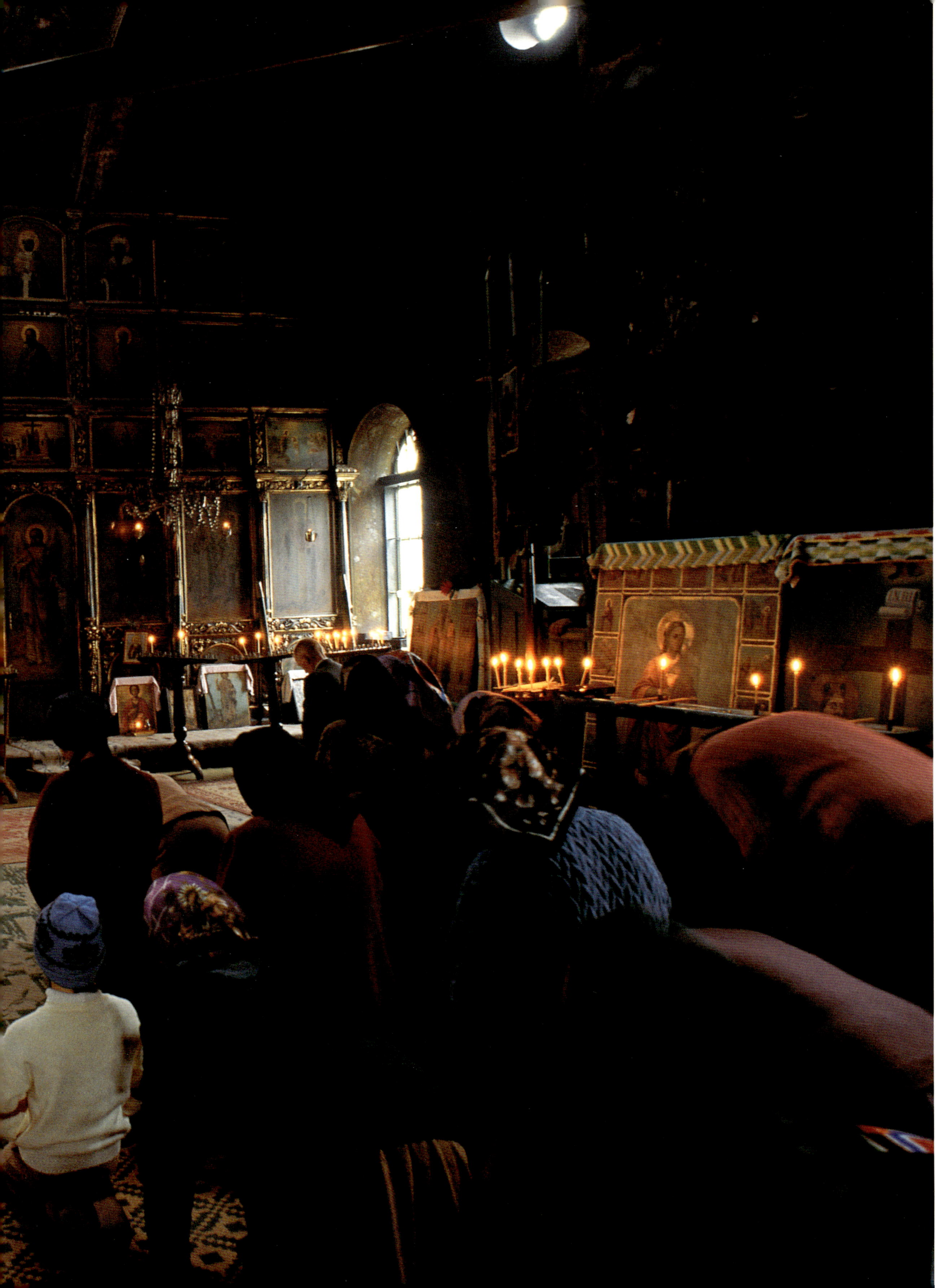

großen Schilfmeere werden im Winter geerntet. Dann, wenn das Wasser zufriert, ist es einfacher zu ernten. Für den Eigenbedarf behält man das Schilf zum Decken der Häuser, zum Isolieren der Wände. Der überwiegende Anteil geht an die zelluloseverarbeitende Industrie.

Im Gheorghe-Arm finden sich über 60 Fischarten, 300 Vogelarten, Tausende Pflanzenarten und Säugetiere wie der Marderhund, die Wildkatze und Wildschweine. Wenn der Nebel sich heben wird, wenn man geduldig und ruhig im Boot ausharrt und den Gelsen trotzt, wird man südlich von Sfintu Gheorghe Rosa-Pelikane und Kormorane sehen, Sichler mit abwärts gebogenen und Säbelschnäbler mit aufwärts gebogenen Schnäbeln. Mit viel Glück einen Kranich aufscheuchen oder einen schwarzen Seeadler im Sturzflug zur Fischbeute beobachten können. 18 Naturreservate sind in das UNESCO-Programm aufgenommen worden, in denen wirtschaftliche Aktivitäten streng verboten sind und auch der Tourismus nur eingeschränkt zugelassen wird. Die wirksamste Barriere gegen den Massentourismus kommt aus den Sümpfen des Deltas. Es sind Myriaden von Gelsen, die die Sommerabende zur Plage machen. Als Hans Christian Andersen die Donau bereiste, floß abends der Champagner in der Kajüte. »Die Nacht wurde aber nicht wie der Abend; unser Blut muß fließen! Unzählige Mückenschwärme hatten in den letzten Nächten Leben erhalten, sie strömten gleichsam durch die offenen Luken zu uns herein. Keiner noch hatte ihr Dasein erwartet, sie stürzten über uns her und stachen, daß das Blut uns über Gesicht und Hände lief.«

Naturreservate, die beschwerliche Fortbewegung, die Gelsen sind bloß ein geringer Schutz gegen menschlichen Raubbau. Das Delta ist in seiner Ökologie ständig bedroht. Da gibt es den Schlamm, der mit Schwermetallen bereichert ist, das Wasser, das den Dreck aller Länder mit sich führt, und da gibt es die Ausbeutung der Fischbestände. Die Regierung unter Ceaușescu hatte vor allem auf das Schilf gesetzt. Auf industriellen Schilfbau. Und um an das Schilf besser herankommen zu können, sollte die Armee mit Maschinengewehren die Vogelkolonien »säubern«. Letzteres ist nur ein Gerücht, doch wenn ein Funken Wahrheit daran haftet, ist es noch grausam genug.

Eines der Naturreservate liegt im Herzen des Deltas. »Padurea Carorman« ist ein Dschungel im ursprünglichen Sinne, mit umgestürzten, vermoderten Bäumen und Lianen. Weiden, Pappeln, wilde Birn- und Apfelbäume wachsen auf sandigem Boden, griechische Lianen, Hopfen und die Waldrebe schlingen sich um jeden Halt, den sie finden. Carorman ist türkisch und bedeutet soviel wie »verrrückter Wald«. Der Vogelreichtum südlich von Sfintu Gheorghe findet sich im Naturschutzgebiet »Perisor-Zaotane«, welches 14.500 Hektar groß ist und vom Schwarzen Meer begrenzt wird.

Die Dorfbewohner von Sfintu Gheorghe haben sich an der Anlegestelle eingefunden. Es ist Feierabend, und das Schiff aus Tulcea ist ja nicht täglich zu sehen. Nur alle drei Tage gibt es die Gelegenheit, Kontakt zur trockenen Welt aufzunehmen. Nicht besonders einladend steht »Stationa de Frontiera« (Grenzstation) über dem Gebäude. Und noch weniger einladend sind die beiden Soldaten mit MPs, die sich zur Begrüßung links und rechts vom Steg aufgestellt haben. Wo doch weit und breit keine Grenze ist, außer jener zum Schwarzen Meer. Dahinter aber beginnt die Gastfreundschaft des Dorfes. Es herrscht Begrüßungsfreude, und neugierige Hände wühlen in prallen Taschen, die Kücken und Kühlschränke werden auf Holzkarren geladen. Die Erdnußlocken finden ihren Weg zum Gasthaus und in das einzige Geschäft. Das Gasthaus ist ein schmuckloses Betongebäude mit einer Veranda, die nie besucht wird und, auch der Name »Braserie« kann daran nichts ändern.

In der Braserie sitzt Constantin und führt mit Ausdauer Verhandlungen. Da geht es um kaum vorhandenes Baumaterial, um extravagante Sonderwünsche wie Türschnallen oder Waschbecken. Ausdauer verlangen die Verhandlungen, weil man Sitzfleisch und einer gesunder Leber bedarf. Constantin ist Arzt. Zahnarzt eigentlich, doch genausooft muß er zerquetschte Zehen behandeln. Constantin ist aus Bukarest und griechischer Abstammung. »Du kannst nicht sagen: ›Hier sind einige Millionen, bau ein Haus.‹ Du mußt mit ihnen reden, mit ihnen trinken, du mußt ihnen das Gefühl geben, ein Ihriger zu sein.« Wenn Constantin so redet – den alle hier in Sfintu Gheorghe nur »Doktore« nennen – haftet ein missionarischer Zug an ihm. Jetzt schiebt er sein Moped über die Sandstraßen des Dorfes. Wenn der Nebel im Delta hängt, bekommt es Rheuma. Da hilft auch die fachgerechte Behandlung der Zündung nichts.

Wenn das Wetter es erlaubt, daß das Moped anspringt, dann fährt er aus dem Dorf hinaus, vorbei am Leuchtturm, entlang der Straße, die in Sanddünen übergeht. »Die schwarze Nacht am Schwarzen Meer, die liebe ich besonders«, schwärmt Constantin, und wir würden ihn einen Aussteiger nennen. Doch paßt diese Bezeichnung nicht zum Leben im Delta. Dazu ist es zu hart. Die Nacht, die sich über Sfintu Gheorghe gelegt hat, ist weiß. Weiß vom Nebel, weiß vom hellen Sand und weiß von den Schaumkronen des Meeres.

Constantin lebt den Winter über in Bukarest, den Sommer über zieht er ins Delta, und wenn sein Haus fertig gebaut sein wird, wird er bleiben. Sein Freund, der letzte Woche zu ihm kam, um sich zu verabschieden, bleibt nicht. Er geht nach Paris. »Ich aber bleibe hier, um meinen Frieden für die Seele zu finden«, und aus seinem Mund klingt das gar nicht so pathetisch. Neben dem Frieden gibt es viel Arbeit für ihn. Er ist der einzige Arzt im Umkreis von zweihundert Kilometern. Der letzte schwere Fall war der Magendurchbruch von Mircea. Mit dem um die Jahrhundertwende erbauten Rettungsboot wurde der Patient nach Tulcea gebracht. Viereinhalb Stunden dauerte die Fahrt mit dem Schiff, hinzu kam der Transport mit dem Krankenwagen. Mircea ist mit dem Boot, das heute angekommen ist, wieder zurückgekehrt. Er ist einer der Arbeiter der Fisch-Cooperative. Von den 1.500 Einwohnern Sfintu Gheorghes ist der Großteil in diesem Betrieb angestellt. Die Männer arbeiten in einer Vier-Stunden-Schicht. Dann gibt es vier Stunden Pause. Die Arbeit in der Cooperative ruht nur zwischen zwei Uhr nachts und fünf Uhr morgens. Gefischt werden Makrele und Hering. Die Männer rudern in die Lagunen und legen Netze aus. In den Trockentürmen wird der Fisch haltbar gemacht, in Kisten verpackt und nach Tulcea verschifft.

Alle vierzehn Tage fahren die Fischer auch aufs Meer hinaus, um Stör zu fischen. »Wer beim Störfischen mitfahren will, muß über die Bordwand scheißen können«, sagt Mircea. Seine Kollegen in schlammigen Gummistiefeln spucken Tabak in den Sand und lachen.

Zwei Wochen lag der Nebel über den Sümpfen, Wäldern und Weiden, sodaß der Leuchtturm von Sfintu Gheorghe keine dreißig Meter zu sehen war. Jetzt hat das Wasser den Nebel verschluckt, und die Sonne zieht die letzten Tropfen aus der Luft. Das Delta erhält seine Farben zurück. Es sind die Farben der Wüste. Gold und Rosa, Orange, Purpur, Lavendel, Malve und Blei. Im rosablauen Morgenlicht kehren die Frauen die Sandstraßen vor den Häuserzeilen. Schmuck sind die kleinen Häuschen, mit blitzblauen Fassaden, den Schnitzereien auf den Giebeln, den strohgedeckten Schöpfen und den Geranien zwischen den Fenstern. Auch Maria kehrt. Und Maria zaubert. Sie zaubert aus dem Sand des Vorgartens Blumen, aus dem Fisch, den sie morgens, mittags und abends kocht, Fischbällchen, Fisch in Kräutern, Fisch gegrillt, Fisch gefüllt und Fischsuppe. »Ciorbă de peşte« heißt die Suppe und sie ist Marias Spezialität. Aber die gegrillten Schleien schmecken ebenso gut.

Wenn der Nebel Sfintu Gheorghe verlassen hat, kochen Maria und alle anderen Frauen des Dorfes in der Sommerküche. Unter dem Vordach findet sich eine Feuerstelle, eine Kredenz, die für drinnen nicht mehr gut genug war, und der Brunnen, der in schlechten Zeiten nur Sand hustet. Schilfwände schützen gegen den Abendwind und die Blicke der Nachbarn in den Suppentopf. Kocht Maria in der Küche im Haus, sitzt ihr Mann auf dem Lehmofen, der zugleich die Bank ersetzt. Er hat die Form eines chinesischen Khangs, ist also langgestreckt und nieder. Ihr Mann schläft auch auf dem Ofen, das tut seinem Rheuma gut. Maria meidet ihn, schließlich hat sie sich vom Ofen, so wie alle anderen Frauen des Dorfes auch, Krampfadern geholt.

»Die Lebenserwartung im Delta ist sehr niedrig«, erklärt Constantin, das bringen die Lebensumstände mit sich. Einerseits ist die Arbeit hart und die Versorgung nicht gesichert. In Sfintu Gheorghe gibt es nicht immer genug Brot. Wenn gegen das Frühjahr zu die Kartoffel- und Gemüsevorräte enden, bleibt nur mehr der Fisch. »Dann bitte ich die Besucher, das Dorf wieder zu verlassen. Wir müssen an allem sparen. Andererseits schädigt zuviel gesalzener Fisch die Nieren.« Eingesalzener Fisch ist das billigste Nahrungsmittel. Und die Leber greift der Alkohol an, der überall selbst gebrannt wird. »Ich trinke nur, um die Gastfreundschaft nicht zu beleidigen«, sagt Constantin, »ansonsten sammle ich Strandgut, vor allem leere Wodkaflaschen«. In seiner Tasche hat er die neueste Funde: »Rasputin«, »KGB« und »Sexy« nennen sich die Marken, die die Matrosen bevorzugen.

Nachdem Maria gekehrt hat, rudert ihr Mann sie in den Garten. Am Kanal liegen die schwarz geteerten Boote, Maria packt Krampen und Rechen ein. An einer schmalen Schilfstraße entlang liegen die Gemüsebeete der Dorfbewohner. Der Boden im Ort wäre zu mager, aber hier auf diesem Inselland, das die Rumänen »grinduri« nennen, hat sich der fruchtbare Schlamm der Überschwemmungen abgelagert.

Marias Mann ist in Pension. Früher arbeitete er auf einer Ölplattform im Schwarzen Meer. Jetzt ist er wieder ein freier Mann, das heißt, er ist Fischer. Manchmal versieht er auch Dienst in der Leitfunkzentrale der Fischkutter-Flotte. Wenn der kleine, drahtige Mann die Ruder in die Hände nimmt, surrt das Boot über das Wasser.

Wenn die Amerikaner mit Rädern statt Füßen geboren werden, so haben die Deltamenschen Ruderblätter an den Händen. Sie sind es auch, die die Ruderer für die olympische Mannschaft Rumäniens stellen. Marias Mann rudert, während sie im Garten gräbt, zwei Pferdehüter über den Gheorghe-Arm. Der Gheorghe-Arm ist hier so breit wie die Donau bei Wien. Die Tiere selbst schwimmen durch das Wasser. Dicht hintereinander, Nüstern an Schweif, strampeln die Pferde durch die Donau, schnauben und spritzen sich das Wasser aus den hellen Mähnen. Die Männer sitzen im Boot, gestikulieren wild, fluchen und knallen mit den Peitschen. Ihnen ist die Erleichterung anzusehen, als alle Pferde das andere Ufer heil erreichen.

Der Mesner läutet die Mittagsglocken, und dort, wo der Ort in die Sanddünen ausrinnt, hängen die Männer Fischernetze zum Trocknen auf. Wandert man zwischen den Dünen, verliert man bald die Orientierung. Zu den Farben der Wüste gesellt sich inmitten dieses Wasserlandes das Gefühl von Wüste.

In den Kasernenbaracken, die zwischen dem Dorf und dem Leuchtturm liegen, wird gerade ein Appell ausgegeben. Soldaten kontrollieren auch in dieser verlassenen Straße, die ins Nichts führt – nicht die Einheimischen, wohl aber die Fremden, die sich ab und zu ans Ende des Deltas verirren.

Wenn Constantin abends bei Maria vorbeischaut, wenn die gastfreundliche Frau Besucher aus dem Ausland aufgenommen hat, dann summt in ihrer Sommerküche ein babylonisches Sprachgewirr. Maria und ihr Mann sprechen untereinander Ukrainisch. Mit Constantin reden sie Rumänisch. Constantin übersetzt ins Französische, ins Englische oder Maria unterhält sich auf Russisch mit ihren Gästen. Das Delta wird großteils von Ukrainern bewohnt. Es gibt auch eine Minderheit von Tataren, Türken und Lipowenern. Die deutsche Minderheit wurde 1940 umgesiedelt. Die Lipowener sind Abkömmlinge der Altgläubigen. Das sind Anhänger des Mönchs Philipp, die im 18. Jahrhundert Rußland aus religiösen Gründen verlassen mußten. Über Moldawien gingen sie in die damalige österreichische Bukowina, wo ihnen Joseph II. religiöse Toleranz gewährte. Oder sie siedelten sich im Delta an. Die Lipowener nennen sich manchmal Ukrainer – die kleinere Minderheit paßt sich der größeren an. Die Ukrainer von Sfintu Gheorghe sprechen noch Ukrainisch. Kyrillsich kann außer Maria kaum noch jemand lesen und schreiben. Auch ihren Kindern geben sie rumänische Namen. Die Minorität paßt sich der rumänischen Majorität an. »Sie assimilieren sich von selbst, obwohl es keinen Druck von außen gibt«, sagt Constantin. Marias Tochter, die beim Uhrmacher von Sfintu Gheorghe arbeitet, kommt heim. Auch der Schwager Marias und eine Schwester schauen vorbei.

Es wird spät und die Stromgeneratoren des Dorfes werden ausgeschaltet. Constantin bricht auf, und sein letzter Besuch gehört dem Schwarzen Meer. Heute ist die Nacht wirklich so schwarz wie sein Schnurrbart. Das Moped keucht durch die Sandwellen bis zu den Schaumkronen.

Hier hört die Donau auf zu existieren. Sie, die Länder und deren Menschen verbindet und trennt. Auf ihren Brücken wurde gekämpft und an ihren Ufern entstanden Hochkulturen. Sie wird ausgebeutet und reguliert, niemals aber gezähmt.

Constantin sitzt im Schatten der Dünen und schaut in die Nacht. Und hinter der Nacht liegt die Ukraine, Jalta mit seinen Palmen, Ölplattformen und Georgien.

Seite 151 Der Gemüsegarten liegt auf einer Insel
Seite 152 Bootsbau in Sfintu Gheorghe
Seite 154 In Sfintu Gheorghe werden die Sandstraßen täglich gekehrt
Seite 155 Im Delta gibt es keine Autos
Seite 158 Ukrainisch-orthodoxer Gottesdienst in Sfintu Gheorghe
Seite 165 Auf der Fähre nach Tulcea
Seite 166 Wichtigster Rohstoff im Delta ist das Schilf
Seite 168 Störfischer
Seite 172 Am Schwarzen Meer

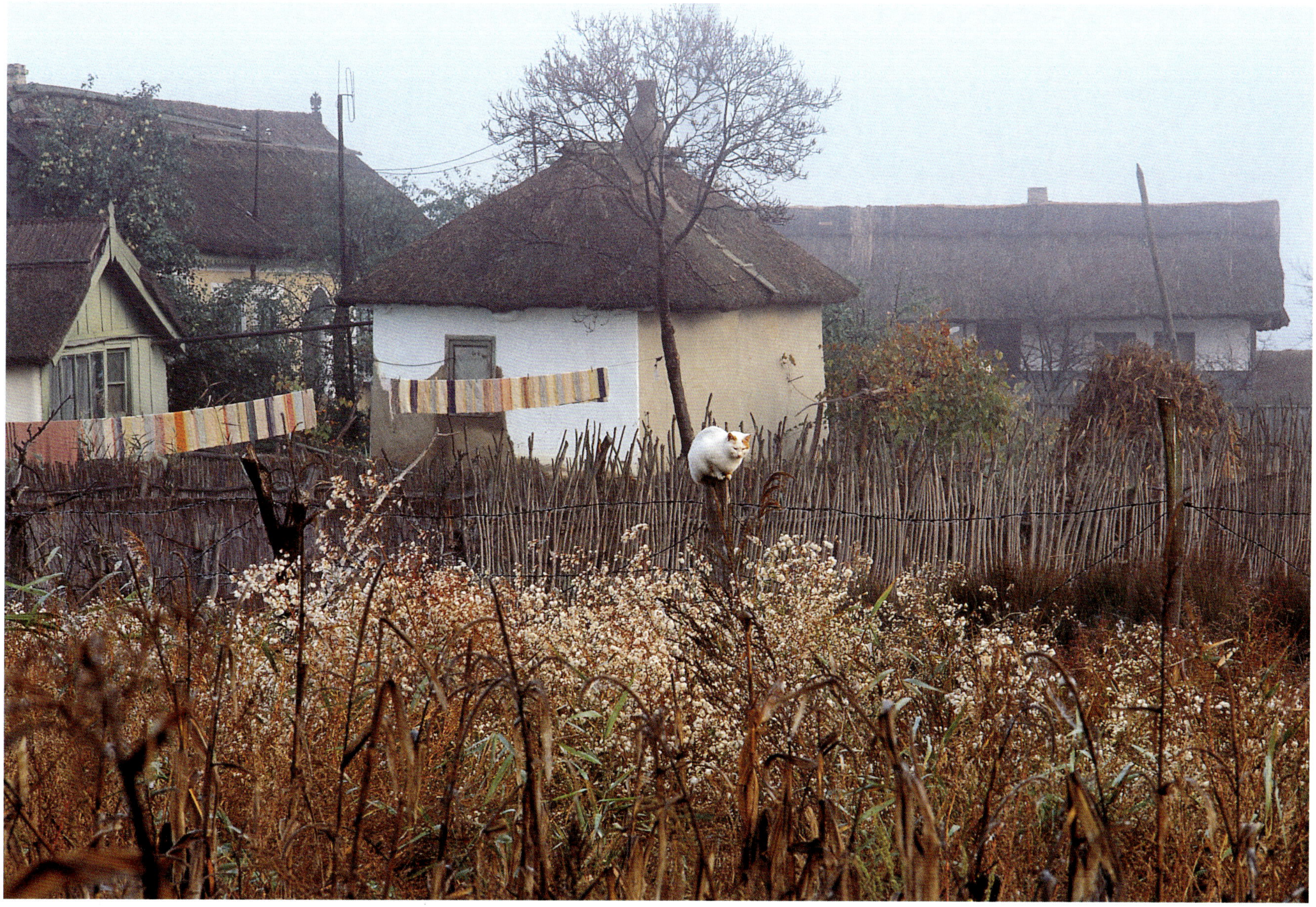

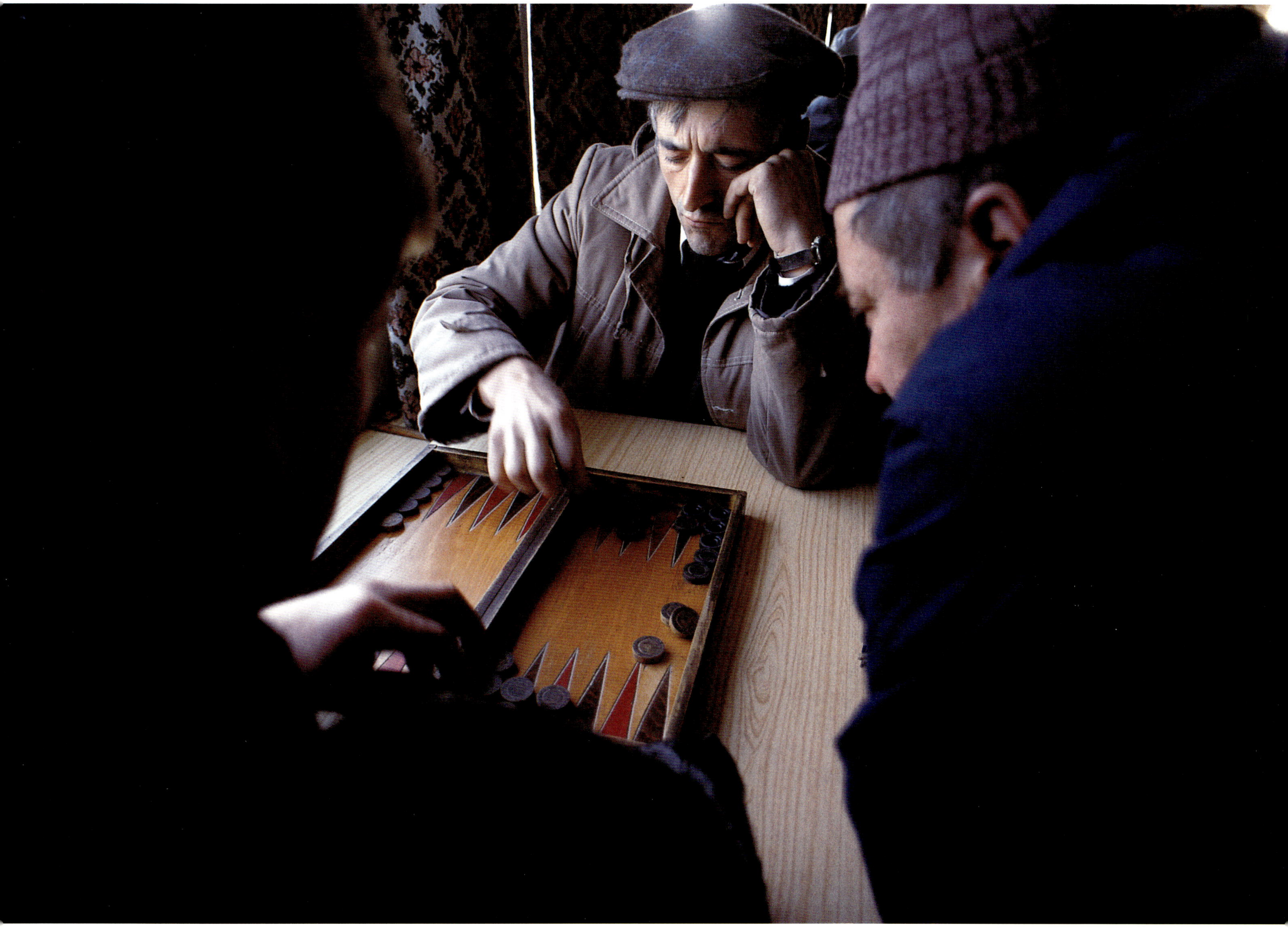

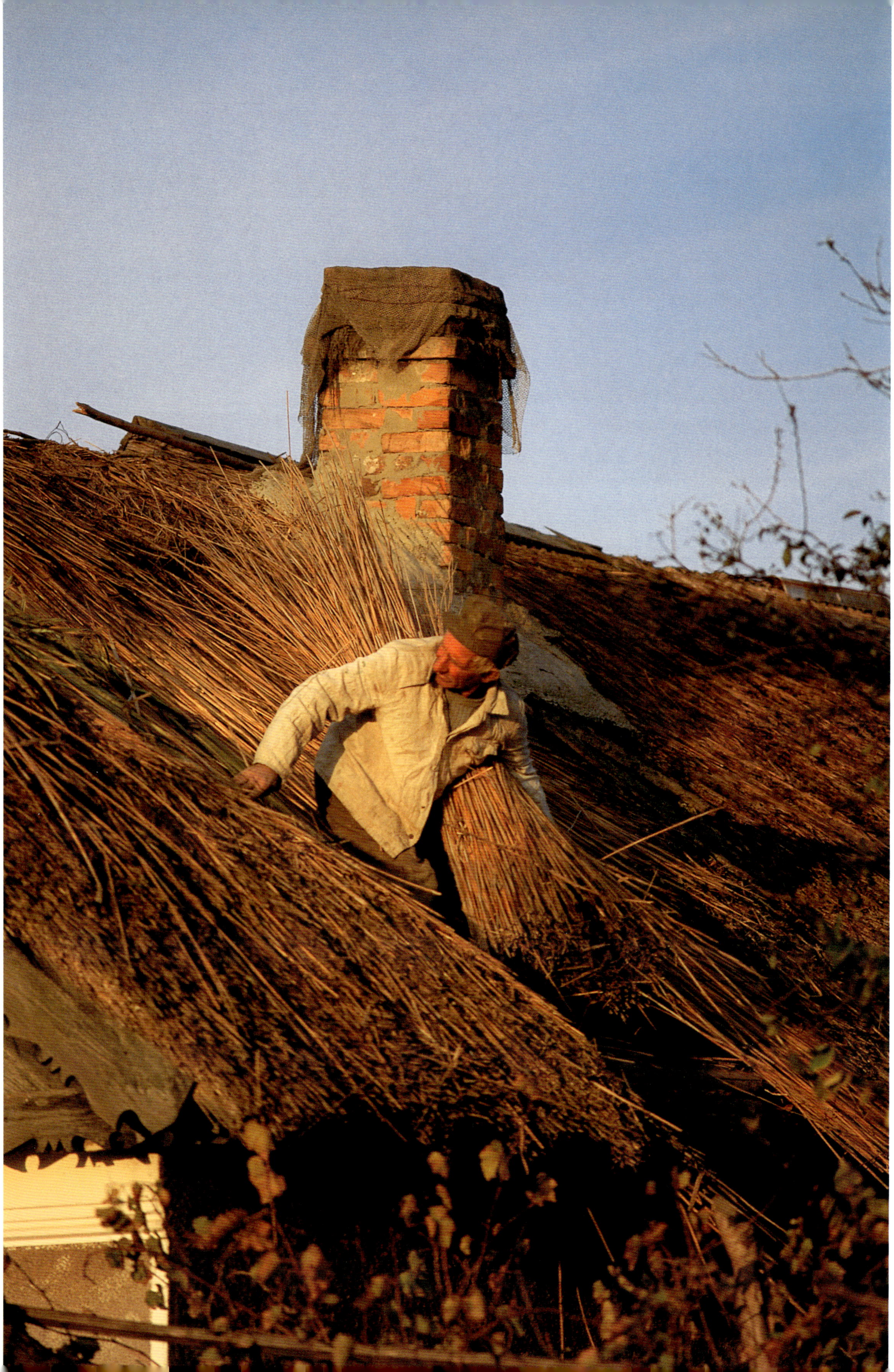

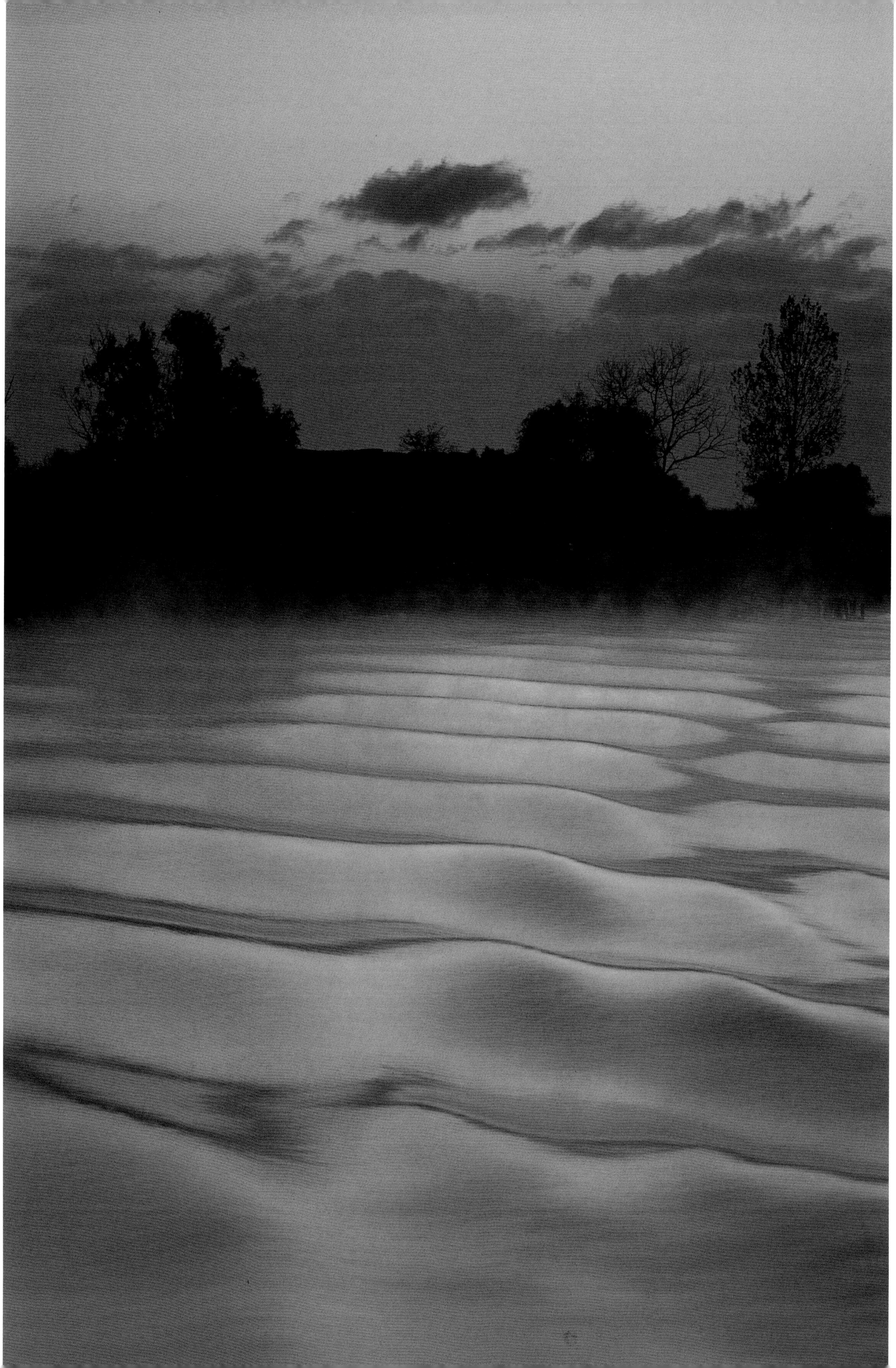

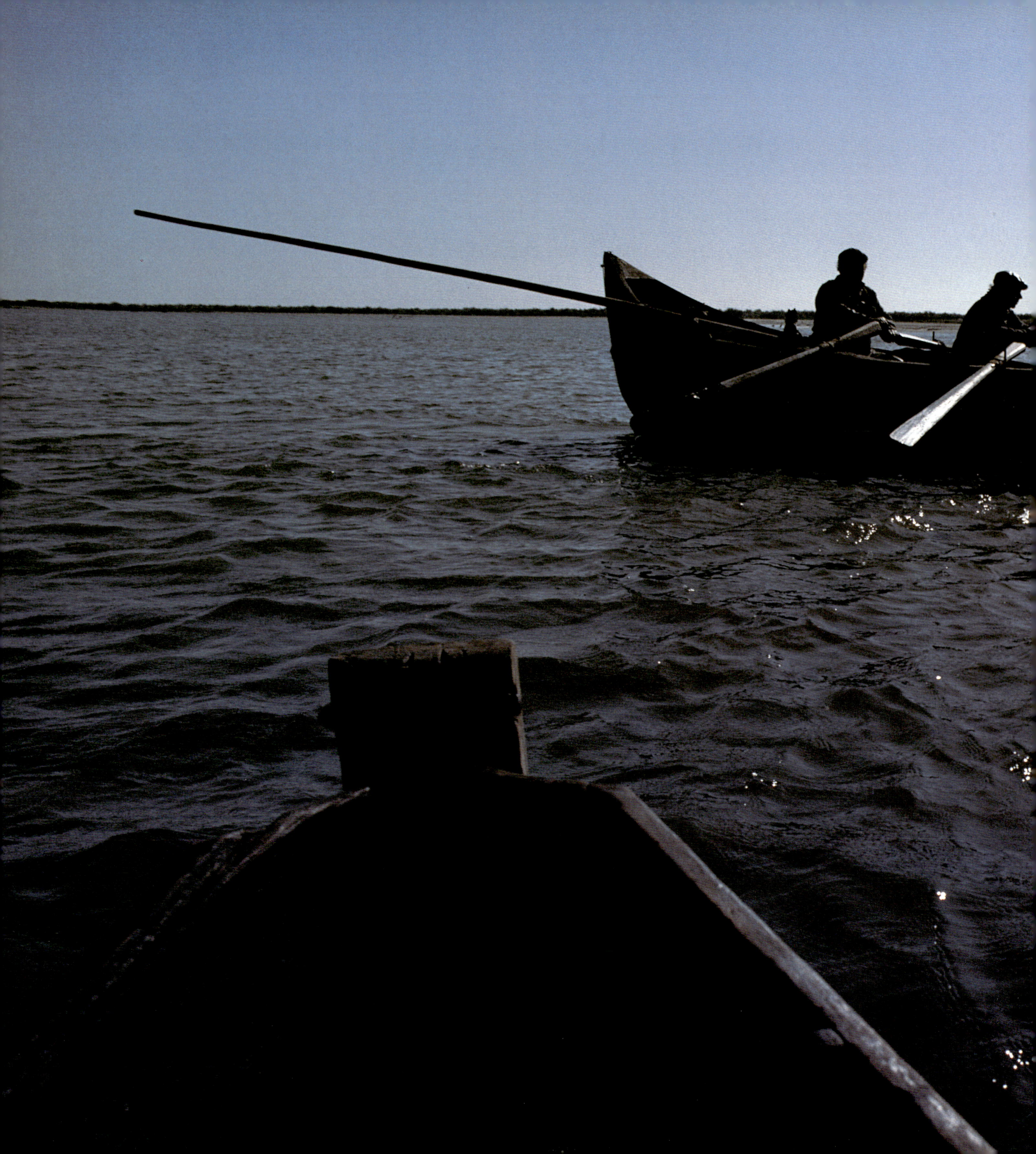

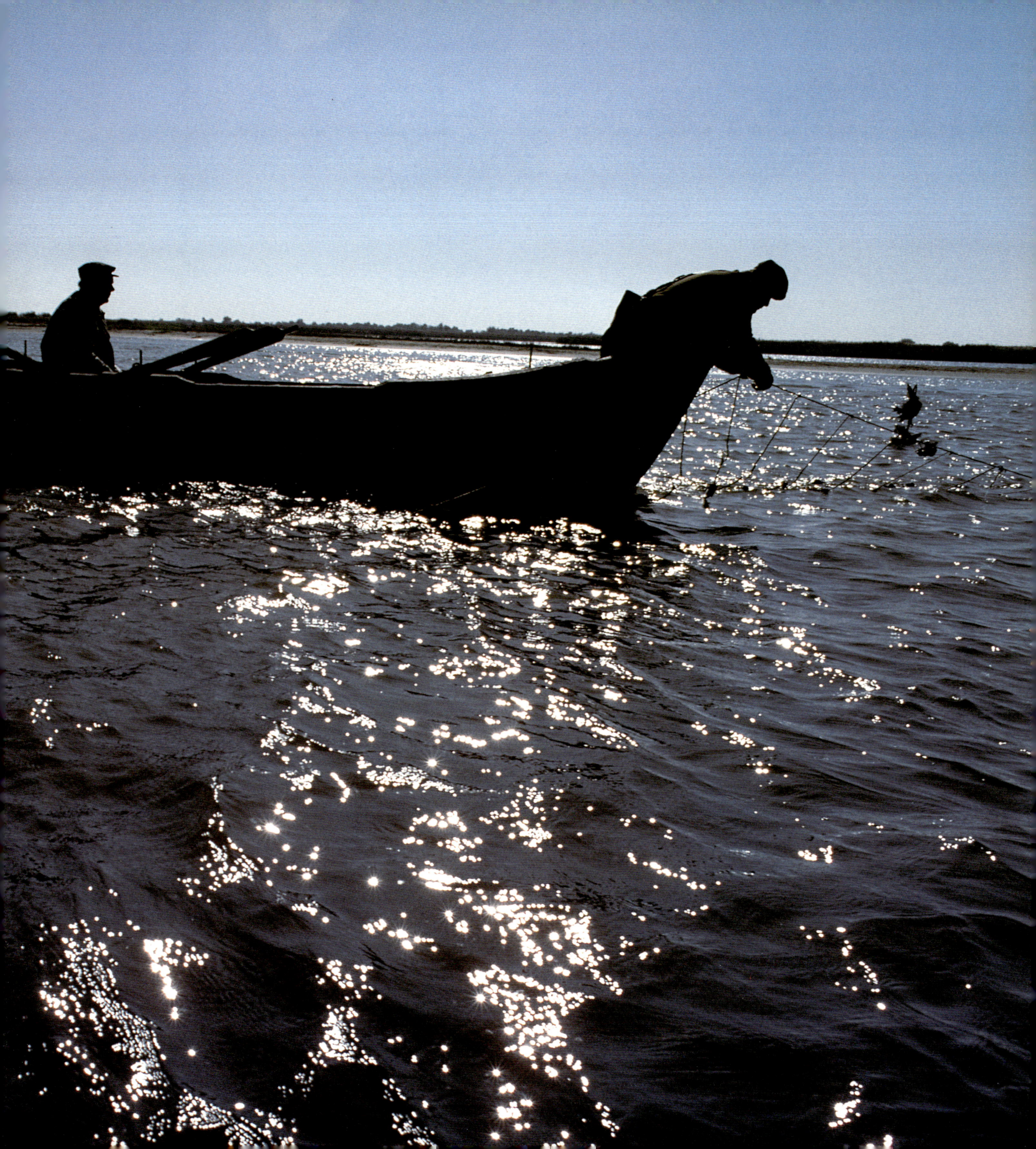

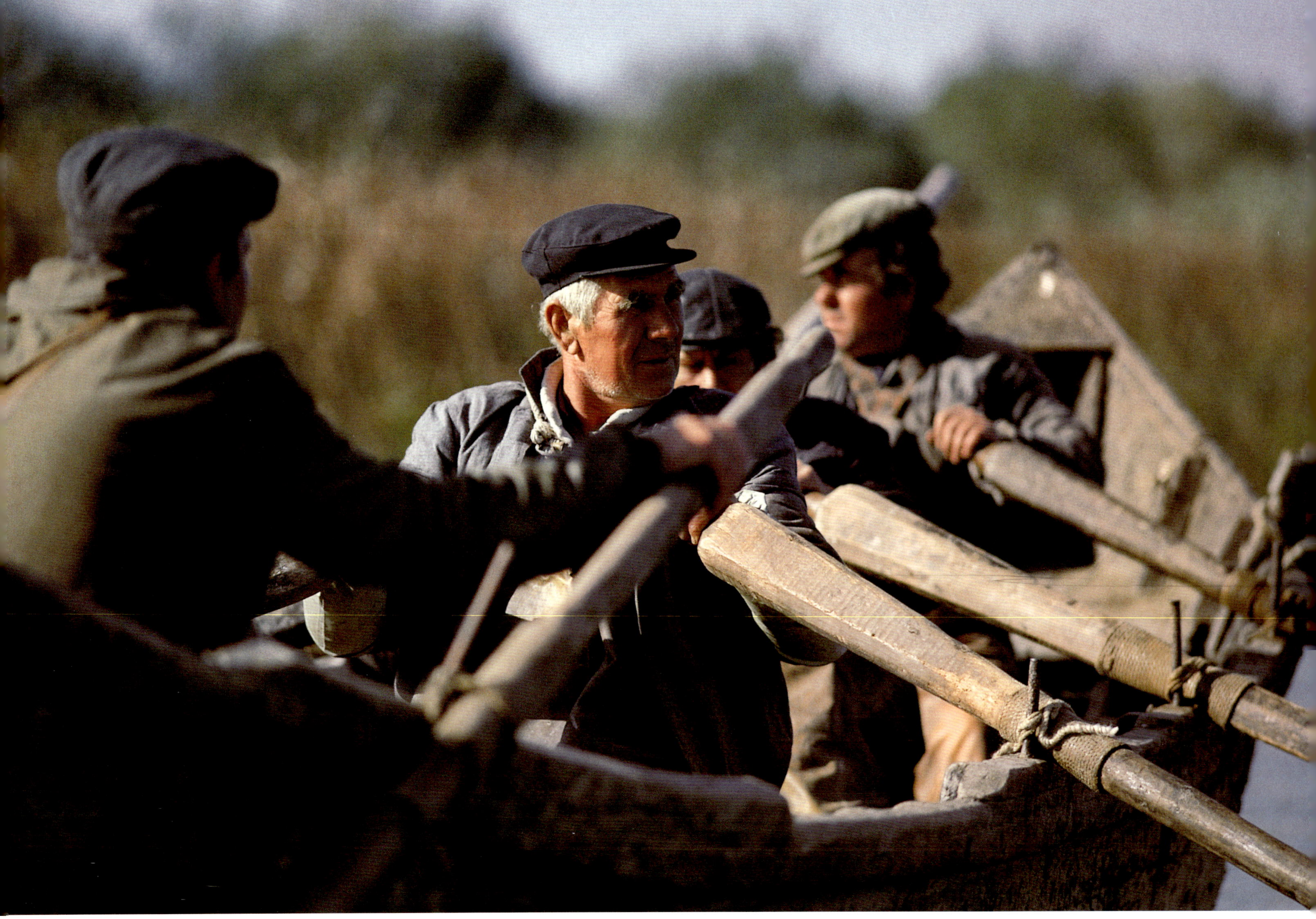

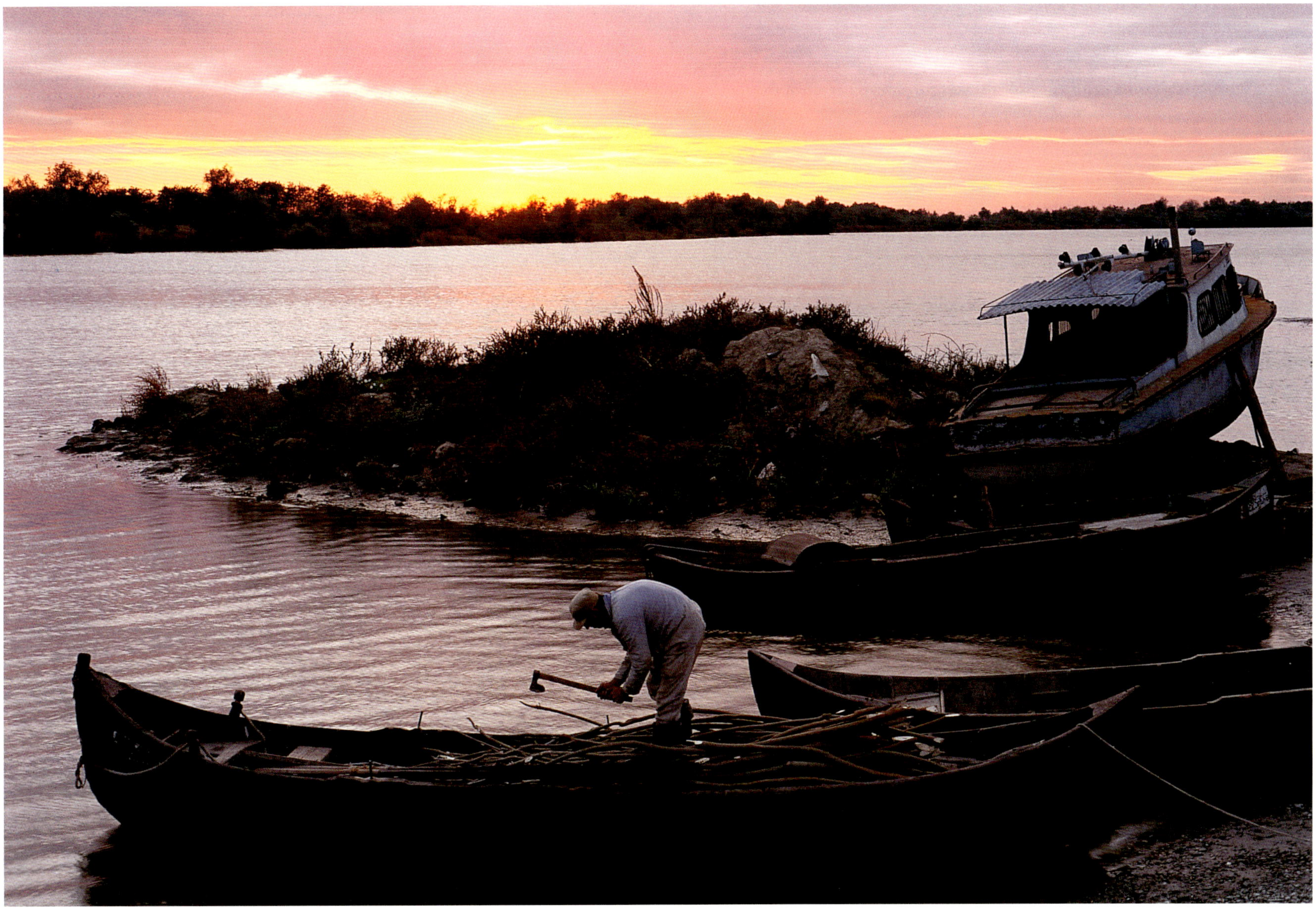

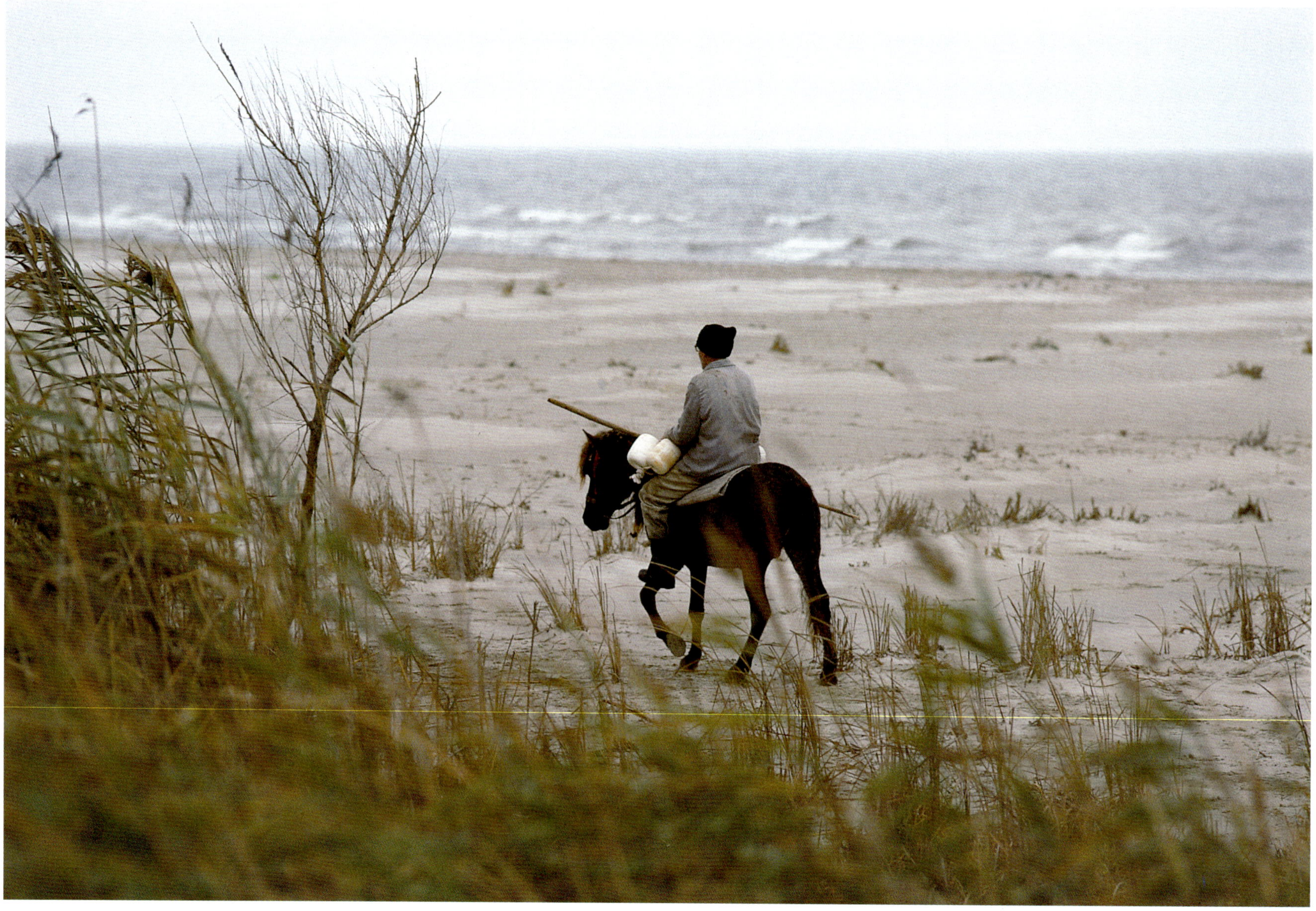

Anhang

Glossar
Quellennachweis

Adamclisi (RO):
Etwas abseits der Donau ließ Kaiser Trajan im Jahre 106 eine 40 m hohe Siegessäule anläßlich seines Triumphes über die Daker errichten. Auf 49 Metopen sind Einzelheiten der Kämpfe dargestellt. Die Türken wußten dieses Denkmal nicht recht zu deuten und nannten es »Adam Kilisse«, zu deutsch die »Kirche der Menschen«. Davon leitet sich der heutige rumänische Name Adamclisi ab. Nach der Zerstörung durch die Goten im 6. Jh. wurde die Siegessäule 1977 im Originalmaßstab neu aufgebaut.

Aggsbach-Markt (A):
Pfarrkirche Mariä Himmelfahrt: Spätromanische Pfeilerbasilika, die oft umgebaut wurde. 1286-1300 errichtet, 1779 barockisiert.

Aggstein, Ruine (A):
Gegründet wurde die Burg im 13. Jh., vermutlich von den Kuenringern. 1429 wurde die Burg vom Raubritter Scheck vom Wald restauriert, indem er Schiffe plünderte, Seile über die Donau spannte und Raubzoll verlangte. 1529 wird die Burg von den Türken verwüstet und 1606 von Anna von Polheim neu aufgebaut und als Befestigungsanlage gegen Türken und Schweden errichtet. Ab dem 18. Jh. verfiel sie ständig. Heute sind ein Hauptwehrgang, die Küche mit mittelalterlichem Rauchabzug und Wasserabfluß sowie das Burgverlies mit dem 8 m tiefen Hungerloch zu sehen.

Altenberg (A):
Der berühmte Verhaltensforscher Konrad Lorenz lebte hier und unternahm seine Untersuchungen mit Graugänsen.

Artstetten (A):
Schloß: Lange Zeit war das Schloß, das im 16. Jh. auf den Grundsteinen einer mittelalterlichen Burg errichtet wurde, der Öffentlichkeit nicht zugänglich. 1982 wurden einige Räume zu dem Franz-Ferdinand-Museum umgestaltet und diese bieten dem interessierten Publikum Einblicke in das Leben des hochbegabten Habsburgers.

Aschach (A):
Im 17. Jahrhundert unternahmen aufständische Bauern einen vergeblichen Versuch, die Donau mit Ketten zu sperren, um bayerische Proviant- und Truppenverschiffungen zu boykottieren. 2 Kilometer oberhalb der Marktgemeinde Aschach befindet sich ein Donaukraftwerk.

Bad Deutsch Altenburg (A):
Die heilenden Schwefelquellen waren schon den Römern bekannt. Das Wasser enthält die stärkste Jodschwefelkonzentration Mitteleuropas. Neben der Heilquelle ist der Ort auch wegen seines Karners aus dem 13. Jh., dem Schloß Ludwigstorff, der Pfarrkirche Mariä Empfängnis und des Museums Carnuntinum mit Funden aus der Römerstadt Carnuntum interessant.

Baja (H):
Die Siedlung liegt an der Abzweigung eines Seitenarmes der Donau und gehört zu den typischen Wasserstädten entlang des Stromes. Sie ist umgeben von Inseln und Auen. Unter den Arpaden-Königen war Baja wichtiger Umschlagplatz für Vieh und Getreide. Sehenswert sind in dieser südungarischen Brückenstadt die alten Bürgerhäuser, das Rathaus, die griechisch-orthodoxe Kirche und die ehemalige Franziskanerkirche.

Bela Crkva (YU):
Berühmt ist das ehemalige Weißkirchen durch seine archäologischen Funde. Dazu zählen u. a. ein Schwert aus der mittleren Bronzezeit, Urnen aus dem römischen Castrum Aponte und römische Ziegelsteine, Gläser, Münzen etc.

Belgrad (Beograd) (YU):
Die heutige Hauptstadt Serbiens und Rest-Jugoslawiens wurde bereits zur Zeit der Kelten gegründet. Die Siedlung fiel später unter die Herrschaft der Römer, Awaren, Bulgaren und Byzantiner, ehe sie ab dem 15. Jh. über fast 450 Jahre von den Türken besetzt wurde. 1806-13 eroberten die serbischen Befreiungskämpfer unter Karadjordje die Stadt, die jedoch erst 1867 endgültig unter serbische Herrschaft gelangte. Im 1. Weltkrieg wurde Belgrad zweimal von österreichischen Truppen besetzt und im 2. Weltkrieg von deutschen Truppen bombardiert und zu zwei Drittel zerstört. Am 18. 8. 1948 wurde hier die Belgrader Donaukonvention mit der damaligen UDSSR, Rumänien Bulgarien und Jugoslawien abgeschlossen. Dieser Konvention, die die Schiffahrt auf der Donau regelt, trat auch Österreich 1960 bei. Von 1944 bis 1992 war Belgrad Hauptstadt ganz Jugoslawiens, bis es nach dessen Zerfall nur mehr Serbien und Rest-Jugoslawien vorsitzt.
Orthodoxe Kathedrale: Der neoklassizistische Bau mit einem barocken Zwiebelturm aus den Jahren 1835 bis 1845 wurde unter Fürst Miloš Obrenović errichtet. Beachtenswert ist die Ikonostasis von D. Avramović und D. Petrović von 1840. In der Kathedrale befinden sich die Grabmäler der Fürsten Miloš und Michael Obradović, des Fürsten Lazar sowie der großen serbischen Gelehrten Dositej Obradović und Vuk Karadžić.
Festung Kalemegdan: Die mächtige Festungsanlage wurde nach zahlreichen Bauversuchen in ihrer heutigen Form nach den Richtlinien des französischen Festungsbaumeisters Vauban ab 1771 errichtet. Sie beeindruckt vor allem durch ihre unzähligen, prächtigen Tore wie das Karadjordje-Tor, das Dizdar-Tor, das Stambul-Tor und das Prinz-Eugen-Tor.

Beuron (D):
Kloster: Dieser Wallfahrts- und Erholungsort war bereits in der Steinzeit besiedelt. Die heutige Benediktinerabtei wurde gegen Ende des 11. Jhs. als Augustiner-Chorherrenstift gegründet. Der Bildhauer, Architekt und Maler Pater Desiderius (Peter Lenz, 1832-1928) gründete hier eine Schule benediktinischer Kirchenkunst (ein früher Jugendstil), die Schule von Beuron.
Abteikirche St. Martin und Maria: Die Klosterkirche im aufwendigen Barockstil entstand von 1732 bis 1738 als Werk des Rottweiler Baumeisters Scharpf. Den Hochaltar schuf J. A. Feichtmayr, die Deckengemälde stammen von Joseph Ignaz Wegscheider. In Grundriß und Form stellt die Kapelle ein überkuppeltes lateinisches Kreuz dar und gilt durch ihre prunkhaft wirkende, an byzantinische Linienführung erinnernde Malerei als Beispiel der Beuroner Kunstschule.
Alte Donaubrücke: Überdachte Holzbrücke aus dem Jahre 1803.

Brăila (RO):
Die wichtigste Hafenstadt der Walachei liegt an der Mündung der Alten und der Neuen Donau. Ab diesem Ort ist die Donau auch für Seeschiffe schiffbar. Die rumänische Kleinstadt wird wegen ihres türkisch-orientalischen Flairs, ihrer Uhr mit vier Zifferblättern und der Burgruine (16. -18. Jh.) gerne besichtigt.

Budapest (H):
Die Hauptstadt Ungarns wird durch die Donau in die beiden Stadtteile Buda und Pest getrennt. Seit der Keltenzeit ist diese Stadt kontinuierlich besiedelt. Die von den Magyaren im 10. Jh. aufgebaute Siedlung wurde von den Mongolen 1241 zerstört und unter König Béla IV. (1235-70) wiederaufgebaut. In der Folgezeit entwickelten sich 3 Siedlungen: Buda, Pest und Óbuda. Im 15. Jh. wurde Buda ungarische Landeshauptstadt und großzügig ausgebaut. Unter Kaiserin Maria Theresia und Josef II. blühte die Stadt kulturell und wirtschaftlich auf. 1872 wurden die drei Stadtteile mit dem Namen Budapest zur neuen Hauptstadt Ungarns vereint.

Königliche Burg und Palast: Beim Wiederaufbau nach dem 2. Weltkrieg konnten der Keulenturm aus dem 15. Jh., das große Rondell und der gotische Torturm freigelegt werden. Von den Bauten aus dem 14. Jh. wurden die Unterkirche und das Erdgeschoß des Stephansturmes rekonstruiert. Im jüngeren Teil der Burg befinden sich das Burgmuseum und die Sammlungen der ungarischen Nationalgalerie.

Matthiaskirche: Die einstige Königskirche befindet sich auf dem zentralen Platz des Burgbergs. Sie stammt aus dem 13. Jh. und wurde von Béla IV. errichtet. Während der Zeit der Türkenbelagerung diente sie als Moschee. Durch F. Schulek erhielt sie im 19. Jh. ihre heutige Form.

Fischerbastei: Von F. Schulek im neoromanischen Stil errichtet (1890-1905), wird die Fischerbastei mit einer Arkadenreihe und 5 Rundtürmen als Zuckerbäcker-Architektur bezeichnet.

Parlament: Nach Plänen von Imre Steindl wurde der neugotische Riesenkomplex mit einer 96 m hohen byzantinischen Kuppel von 1880 bis 1902 errichtet. Die 10 Höfe, 29 Treppenhäuser, zahlreichen Säle und Außenwände sind mit 88 Statuen ungarischer Herrscher, Heerführer und großer Helden geschmückt.

Brücken: Die Brücken Budapests sind wegen ihrer Schönheit besondere Sehenswürdigkeiten wie beispielsweise die Erzsébethíd, die Széchenyi Lánchíd oder die Árpádhíd.

Királfürdö: Das Königsbad ist eines der berühmten türkischen Budapester Bäder. 1566 wurde es unter Arslan Pascha begonnen und unter Pascha Mustafa Sokoli fertiggestellt. Im 19. Jh. wurde es mit einer klassizistischen Fassade versehen. Kuppel und Becken stammen noch aus der Türkenzeit.

Zichy Palais: Das Palais ist nach den Plänen von Johann Heinrich Jäger im Barockstil erbaut. Heute ist in dem Palais das Vasarely Museum untergebracht.

Maragareteninsel: War schon unter den Römern bewohnt. Heute sind ihre Parks und Bäder ein beliebtes Ziel der Budapester.

Aquincum: Im 2. Jh. errichteten die Römer die Stadt Aquincum, die damals zu einer der größten Städte an der Donau zählte. Im Jahre 194 erhielt sie von Kaiser Septimus Severus den Rang einer Colonia. Die Überreste der komplett freigelegten Stadt bezeugen die hochwertige römische Baukunst mit Amphitheater, Thermen und mit fortschrittlichen Annehmlichkeiten. In den gepflasterte Straßen befanden sich Kanalisation und Wasserleitung, und die Toiletten funkionierten schon damals mit Wasserspülung.

Bursenmühle (A):
Hier stand bis 1954 die letzte österreichische Schiffsmühle.

Carnuntum (A):
Die größte römische Ausgrabungsstätte Österreichs wird auch oft als »Pompeji vor den Toren Wiens« bezeichnet. Für die Römer hatte die Stadt höchste strategische Bedeutung, Carnuntum hatte in seiner Glanzzeit an die 70.000 Einwohner. Auf dem riesigen Ausgrabungsgelände sind unter anderem das Amphitheater, das Heidentor, die Thermen und ein nachgebauter Tempel zu besichtigen.

Cernavodă (RO):
Hafenstadt an der Einfahrt in den Donau-Schwarzmeer-Kanal. Ein riesiger Brückenkomplex des rumänischen Ingenieurs A. Saligny verbindet die beiden benachbarten Donauarme. Bei Cernavodă konnte man neolithische Friedhöfe, zwei Burgruinen der römischen Siedlung Axiopolis, eine hellenistische Siedlung aus der Zeit Alexander des Großen und zwei anthropomorphe Statuetten aus Ton, den sogenannten »Denker« und seine Frau, freilegen.
Seit kurzem ist hier das erste rumänische Kernkraftwerk in Betrieb.

Constanţa (RO):
Die Stadt liegt am Schwarzen Meer und an der Mündung des Donau-Schwarzmeer-Kanals. Der römische Dichter Ovid wurde im Jahre 8 n. Chr. von Kaiser Augustus hierher verbannt. Damals hieß der Ort Tomi. In seinen Klagebriefen »Epistulae ex Ponte« und »Tristia« aus seinem Exilort jammerte er über die Kulturlosigkeit dieser Stadt, die Härte des Klimas und die Trostlosigkeit der umliegenden Steppe. Auf dem Hauptplatz von Constanţa konnte in 5 m Tiefe der bisher größte bekannte römische Mosaikfußboden freigelegt werden. 700 qm des 1.700 Jahre alten Mosaiks mit der einstigen Größte von etwa 2.000 qm sind heute zu bewundern.

Deggendorf (D):
Der älteste Teil von Deggendorf geht auf das 8. Jh. zurück. Karl der Große besaß hier einen Königshof, 1002 beherrschten es die Babenberger, 1246 gelangte es durch Herzog Otto II. an Bayern. Heute ist Deggendorf eine bayerische Behördenstadt. Die Pfarrkirche Mariä Himmelfahrt, das Rathaus sowie der Marktplatz mit zwei Brunnen aus dem 16. und 18. Jh. sind besonders imposante Baukunstwerke der Stadt.

Dillingen (D):
Stadt und Burg der Grafschaft Dillingen wurden erstmals 973 urkundlich erwähnt. 1258 fiel die Stadt an das Hochstift Augsburg, später wurde sie zur Residenz des Augsburger Bischofs. Von 1545 bis 1804 entwickelte sie sich zu einer bedeutenden Universitätsstadt und galt als geistiges Zentrum der Gegenreformation. Besonders sehenswert sind die Pfarrkirche mit Stukkaturen von J. Feistle, der barocke Bibliothekssaal und das Schloß, das die Grundmauern der alten Burg in sich birgt.

Donaueschingen (D):

Schon die Geographen des alten Roms bezeichneten die Quelle im Donaueschinger Schloßpark als Donauquelle. Fürst Joseph Wilhelm Ernst v. Fürstenberg erhob Donaueschingen 1723 zu seiner Residenz. 1810 erhielt Donaueschingen das Stadtrecht. Für die heutigen Geographen beginnt die Donau erst unterhalb des Fürstenberger Schlosses, wo Brigach und Breg zusammenfließen.

Fürstenberger Schloß: Stammt in der heutigen Form aus den Jahren 1893 bis 1896. Bedeutend durch seine kostbare Sammlung fürstlichen Inventars aus der Zeit des Barocks und der Renaissance.

Schloßpark: Blumenrondell mit allegorischer Marmorgruppe als künstlerische Einfassung der historischen Donauquelle.

Hofbibliothek: Weltberühmt durch die hier gehüteten Handschriften wie die des Parzival von 1336 oder die Hohenemser Handschrift des Nibelungenliedes.

Pfarrkirche St. Johannes Baptist: Zweitürmiger Barockbau des kaiserlichen Architekten F. M. Kanka aus den Jahren 1724 bis 1747. Neben dem Hochaltar ist das kostbarste Ausstattungsstück der Kirche die Donaueschinger Madonna, die 1525 geschnitzt wurde.

Donauwörth (D):

Markiert die »Dreistämmesecke« zwischen Schwaben, Bayern und Franken. Die uralte Siedlung an der Kreuzung der Donau mit der Reichsstraße Augsburg-Nürnberg war erst staufisch, dann bayerisch und wurde 1301 freie Reichsstadt und bedeutende Handelsstadt. 1945 wurden 70 % der Stadt bei Bombenangriffen zerstört, das historische Stadtbild konnte jedoch zur Gänze wiederhergestellt werden.

Stadtpfarrkirche: Spätgotische Hallenkirche (1444) des Donauwörther Stadtbaumeisters H. Knebel. Ihr mächtiger Turm mit der größten Kirchenglocke Schwabens, welche 131 Zentner schwer ist, gilt als Wahrzeichen der Stadt. Das neben dem Hochaltar stehende Sakramentshäuschen gilt als Musterbeispiel einer Baldachinanlage.

Hl.-Kreuz-Kirche: Die ehemalige Benediktinerklosterkirche steht auf Fundamenten aus dem 12. Jh. und wurde 1717 bis 1720 vom Wessobrunner Baumeister J. Schmuzer errichtet. Unterhalb der Kirche befinden sich die Gruftkapelle sowie der Grabstein von Maria von Brabant, der Gemahlin des bayerischen Herzogs Ludwig des Strengen, die 1256 hingerichtet wurde.

Fuggerhaus: Der heutige Sitz des Landesrates wurde 1543 von den Fuggern errichtet und beherbergte illustre Gäste wie Gustav Adolf oder Kaiser Karl VI.

Drobeta-Turnu Severin (RO):

Römerkastell: Trajanus ließ hier zu Beginn des ersten Krieges gegen die Daker (101-102) ein mächtiges Römerkastell bauen.

Trajanus-Brücke: 103 bis 105 errichtete der Architekt Apollodor von Damaskus die erste römische Steinbrücke, über die Trajanus zum zweiten Krieg mit den Dakern marschierte. Kaiser Hadrian ließ die Brücke jedoch aus Angst vor den Barbaren wieder abreißen.

Severin-Burg: Die im Mittelalter erbaute Burg diente den Kreuzrittern als Stützpunkt. Sie enthält byzantinische und abendländische Elemente und hat den Grundriß zweier Rechtecke. Die Wehrmauer mit ihrer 8 m Höhe und 4 m Stärke macht noch heute auf den Besucher einen besonderen Eindruck.

Wasserkraftwerk Eisernes Tor I: Erbaut in den Jahren 1964-1971, wird von Rumänien und Rest-Jugoslawien gemeinsam genutzt.

Dürnstein (A):

Burgruine: Zwischen 1140 und 1145 wurde die Burg von den Kuenringern errichtet. Im Laufe der Jahrhunderte mehrfach belagert, zerstört und wieder aufgebaut, bis sie ab dem 17. Jh. ständig verfiel. 1192 bis 1193 saß König Richard Löwenherz hier im Auftrag Herzog Leopold V. gefangen. Der englische König wurde erst gegen eine Zahlung von 150.000 Mark in Silber im Jahr 1194 freigelassen.

Von der ehemals imposanten Anlage sind heute noch die Wehrmauern mit Laufgängen und Zinnen, Teile der Burgkapelle, Teile der Hochburg und die Burgpforte erhalten.

Pfarrkirche Mariä Himmelfahrt: Das Augustiner-Chorherrenstift wurde unter Propst Übelbacher 1710 bis 1740 völlig umgebaut. Das barocke Stiftsgebäude besteht aus 4 zweigeschossigen Flügeln. In der Mitte befindet sich einer der schönsten Klosterhöfe Österreichs. 1733 entstand der mit Obelisken, Putten und Balustraden reich geschmückte Kirchturm unter Prandtauer, Munggenast und Steinl. Im Inneren der Kirche wurde der Versuch unternommen, in barocker Manier zahlreiche himmlische Gefilde zu gestalten.

Engelhartszell (A):

Kloster: 1293 gründete Bischof Bernhard von Passau dieses Zisterzienserkloster, 1570 starben alle Mönche an der Pest. Nach einem folgenschweren Brand wurde es 1754 bis 1763 in heutiger Gestalt errichtet, wahrscheinlich vom Münchner Baumeister Johann Michael Fischer. Unter Josef II., 1786, wurde das Kloster aufgehoben, ist jedoch seit 1925 wieder ein Trappistenkloster.

Esztergom (H):

Die strategisch wichtige Stadt am Donauknie war Bastion des Frankenreiches unter Karl dem Großen, bevor sie ab dem 9. Jh. Residenzstadt der Arpáden-Könige wurde. Ihre Blütezeit erlebte die Stadt im 12. Jh., verlor jedoch nach dem Mongolensturm im 13. Jh. gegenüber Buda an Bedeutung. Heute ist Esztergom wichtiges Handels- und Industriezentrum.

Königsburg: 1734 bis 1738 konnte der durch die Türkeneinfälle und im 18. Jh. zerstörte Palas ausgegraben und die rundbogigen Gewändeportale und die mittelalterliche Kapelle restauriert werden.

Basilika: Das klassizistische Gebäude für den Primás von Ungarn mit dem Grundriß eines byzantinischen Kreuzes entstand zwischen 1822 und 1869 nach den Plänen von Paul Kühnel und Johann Packh. In der Schatzkammer der Basilika wird eine kostbare Sammlung sakraler Kunstgegenstände aus ganz Ungarns gehütet.

Fischamend (A):

War im Altertum eine mächtige römische Militärstation für die Verbindung zwischen Wien und Carnuntum. Sehenswert ist der alte Marktturm, der aus der Aulandschaft herausragt.

Fruška Gora (YU):

Der Name dieses Ortes geht angeblich auf die Zeit Karls des Großen zurück, als das Reich der Franken (altslawisch = Fruzi) bis hierher reichte. Ein Großteil des Gebietes ist heute ein Nationalpark mit Weingärten und urwaldähnlichem Buchenmischwald. In den kleinen Ort sind einige interessante serbische Klöster versteckt.

Gabčicovo, (SK):
Gotische Pfarrkirche, die im 18. Jh. barockisiert wurde. Donaukraftwerk.

Galați (RO):
Historisch ist Galați verhältnismäßig jung. Erst im 16. Jh. wurde die Stadt an der Mündung von Sereth und Pruth in die Donau von Kaufleuten verschiedener Nationen gegründet. Im 2. Weltkrieg erlitt Galați die schwersten Schäden ganz Rumäniens infolge von Bombenangriffen. Heute ist die Stadt einer der wichtigsten Handels- und Industrieorte des Landes am Beginn der sogenannten Mündungsdonau.

Giurgiu (RO):
Die Ortschaft, die prähistorische Siedlungsspuren aufweist, wurde erstmals urkundlich 1394 in einem Freibrief des walachischen Herrschers Mircea dem Alten erwähnt. Im 16. Jahrundert war sie türkische Enklave im walachischen Fürstentum.
Ruine der Burg Mircea des Alten: Die viereckige Festung mit quadratischen Ecktürmen und tiefen Burggräben aus dem 14. Jh. wurde von den Türken um eine mächtige Festungsmauer erweitert. 1928 wurde die Burg geschleift und ist heute nur in Trümmern zu erkennen.
1952-54 wurde die 2.200 m lange »Freundschaftsbrücke« zwischen Giurgiu und Ruse gebaut. Sie ist die einzige Verbindung zwischen Rumänien und Bulgarien über den Strom.

Göttweig, Stift (A):
Das Augustiner-Chorherrenstift ist eine Gründung des Passauer Bischofs Altmann (1083). Mit seiner beeindruckenden Lage auf einer bewaldeten Höhenkuppe gehört es neben Melk zu den bedeutendsten Klosterbauten Niederösterreichs. 1094 übernahmen die Benediktiner das Kloster, die es im 18. Jh. nach den Plänen des Baumeisters Lukas von Hildebrandt zu einem mächtigen Barockbau umgestalteten. Als besondere Kostbarkeiten gelten das Graphische Kabinett mit über 20.000 Blättern und die Kaiserstiege, die zu den schönsten österreichischen Treppenhäusern zählt.

Golubac (YU):
Die Festung wurde vermutlich im frühen 14. Jh. erbaut und befand sich zunächst in ungarischer, dann in serbischer und schließlich in türkischer Hand. Als die strategisch bedeutsame Grenzburg des Osmanenreiches 1867 aufgegeben wurde, begann ihr Verfall. Die 8 Türme der Festung, die durch dicke Wehrmauern verbunden sind, sind stufenweise auf dem Hang über der Donau positioniert.

Greifenstein (A):
Burg: Paradebeispiel einer Kleinburg mit Bergfried und Palas. Die ursprüngliche Burg aus dem 12. Jh., aus der heute noch Knappenstube und Torraum stammen, wurde im 19. Jh. von Fürst Johann Liechtenstein erneuert.

Grein (A):
Der gefürchtete Greiner Strudel wurde durch den Rückstau des Kraftwerkes Ybbs-Persenbeug für die Schiffahrt entschärft. Die Greinburg und das Stadttheater, das als ältestes Theater Österreichs in ursprünglicher Form gilt, zählen zu den Aushängeschildern des hübschen Donaustädtchens.

Günzburg (D):
Stadt mit römischer Vergangenheit. Im frühen Mittelalter entwickelte sie sich als befestigte Burgsiedlung. 1805 gelangte Günzburg zu Bayern.
Frauenkirche: Hauptwerk von Domenikus Zimmermann (1736-41) mit bemerkenswerten Wandmalereien von A. Enderle.

Haienbach (A):
Burg: Die Lage der Burg regt die Phantasie an, jedes Schiff muß zweimal an ihr vorbeifahren, da Haienbach auf dem Gipfel der Schlögener Halbinsel liegt und vom Schiff bei der Durchfahrt durch die Schlögener Schlinge umfahren wird. Die Donaureisenden hielten die bei Stromkilometer 2188,5 sichtbare Burgseite für Haienbach und die bei Stromkilometer 2185,5 sichtbare andere Front für die Burg Falkenstein, die jedoch am Rannabach liegt.

Hainburg (A):
Bereits zur Zeit der Hunnen und Awaren wurde Hainburg erstmals genannt. Die im 14. Jh. erbaute Befestigungsanlage mit Mauern und Türmen nützte gegen die Türkeneinfälle im 16. und 17. Jh. nicht viel. Die Stadt wurde fast völlig zerstört. Erhalten sind aus der Zeit vor den Türkenkriege nur Teile der Burg und der Pankratiuskapelle aus dem 12. Jh., die drei Stadttore und die Lichtsäule aus dem 14. Jh. Im Jahre 1984 besetzten an die 10.000 Demonstranten mit Erfolg das Augebiet bei Hainburg, um den Bau eines Kraftwerkes zu verhindern.

Hollenburg (A):
Über diesen Ort fand man eines der frühesten Zeugnisse für den tausendjährigen Weinbau in der Wachau aus dem Jahre 895. Die Ruine, die spätgotische Pfarrkirche und die 1652 erbaute Kapelle »Zum Wetterkreuz« sind sehenswert.

Ingolstadt (D):
Ingolstadt wurde im 6. Jh. gegründet und erstmals 806 in einer Urkunde von Karl dem Großen erwähnt. Von 1472 bis 1800 war Ingolstadt Sitz der bayerischen Landesuniversität. Seit 1430 ist die Stadt mit drei Stadtmauern umgeben, die selbst Gustav Adolf im Dreißigjährigen Krieg nicht erstürmen konnte. Gut erhalten sind davon die 2. Befestigungsanlage mit ihren halbrunden Türmen, das Kreuztor und der Taschenturm mit seinen schönen Treppengiebeln. Durch den Schnittpunkt dreier Pipelines und durch zahlreiche Raffinerien und Kraftwerke gilt Ingolstadt heute als Zentrum der Energieversorgung Deutschlands.
Stadtpfarrkirche zu Unserer Lieben Frau/Liebfrauenmünster: Die wenig gegliederte Backsteinkirche entstand zwischen 1425 und 1536. Ihre übereck gestellten, ungleich hohen Türme gelten als Wahrzeichen der Stadt. Mit diesen einzigartigen Fronttürmen und dem 9 m hohen, reich

bemalten Hochaltar zählt sie zu den schönsten Bauwerken der Spätgotik in Bayern.

Neues Schloß: Herzog Ludwig der Gebartete veranlaßte 1418 den Bau des neuen Schloßes. Heute ist darin das Bayerische Armeemuseum untergebracht, das durch zahlreiche Exponate an die Türkenfeldzüge erinnert.

Ismail (Izmail) (UKR):

Die Hafenstadt liegt am nördlichsten der drei Arme, die das Donaudelta bilden. Die Stadt gehörte bis 1917 zu Rußland, kam dann an Rumänien und wurde durch den Molotow-Ribbentrop-Pakt 1940 von der UDSSR annektiert. Seit 1991 gehört sie zur Ukraine. Von der mittelalterlichen Festung sind nur noch die Erdwälle erhalten.

Kalocsa (H):

Das vom ersten ungarischen König Stephan I. gegründete Erzbistum entwickelte sich bald zur Stadt. Ihre Blütezeit erlebte Kalocsa im 15. Jh., zu der sie nach der Türkenzeit im 18. Jh. wieder aufschloß. Der Erzbischöfliche Dom, der im 18. Jh. nach Plänen des Salzburgers Andreas Mayerhofer im italienischen Barockstil entstand, und das Erzbischöfliche Palais, das unter Karl Robert von Anjou von Gaspar Oswald erbaut wurde, sind die Sehenswürdigkeiten dieser Stadt. Weltberühmt ist Kalocsa jedoch durch seinen Paprika.

Kelheim (D):

Befreiungshalle: Der bayerische König Ludwig I. ließ sie zum Gedenken an die Freiheitskriege gegen Napoleon als deutsche Ruhmeshalle 1842-63 errichten. Der Bau wurde zunächst von F. von Gärtner 1842 im byzantinischen Stil begonnen, nach dessen Tod von L. von Klenze im römisch-antiken Stil 1863 beendet. Zwischen 34 Viktorien aus Marmor sind 17 Tafeln mit den Namen der Schlachten eingearbeitet.

Klein-Pöchlarn (A):

Bemerkenswerte Tongruben, Töpfereien und Tonwarenfabriken, die seit mehreren Jahrhunderten betrieben werden.

Klosterneuburg (A):

Zwischen dem 2. und 4. Jh. war Klosterneuburg ein römisches Kastell, 1106 wurde es zur Babenbergerresidenz.

Augustiner-Chorherren-Stift: 1106 legte Leopold II. den Grundstein zu dieser Kirche. Bis ins 17. Jh. erlebte das Stift viele Erneuerungen, wurde jedoch von den Habsburgern über Jahrhundert hinweg etwas vernachlässigt. 1730 erlebte das Stift wieder einen Aufschwung, als Kaiser Karl VI. daraus sein Kaiserkloster nach dem Vorbild des Spanischen Escorial machen wollte. Nach Plänen von Donato Felice d'Allio und Joseph Emanuel Fischer von Erlach konnte der Monumentalbau bis zu seinem Tod nur ansatzweise verwirklicht werden. Zu den ältesten Kostbarkeiten des Stiftes zählen der siebenarmige Leuchter in der Leopoldskapelle, der Altar und die plastischen Tafeln von Nikolaus von Verdun sowie die größte Stiftsbibliothek Österreichs mit über 200.000 Bänden.

Brauchtum: Alljährlich findet am 15. November, dem Festtag des hl. Leopold, des Landespatrons, das Faßlrutschen statt.

Komárom, Komárno (H, SK):

1918 wurde die Doppelstadt an den beiden Ufern der Donau zwischen Ungarn und der Tschechoslowakischen Republik geteilt. Geburtsort des Komponisten Franz Lehár und des ungarischen Schriftstellers Mór Jókai. Das Schloß mit Römerdenkmälern sowie die alte Befestigungsanlage sind sehenswert.

Korneuburg (A):

Seit dem 12. Jh. befestigte Stadt, bildete gemeisam mit dem gegenüberliegenden Klosterneuburg einen wichtigen strategischen Punkt. Die spätgotische Pfarrkirche aus dem 15. Jh. und die barocke Augustinerkirche aus dem Jahre 1760 sind zu erwähnen. Im Donauarm befindet sich die österreichische Schiffswerft.

Krems (A):

Bereits 995 urkundlich als Reichsburg bezeichnet, erlebte die Doppelstadt Krems-Stein im 12. Jh. ihre erste Hochblüte durch den Weinbau und Weinhandel. 1305 erhielt Krems von Herzog Rudolf III. die gleichen Rechte wie die Stadt Wien. Heute ist Krems eine bedeutende Bezirks-, Schul- und Touristenstadt und zählt mit über 400 Bauwerken aus der Zeit vor 1800 zu den schönsten Städten Niederösterreichs.

Pfarrkirche St. Veit: Die ursprünglich romanische Anlage wurde im 13. Jh. gotisch umgebaut und durch Cyprian Biasino zwischen 1616 und 1630 zu einer der ersten barocken Kirchen Österreichs. Ihre Deckenfresken und Bilder an den Seitenaltären schuf der Maler Kremser-Schmidt.

Ehemalige Dominikanerkirche St. Peter und Paul: Das 1239 erbaute Dominikanerkloster dient heute nur noch als Museum und Veranstaltungsort. Unter Einbeziehung des alten Kreuzgangs, des Kapitelsaals und des Refektoriums des Klosters wurde 1971 ein einzigartiges Stadtmuseum und ein Weinbaumuseum errichtet.

Piaristenkirche Unsere Liebe Frau: Die mächtige, spätgotische Kirche, die über der Stadt thront, wurde in mehreren Bauabschnitten zwischen 1475 und 1515 gebaut. Die Fresken und Altarbilder der dreischiffigen Hallenkirche stammen fast ausschließlich von Kremser-Schmidt.

Krusedol (YU):

Kloster: Dordje Brankovic, der spätere Erzbischof Maksim, ließ dieses Kloster im Morava-Stil 1509-1515 erbauen. Lange Zeit war diese Anlage nicht nur Residenz serbischer Herrscher, sondern auch das religiöse Zentrum Serbiens. Darüberhinaus besaß das Kloster die reichste Schatzkammer der Vojvodina, darunter wertvolle Bücher aus dem 16. bis 18. Jh.

Lauingen (D):

Die Heimatstadt von Albertus Magnus besitzt als Wahrzeichen den Schimmelturm (1478, 1571 aufgestockt). Der achteckige Turm ist reich bemalt und mit einer welschen Haube gekrönt. Das spätgotische Martinsmünster (1515-21) beeindruckt durch riesige, überschlanke Säulen und Großfresken.

Lepenski vir (YU):

Archäologen entdeckten 1940 nach einem Erdrutsch Reste einer prähistorischen Siedlung. Mit diesen Entdeckungen gewann man Einblicke in das Leben der Menschen in der Übergangsphase vom Höhlenleben zum ersten Haus. Weiters konnten insgesamt 54 an die 50 cm hohe Steinskulpturen ausgegraben werden, die als die ältesten bisher bekannten Großskulpturen Europas bezeichnet werden. Manche Skulpturen haben Reliefköpfe mit Fischmäulern, Glotzaugen und langen flachen Nasen. Auf dem Ausgrabungsgelände wurden aber auch verzierte Gebrauchsgegenstände aus Knochen, z. B. Messer, gefunden.

Linz (A):

Die oberösterreichische Hauptstadt, die an der Einmündung der Traun in die Donau liegt, war bereits zur Zeit der Kelten besiedelt. Zur Zeit der Römer war Linz ein wichtiger Brückenkopf des römischen Limes. Die erstmalige urkundliche Erwähnung der Stadt, unter dem Namen Lentia, erfolgte im Jahr 410. Im Mittelalter entwickelte sich Linz zu einem wichtigen Handelsplatz.

Altstadt: Die Altstadt hat einen großen Bestand an Adels-, Stifts- und Bürgerhäusern. Den künstlerischen Mittelpunkt stellt zweifellos der Hauptplatz dar.

Dreifaltigkeitssäule: 26 m hoch, 1723 aus Untersberger Marmor errichtet.

Rathaus: Der 1514 errichtete oktonale Eckbau ist noch vollständig erhalten, an den barocken Umbau von 1659 erinnert die mächtige Prunkfassade mit großer Pilasterordnung.

Bischofshof: Monumentalbau mit 3 Schauseiten, der Anfang des 18. Jhs. nach Plänen von Jakob Prandtauer als Hof für das Stift Kremsmünster entstand.

Martinskirche: Älteste Kirche Österreichs. Der Bau aus antiken Spolien und römischen Grabsteinen, dessen Baubeginn auf Anfang des 8. Jhs. datiert ist, ist heute noch teilweise in seiner ursprünglichen Form erhalten. Die berühmten Fresken, das Volto-Santo-Bild und die Strahlenmadonna am Triumphbogen stammen aus dem 15. Jh.

Stadtpfarrkirche Mariä Himmelfahrt: Setzt sich aus Bauteilen vom 15. bis 18. Jh. zusammen. Der gotische Waffenschrein des Chors birgt die Herzurne von Kaiser Friedrich III.

Alter Dom: Zweitürmige Jesuitenkirche, von P. F. Carlone 1669-78 errichtet. Wurde 1785 bis 1909 als Bischofskirche genutzt. Die Innenausstattung im austro-italienischen Barock ist vor allem durch die schönen Stuhlwangen mit menschlichen und tierischen Fratzen und grotesken Zwergen berühmt. Die Orgel stammt von Meister Krismann. Zwischen den Jahren 1856 und 1868 war der Komponist Anton Bruckner hier Domorganist.

Ehemalige Deutschordenskirche: Der kleine Rundbau entstand 1717 bis 1725 nach Plänen von Johann Lukas von Hildebrandt. Der gedrungene Fassadenturm mit seinen markanten, pilzförmigen Hauben ist unverwechselbar.

Schloß: Die Residenz Friedrich III. zwischen 1485 und 1493 bietet eine prächtige Aussicht auf die Stadt. Im Schloßmuseum befinden sich die kunst- und kulturgeschichtlichen Sammlungen des oberösterreichischen Landesmuseums mit Exponaten von der Frühgeschichte bis zur Neuzeit.

Pöstlingbergkirche zu den »Sieben Schmerzen Mariens«: Über dem linken Donauufer, dem Ortsteil Urfahr, thront auf dem 538 m hohen Pöstlingberg das Wahrzeichen von Linz. Die doppeltürmige Wallfahrtskirche wurde von 1738 bis 1748 von J. M. Krinner erbaut.

Traun: Das Schloß, ein Rechteckbau aus dem 16. Jh. mit 4 Ecktürmen, ist seit 1111 im Besitz der Grafen Abensberg.

Luberegg (A):

Schloß: Dieses neben der Straße gelegene und frisch renovierte Schlößchen aus dem 18. Jahrhundert war lange Jahre Landsitz Kaiser Franz I. von Österreich.

Maria Laach am Jauerling (A):

Pfarrkirche Mariä Himmelfahrt: Aufgrund einer wundersamen Heilung im Jahre 1719 wurde die Kirche Ziel von Wallfahrten, vor allem für Wöchnerinnen. Besonderheit dieser dreischiffigen Kirche aus dem 15. Jh. ist das Gnadenbild auf dem linken Seitenaltar. Es zeigt die thronende Maria mit Kind, deren rechte Hand mit 6 Fingern den Rosenkranz hält.

Maria Taferl (A):

Der Wallfahrtsort Maria Taferl entstand um etwa 1632 durch ein dort geschehenes Marienwunder. Die Wallfahrtskirche zur schmerzhaften Muttergottes wurde von 1714 bis 1718 von Georg Gerstenbrand, Carlo Lurago und Jakob Prandtauer errichtet. Die Wandmalerei stammt von Antonio Beduzzi. Von der hoch über der Donau gelegenen Kirche bietet sich ein wunderbarer Ausblick über den Nibelungengau und das Voralpenland.

Melk (A):

Was heute mit der weltbekannten Benediktinerkirche von geistiger Macht zeugt, war im 9. Jh. Zentrum der weltlichen Macht. Damals hatten die Ungarn hier ihre Grenzfeste, die sie gegen die Babenberger bis 976 verteidigen konnten. 1089 wurde die Anlage dann zum Kloster der Benediktiner. Der prachtvolle Barockbau wurde 1702 von Jakob Prandtauer und Josef Munggenast begonnen.

Stiftskirche: Mit diesem großartig gestalteten, einzigartig geschmückten Werk wollte man die Peterskirche in Rom übertreffen. Die Fassade stammt von Prandtauer, die Deckenfresken von Johann Michael Rottmayr und der Marmoraltar von Antonio Beduzzi.

Bibliothek: Der von Paul Troger geschmückte Bibliothekssaal hütet über 2000 Handschriften und Inkunabeln, darunter auch eine Gutenberg-Bibel.

Mila 23 (RO):

Die kleine Gemeinde, die hauptsächlich von Ukrainern bewohnt wird, wurde nach der 23. Flußmeile benannt. Von hier aus kann man die nahe gelegenen Pelikankolonien und die schwimmenden Schilfinseln besuchen.

Mohács (H):

Die kleine Stadt nahe der jugoslawischen Grenze war 1526 Schauplatz einer Schicksalsschlacht. Dabei wurde der ungarische König Ludwig II. vom türkischen Sultan Soliman dem Prächtigen geschlagen. Der König und 25.000 Mann wurden getötet. 1687 fand bei Mohács eine weitere für Europa wichtige Schlacht statt. Das österreichische Heer unter Feldherr Prinz Eugen konnte die Türken besiegen, was das Ende einer langen Besatzungszeit bedeutete. Heute erinnert eine Gedenkstätte auf dem Schlachtfeld und ein Museum mit Funden aus der Zeit der legendären Schlachten.

Mautern (A):
Auf dem Boden des römischen Militärlagers Favianis hat hier der hl. Severin ein Kloster gegründet. Im Nibelungenlied wird der Ort Mutaren genannt und bei Kriemhilds Brautfahrt erwähnt. Die Margaretenkapelle aus dem 13. Jh. dient heute als Römermuseum, in dem Funde aus der Zeit des Castra Favianis zu sehen sind.

Mauthausen (A):
Die Mautstelle gegenüber der Ennsmündung (erstmals 1208 urkundlich erwähnt) war eine Gründung der Babenberger für Enns. Heute befindet sich in Mauthausen eine Gedenkstätte, die an das Konzentrationslager im Dritten Reich erinnert.

Neuhaus (A):
Schloß: Altes und neues Schloß sind gut erhalten, der fünfeckige Turm gilt als besonders interessant. Urkundlich wurde Schloß Neuhaus 1338 als bereits lange bestehend erwähnt. Später gelangte es in den Besitz der Fürsten Thurn und Taxis.

Neustadt (D):
Diese quadratisch angelegte Stadt wurde 1273 vom bayerischen Herzog Ludwig II. zur Kontrolle und Sicherung des Verkehrs auf der Donau und der Straße von Ingolstadt nach Regensburg gegründet. Die katholische Pfarrkirche St. Laurentius, die Friedhofskapelle St. Nikolaus und das Rathaus sind eine Besichtigung wert.

Novi Sad (YU):
Die Hauptstadt der Vojvodina entstand im 16. Jh. mit dem Bau der Festung Petrovaradin. An deren Fuß siedelten sich Flüchtlinge meist aus Serbien, Österreich, Ungarn und Schwaben an. 1748 ernannte Kaiserin Maria Theresia Novi Sad, das damals noch Neusatz hieß zur freien Königsstadt, das als »serbisches Athen« zum Kulturzentrum aufstieg. Bei revolutionären Unruhen 1848 wurden zwei Drittel der Stadt zerstört und die alte Bausubstanz vernichtet. Zu besichtigen sind aus der Zeit vor der Revolution lediglich noch das alte Rathaus, die orthodoxe Kathedrale und die Nikolauskirche.

Obermarchtal (D):
Kloster: Nicht weniger als 3 Klostergründungen (776, Ende des 10. Jhs. und 1171) erlebte der kleine Ort Obermarchtal im Mittelalter. Um 1500 stieg es von der Abtei zur Reichsabtei auf. Ende des 17. Jhs. entstanden die schloßartigen Klosterbauten von Baumeister Michael Thumb. Nach der Säkularisierung (1803) ging das Kloster an die Fürsten von Thurn und Taxis, 1973 wurde es an das Bistum Rottenburg verkauft.
Pfarrkirche St. Peter und Paul (ehemalige Klosterkirche): Ende des 17. Jhs. unter Leitung der Baumeisterfamilie Thumb gebaut, verkörpert diese katholische Kirche die ideale Verwirklichung des Vorarlberger Bauschemas. Der strenge Schematismus des Baues wird durch die aufwendige Ausstattung, wie die kostbaren Stukkaturen von F. X. Schmuzer, bei weitem aufgewogen.

Obernzell (A):
Schloß: Wurde vom Passauer Bischof Leonhard von Laimingen um 1426 begonnen und 1598 vollendet.

Orth (A):
Das spätgotische Schloß geht auf eine Wasserburg aus dem Jahre 1140 zurück. Erzherzog Johann wählte nach diesem Schloß sein Inkognito (Johann Orth).

Ottensheim (A):
Die älteste Marktgemeinde des Mühlviertels war bereits zur Keltenzeit besiedelt. Vom Schloß, das im Mittelalter erbaut wurde, sind heute nur noch der Bergfried mit vier Ecktürmchen und der Nord- und Ostflügel erhalten.

Passau (D):
Das »bayerische Venedig« verfügt durch den Zusammenfluß von Donau, Inn und Ilz über eine unvergleichlich schöne Lage. Überlieferungen zufolge wurde zwischen 970 und 991 in Passau das Nibelungenlied geschrieben.
Dom St. Stephan: 1407 begonnen und 1668 beendet, beherbergt das vorwiegend gotische Prachtwerk, die größte Orgel der Welt mit nicht weniger als 17.388 Pfeifen.
Alte Residenz: Gebäude aus verschiedenen Epochen mit zwei Höfen. Sehenswert ist der Saalbau, der wie viele Teile der Residenz der Spätgotik entstammt und im Barock nur neu dekoriert wurde.
Neue Residenz: Der Bau der Neuen Residenz ist die Erweiterung der Alten. Kernstück des Baus (1712-1732) ist das Stiegenhaus mit flackerndem Stuckdekor und überwölbt von einem sich weit öffnenden Fresko-Olymp.
Veste Oberhaus: Zwingburg der Bischöfe auf dem Felsrücken zwischen Donau und Ilz. Barock- und Renaissancestil.
Museen: Böhmerwaldmuseum, Histor. Stadtmuseum sind in der Veste Oberhaus.
Kirchen: Hl.-Kreuz-Kirche, Ehem. Jesuitenkirche St. Michael, Wallfahrtskirche Mariahilf, St. Severin und Salvator-Kirche.

Persenbeug (A):
Das Bild der alten Marktgemeinde mit dem Schloß, in dem Österreichs letzter Kaiser, Karl I., 1887 geboren wurde, wird heute vor allem durch das Donaukraftwerk beeinflußt. Das 1954-57 erbaute Donaukraftwerk Ybbs-Persenbeug zählt mit einer Jahresleistung von fast 1.300 Millionen Kilowattstunden zu einem der wichtigsten Stromspender Österreichs.

Peterwardein (Petrovaradin) (YU):
Festung: Die Festung wurde 1717 auf Anordnung des Prinzen Eugen vom französischen Festungsbaumeister Vauban als Schutz gegen die Türken in heutiger Form errichtet. Als die Türkengefahr gebannt war, diente die Burg als Gefängnis der Monarchie.

Petronell (A):
Befindet sich auf dem Gebiet einer ausgedehnten römischen Siedlung. Von hier aus leitete Kaiser Marc Aurel im Jahr 179 den Feldzug gegen die Markomannen. Das Schloß mit Fresken von Giovanni P. Tencalla ist dem ungarischen Schloßbau sehr verwandt.

Pöchlarn (A):
Die Kleinstadt am rechten Donauufer, in der Oskar Kokoschka geboren wurde, entwickelte sich aus dem römischen Limeskastell Arelape. Im Nibelungenlied wird Pöchlarn als die Residenz Rüdigers von Bechelaren bezeichnet. Die ehemalige Handelsstadt ist heute wegen des Schlosses, einer ehemaligen Wasserburg aus dem 16. Jh. und der Pfarrkirche Mariä Himmelfahrt sehenswert.

Preßburg (Bratislava) (SK):
Bis 1918 gehörte Preßburg zum Königreich Ungarn. Ihre Blütezeit erlangte die Stadt zur Regierungszeit der Kaiserin Maria Theresia (1740-80), während ihr die napoleonischen Kriege schwere Wunden zufügten. Mit dem Zerfall der Donaumonarchie nach dem 1. Weltkrieg ging die Stadt an die Tschechoslowakische Republik und wurde 1993 Hauptstadt der selbständigen Slowakei.
Altstadt: In der Innenstadt sind noch zahlreiche Stadtpaläste des ungarischen Adels im Barock- oder Rokokostil aus der zeit der Doppelmonarchie erhalten. Die schönsten sind zweifellos das Pálffy-Palais, das Grassalkovich-Palais und das Palais der ehem. ung. kgl. Kammer.
St. Martins-Dom: Die Kathedrale wurde im 14. Jh. gebaut und diente jahrhundertelang als Krönungskirche der Habsburger. Der Dom besticht durch seine zahlreichen Kapellen, darunter die Barockkapelle für den hl. Johannes, die von Georg Raphael Donner 1732 gestaltet wurde.
Burg: Die älteste urkundliche Erwähnung der 74 m über der Donau gelegenen Burg stammt aus dem Jahre 907. Kaiserin Maria Theresia ließ den im 15. und 16. Jh. errichteten Neubau der Burg dann zu einem Schloß umgestalten, das allerdings 1811 abbrannte. Heute ist in der wiederaufgebauten Anlage das Slowakische Nationalmuseum untergebracht, das über kostbare Exponate wie die prähistorische Venus von Moravani verfügt.
Altes Rathaus: Das ursprünglich gotische Gebäude mit einer prächtigen Renaissance-Loggia und einem barocken Turm beherbergt heute das Stadtmuseum.

Ráckeve (H):
Schloß Savoyen: Prinz Eugen von Savoyen ließ hier nach seinem Triumph über die Türken nach den Plänen von Lukas von Hildebrandt 1702 das erste unbefestigte Schloß in Ungarn errichten. Das typisch italienische Lustschloß mit seiner offenen Anordnung ohne Verteidigungsanlage fiel nach dem Tod Prinz Eugens an das Haus Habsburg. Heute befinden sich darin ein Hotel und Räumlichkeiten für Kongresse, Ausstellungen und Konzerte.
Serbisch-orthodoxe Kirche: Sie wurde 1487 von nach Ungarn geflüchteten Serben errichtet. Auffallend sind die schönen Frührenaissance-Portale und die barocke Ikonostase aus dem 18. Jh.

Rannariedl (A):
Wird schon im Jahre 1260 urkundlich erwähnt. Im Jahre 1594 wurde die Burg Rannariedl zum Zufluchtsort gegen die drohende Türkengefahr bestimmt. Noch im Jahre 1632 ist Rannariedl ein wichtiger Grenzort mit 230 Mann bayerischer Besatzung. Die Burg ist eine langgestreckte, unregelmäßige Anlage mit einem Rundturm. Im Burghof schöne Lauben aus dem 16. Jh.

Regensburg (D):
Bereits in der Steinzeit wurde dieses Gebiet gegenüber den Einmündungen von Naab und Regen besiedelt. Die römischen Kaiser Vespasian und Marc Aurel schufen im 1. und 2. Jh. die Grundlage für die heutige Altstadt. Die Gründungsurkunde auf einer 8 m langen Steintafel aus dem Jahre 179 ist im Stadtmuseum zu besichtigen. Vom 11. bis zum 14. Jh. war Regensburg eine der bedeutendsten Handelsstädte Europas. Ab 1663 tagte hier das älteste deutsche Parlament, der sogenannte immerwährende Reichstag.
Steinerne Brücke: Der Bayernherzog Heinrich der Stolze ließ diese Brücke auf Eichenpfählen von 1135 bis 1146 errichten. Diese Pfähle tragen sie heute noch. Im Mittelalter galt dieses Bauwerk als Wunderwerk der Technik und ist nahezu im Urzustand bis zum heutigen Tage erhalten.
Altes Rathaus: Kernstück des Alten Rathauses ist der Reichssaal. Das 1360 ursprünglich als Festsaal für die städtischen Ratsherren errichtete Glanzstück wurde 1806 zum Sitzungssaal des immerwährenden Reichstages.
Dom St. Peter: Das Zentrum der Domstadt, die sich als geistiges Viertel nahe der Donau entwickelte, wurde 1270 begonnen und erst 1869 fertiggestellt. Der Dom, der in französischer Gotik erbaut wurde, gilt auch wegen der zahlreichen künstlerisch gestalteten Grabmäler als sehenswert.
Schloß der Fürsten von Thurn und Taxis: Die ehemaligen Stiftsgebäude von St. Emmeram dienen seit 1812 als Schloß der Fürsten von Thurn und Taxis. Besonders hervorzuheben sind die Fresken in der Bibliothek von C. D. Asam (1737) sowie der Kreuzgang, der zu den bedeutendsten Beispielen gotischer Architektur in Deutschland gehört.

Rossatz (A):
Ursprünglich unter der Herrschaft der Kuenringer, wurde Rossatz 1358 an Reinprecht von Wallsee verkauft. Die spätgotische Pfarrkirche St. Jakob aus dem 15. Jh. besitzt eine bemerkenswerte steinerne Prangersäule und eine Nepomuk-Statue von 1721.

Ruse (Rustschuk) (BG):
Die viertgrößte Stadt des Landes gilt als die wichtigste Hafenstadt am bulgarischen Ufer, nicht zuletzt deshalb, da zwischen Ruse und Giurgiu die einzige Eisenbahn- und Straßenbrücke zwischen Bulgarien und Rumänien besteht. Bereits zur Zeit der Römer und später im Mittelalter war sie ein wichtiger Verkehrsknotenpunkt. 1905 wurde in Ruse der Schriftsteller Elias Canetti geboren, der 1981 den Nobelpreis für Literatur erhielt. Das heutige Stadtzentrum stammt vorwiegend aus dem 19. Jh. Neben der Besichtigung der Dreifaltigkeitskirche aus dem 17. Jh. lohnt sich auch der Besuch des Geschichtsmuseums. Das stellt nicht nur Gegenstände aus der römischen Zeit aus, sondern auch den thrakischen Schatz aus dem 4. Jh. v. Chr., der sich aus 5 prächtigen Trinkgefäßen zusammensetzt.

Säusenstein (A):
Hier stand einst ein Zisterzienserkloster, das 1809 von den Franzosen in Brand gesteckt wurde.

St. Michael (A):
Kirchenburg: Älteste Pfarrkirche der Wachau, die 823 durch eine Schenkung Karls des Großen an Ludwig den Frommen überging. Der Kirchenraum wurde 1631 von Cypriano Biasino barock erneuert.

St. Nikola (A):
Nach dem hl. Nikolaus, dem Schutzpatron der Donauschiffer, benannt, ist der Ort heute wegen seines Schifferkirchleins mit romanischen und gotischen Bauelementen interessant. Bis ins 19. Jh. war der Haussteinfelsen ein gefürchtetes Schiffahrtshindernis, das in mehrjähriger Arbeit (1853-66) gesprengt wurde.

Sarmingstein (A):
Filialkirche St. Kilian: Einschiffige Kirche aus dem 17. Jh. Das Bild des St. Nikolaus über dem Ort ziert die Decke des teilweise barockisierten Sakralbaus.

Schallaburg (A):
Die Burg ist ein beliebtes Ausflugsziel. Bemerkenswert ist der Terrakottahof aus dem Jahre 1573 von J. Bernecker.

Schlögener Schlinge (A):
Große Stromkehre, die der Strom aus südöstlicher Richtung betritt und nordwestlich verläßt. Beliebtes Ausflugsziel.

Schönbühel (A):
Schloß: Der heutige Besitz der Grafen Sailern war im 9. Jh. Eigentum des Bistums Passau, im 12. und 13. Jh. im Besitz des Geschlechtes der Ritter von Schönbühel. Später gelangte es in den Besitz des Melker Stiftes und 1396 kam es an die Starhemberger. Das Schloß wurde in der heutigen Form 1819 bis 1821 erbaut.

Schwallenbach (A):
Filialkirche hl. Sigmund: Einschiffiger Rokoko-Bau mit einer bemerkenswerten Holzmadonna aus der Donauschule (1510).
Glöckerl von Schwallenbach: Schloß und einstiger Sitz der Lehensritter von Schwallenbach. Der stattliche Viereckbau um eine malerischen Innenhof wurde um 1600 errichtet.

Sfintu Gheorghe (RO):
Der kleine Ort liegt am südlichsten Mündungsarm des Stromes an der Küste des Schwarzen Meeres. Dieser Arm ist der naturbelassenste Donauarm. Hier sind noch Pelikane heimisch. Der ausschließlich auf dem Wasserweg zugängliche Ort lebt vom Störfang.

Sigmaringen (D):
Schloß: Bereits im 11. Jh. entstand auf dem Schloßfelsen eine Burg, die 1399 an die Grafen von Wardenberg und 1535 an die Grafen von Zollern überging. Nach einem Brand 1839 baute Emanuel von Seidl das Schloß in seiner heutigen Form neu auf. Heute birgt das Schloß in einem Fürstlich-Hohenzollernschen Museum eine Waffensammlung, antike und prähistorische Geräte sowie eine Kunstsammlung mit vorwiegend schwäbischen Malereien.

Katholische Pfarrkirche St. Johann: Schlichte, einschiffige Kirche aus dem 18. Jh. mit reicher Rokokoausstattung. Auf dem Fidelis-Altar steht im verglasten Reliquienschrein die Wiege des hl. Kapuzinerpaters Fidelis, der 1577 in Sigmaringen geboren wurde und 1622 in Seewies als Märtyrer auf der Kanzel starb.
Ehemalige Franziskanerklosterkirche Hedingen: Das ursprüngliche Dominikanerinnenkloster aus der 1. Hälfte des 14. Jh. wurde im 17. und 18. Jh. vorübergehend von Franziskanermönchen bewohnt. Seit 1889 Familiengruft des Fürstenhauses Hohenzollern-Sigmaringen.

Silistra (BG):
Die einstige thrakische, später römische Siedlung wurde 971 nach der Wiedereinsetzung der byzantinischen Herrschaft an der unteren Donau durch den Kaiser Johannes Tsimiskes zur Hauptstadt der Provinz Paristrion. 1878 wurde Silistra zum Zankapfel zwischen Rumänien und Bulgarien. 1878 bulgarisch, 1913 rumänisch, 1916 bulgarisch, 1918 rumänisch, 1945 bulgarisch. Die Ruinen der römischen Festung verbergen eine Grabkammer aus dem 4. Jh., die mit menschlichen Gestalten, Pflanzen- und Tiermotiven verziert ist.

Smederevo (YU):
Diese Anlage an der Mündung der Jezava in die Donau gehört zu den größten Festungen entlang des Stromes. Der dreieckige Bereich mit seinen jeweils 500 m langen Seiten ist ein Zeichen für den hartnäckigen Widerstand der Serben gegen die Türken. In ihren Anfängen entstand die Festung unter Djuradj Brankovic auf dem römischen Castrum Vincea im Jahre 1428. Im 16. Jh. wurde die Burg ausgebaut. Trotz einer riesigen Verteidigungsplattform mit insgesamt 24 Türmen wurde die Festung im 17. Jh. doch von den Türken erobert.

Sombor (YU):
Die Kleinstadt in der Vojvodina wurde einst von den hier angesiedelten Schwaben zur Kornkammer Ungarns gemacht. Das klassizistische Rathaus und die Präfektur von 1884 erinnern noch an die k.u.k.-Monarchie, die Kula-Burg an den Türkeneinfall im 16. Jh.

Spitz (A):
Gilt als das Herz der Wachau. Kaiser Karl der Große schenkte den Ort 830 an das bayerische Kloster Niederaltaich. 1242 ging der Besitz als Klosterlehen an die bayerischen Herzöge und gelangte erst 1504 durch Kaiser Maximilian wieder zu Österreich.
Pfarrkirche hl. Mauritius: Auf dem Marktplatz gelegener, spätgotischer Kirchenbau mit dem Altarbild von Johann Martin Schmidt, genannt Kremser-Schmidt (1799).

Stein (A):
Ortsteil der Doppelstadt Krems-Stein.
Pfarrkirche St. Nikolaus: Der dreischiffige Bau wurde in der Mitte des 15. Jhs. begonnen, der spätgotische West-Turm wurde erst 1714 nach dem Plan Jakob Prandtauers zugebaut. Beachtenswert sind die Deckenfresken von Kremser-Schmidt und die spätgotischen Epitaphe außerhalb der Eingangstür.

Straubing (D):

Bayerische Stadt mit reicher vorgeschichtlicher Vergangenheit: römisches Militärlager, bajuwarische Siedlung, im 6. Jh. Herzoggut, ab 788 Königshof, der 1029 zum das Domkapitel Augsburg kam. 1218 wurde Straubing unter Herzog Ludwig dem Kelheimer Stadt, 1353–1425 war es Hauptstadt des bayerischen Teilherzogtums Straubing-Holland. Das charaktervolle Stadtbild ist heute von einer reichen bürgerlichen Kultur sowie von unzähligen Kirchen geprägt wie der Stiftskirche St. Jakob, der Ursulinenkirche, der Karmelitenkirche und der Pfarrkirche St. Peter.

Sulina (RO):

Der Sulina-Arm ist der Hauptschiffahrtsweg zum Schwarzen Meer. Dieser Donauarm wurde zum Kanal ausgebaut und mit künstlichen Dammbauten befestigt. Der Ort ist der östlichste Punkt und die tiefstgelegene Siedlung Rumäniens. Der rumänische Schriftsteller Jean Bart (1874–1933) beschreibt das Flair dieser malerischen Stadt zwischen Europa und dem Orient beeindruckend in seinem Roman »Europolis«.

Svistov (Swischtow) (BG):

Zur Zeit der Römer war das damalige Novae die wichtigste Festung am bulgarischen Donauabschnitt. Unter Kaiser Marc Aurel wurde es stark befestigt, sodaß es 250 Angriffen der Goten unter Kniva und 441 Angriffen der Hunnen unter Attila standhalten konnte. Die antike Stadt wurde Anfang des 7. Jhs. zerstört und 3 Kilometer entfernt davon wurde dann die mittelalterliche Stadt gegründet. 1791 wurde hier der Frieden zwischen den Habsburgern und dem osmanischen Reich geschlossen. Sehenswert sind die archäologischen Ausgrabungen der römisch-byzantinischen Befestigung wie römische Bäder und Fundamente öffentlicher Gebäude, die Hl.-Trias-Kapelle (1867) von N. I. Fitschew und das Gedenkhaus des hier geborenen klassischen Schriftstellers Aleko I. Konstantinow.

Theben (Devin) (SK):

Kleiner Ort an der Mündung der March in die Donau. Die uralte Grenzburg auf dem Thebener Kogel wurde 1809 von den Franzosen gesprengt.

Traismauer (A):

Traismauer, von den Römern »Trigisamo« bezeichnet, liegt an der Mündung der Traisen in die Donau. Die alte Marktgemeinde hat einen noch teilweise erhaltenen Mauerring mit dem stattlichen Wiener Tor aus dem 16. Jh.

Tulcea (RO):

Tulcea wird auch das »Tor des Donaudeltas« genannt und ist Ausgangspunkt für Ausflüge in das Donaudelta. Ab hier kann man nur mehr mit dem Schiff im Donaudelta unterwegs sein. Von der amphitheaterähnlichen Stadt, im Altertum als Aegissus bekannt, sind heute noch Reste der Festungsmauer, kleine viereckige Terrassen und Grundmauern von Gebäuden der Geten zu sehen. Im Donaumuseum befinden sich große Aquarien.

Tulln (A):

Im Nibelungenlied wird Tulln als die Stadt genannt, in der Kriemhild mit dem Hunnenkönig Etzel zusammentrifft. Unter Karl dem Großen wurde hier eine Schiffsbrücke errichtet. Im 12. Jh. war Tulln Babenbergerresidenz. Der bedeutendste Bau der Stadt ist die romanische Pfarrkirche St. Stephan, eine dreischiffige Pfeilbasilika mit gotischen und barocken Erweiterungen.

Turnu Magurele (RO):

Die stark befestigte römische Siedlung bildete zwischen dem 2. und 4. Jh. die südliche Begrenzung der Verteidigungsfront Limes Transalutanus gegen die Barbaren. Der walachische Herrscher Mircea der Alte ließ über den Ruinen der römishen Burg im 14. Jh. die Festung Nicopole Mica bauen. Heute sind davon noch der kreisförmige Grundriß, die halbrunden Türme und die Reste eines runden Donauwachturms aus dem 4. Jh. erkennbar. Das Wasserkraftwerk wird von Bulgarien und Rumänien genutzt.

Tuttlingen (D):

Der bereits in der Bronzezeit besiedelte Ort wurde im Jahr 797 in einer St. Gallener Urkunde erstmals schriftlich erwähnt. 1338 wurde Tuttlingen zur Stadt erhoben. Nach dem Brand von 1803, der die Stadt vollständig zerstörte, wurde der Ort nach den Plänen des herzöglichen Landbaumeister Niefers nach schachbrettartigem Plan wiederaufgebaut.

Evangelische Stadtkirche: Als Ersatz für die beim Stadtbrand zerstörte gotische Peter- und Paulkirche 1815 bis 1817 gebaut. Klassizistische Hallenkirche mit reichen figuralen und ornamentalen Ausschmückungen mit Jugendstilzügen.

Ulm (D):

Die heutige 100.000-Einwohner-Stadt galt im Spätmittelalter als die wirtschaftlich, kulturell und politisch erfolgreichste Großstadt Europas. Aus dieser Zeit stammen auch die meisten bedeutenden Bauwerke.

Münster: Den Grundstein zum wuchtigen Münster mit dem höchsten Kirchturm der Welt (161m) legte Bürgermeister Lutz Krafft im Jahre 1377. Im Laufe der langen Bauzeit zwischen 1377 und 1844 wurde aus der ursprünglich vorgesehenen dreischiffigen Halle eine fünfschiffige Basilika. Als besondere Kostbarkeiten gelten Hans Multschers Schmerzensmann am rechten Choreingang, die Kanzel, das 26 m hohe Sakramentshaus in feiner Steinmetzarbeit sowie das Fresko des Jüngsten Gerichts.

Rathaus: 1379 als Kaufmannshaus errichtet, diente es seit 1419 als Rathaus. Die astronomische Uhr von 1520 soll vom Straßburger Meister Habecht stammen. 1944 wurde das Rathaus bei einem Bombenangriff schwer beschädigt, konnte aber mittlerweile zur Gänze wiederhergestellt werden.

Schwörhaus: Oftmals zerstörtes und im alten Sinne wiederaufgebautes Bauwerk mit Loggia und Ratserker. Jedes Jahr am »Schwörmontag« verliest der Oberbürgermeister von seinem Balkon den Schwörbrief und erneuert den Eid auf die Stadtverfassung von 1397.

Prähistorische Sammlungen: Die ausgestellten Funde von Geräten, Werkzeugen, Schmuck und Keramik bieten einen Überblick über die gesamte Ur- und Frühgeschichte des Ulmer Raums.

Deutsches Brotmuseum: 1955 gegründet, sind in der ständigen Ausstellung über Geschichte und Bedeutung des Brotes über 6000 themenspezifische Objekte wie Handwerksgeräte der Bäcker und Müller von der Steinzeit bis zur Neuzeit sowie graphische Darstellungen zu sehen.

Metzgerturm: Wegen seiner Neigung von 2,5 Metern wird der 1345 erbaute Turm auch der Schiefe Turm genannt. Nach alter Überlieferung erhielt er seine Neigung durch die Fleischhauer der Stadt, die sich im Turm versammelten, um sich gegen den Vorwurf zu kleiner Würste zu rechtfertigen.

Und (A):

Zwischen Stein und der Altstadt Krems liegt der Ortsteil Und. Dieser ist durch das ehemalige Kapuzinerkloster berühmt, heute ist hier das Weinkolleg untergebracht. Der Sakralbau bestand zwischen 1612 und 1796, dessen Kirche mit einem Fresko von Daniel Gran geschmückt war.

Vác (H):

Bischofstadt, die wegen ihrer strategischen Lage oft zerstört und wiederaufgebaut wurde. Besondere wirtschaftliche Bedeutung gewann Vác im 19. Jh. durch den Bau der ersten ungarischen Eisenbahnlinie durch die Stadt. Das heutige Bild der Altstadt wird von schönen Barockbauten, dem mächtigen Dom Mariä Himmelfahrt und St. Michael nach Plänen von F. A. Pilgram und Isidore Canevale und interessanten Gebäuden im Zopfstil geprägt.

Vichtenstein (A):

Burg: Der vierseitige, alleinstehende Bergfried und der Chor der Burgkapelle stammen aus dem 14. Jh., der Hauptbau mit vierseitigen Ecktürmen stammt aus dem 16. Jh. Nach den Grafen von Wasserburg-Plain-Vichtenstein ging Vichtenstein 1803 in österreichischen Staatsbesitz über. Heute befindet sich die Burg wieder in Privatbesitz.

Vidin (Widin) (BG):

Die erste Stadt an der bulgarischen Donau geht auf die römische Siedlung Bononia zurück. Unter dem bulgarischen Zaren Tervel (701–718) wurde die Stadt in Vidin umbenannt. 1396 fielen die Türken ein und machten Vidin zur wichtigsten Festung an der unteren Donau.

Festung Baba Wida: Die Anfang des 13. Jhs. begonnene und im 17. Jh. erweiterte Festung gilt als die am besten erhaltene Burg in Bulgarien. Heute befindet sich ein Museum darin.

Visegrád (H):

Kleines Dorf am schönsten Punkt des Donauknies mit großer Vergangenheit. Vor 2.000 Jahren römisches Kastell, dann slawische Grenzburg, im 14. Jh. Residenz der Könige der Anjou-Dynastie. Im 15. und 16. Jh. wurde die Burg zu einem prächtigen Königspalast ausgebaut, der 1529 und 1542 von den Türken verwüstet wurde. Leopold I. ließ den Großteil der Burg schleifen, was erst in mühsamer Kleinarbeit seit 1880 wieder rückgängig gemacht werden konnte. Heute ist ein Großteil des Palastes wieder freigelegt und lockt jährlich Tausende Touristen an. Sehenswert sind vor allem die Reste der alten Wasserbastei aus dem 13. Jh., der Herkules-Brunnen, der Nagy-Villám-Aussichtsturm und der Löwenbrunnen aus Marmor mit seinem prächtigen Baldachin.

Vukovar (HR):

Die kroatische Industriestadt liegt an der Mündung der Vuka in die Donau. Sehenswert sind das Barockschloß der Grafen Eltz aus dem 18. Jh. und die Rochuskapelle mit einer Herkules-Figur aus dem 2. Jh. Unter den Kämpfen 1991/92 hat Vukovar sehr gelitten.

Wachau (A):

Zwischen Melk und Krems befindet sich der wohl schönste Stromabschnitt der Donau, die Wachau. Genannt wurde die Wachau schon zu Zeiten Karls des Großen, als der Kaiser die »Wachowe« dem Passauer Bischof zum Geschenk machte.

Walhalla (D):

Ruhmeshalle bei Donaustauf. Wurde von Klenze 1830-42 im Auftrag des bayerischen Königs Ludwig I. zu Ehren großer Deutscher errichtet. Zum Beispiel: Goethe, Erasmus von Rotterdam, Kant, Klopstock, Lessing, Schiller, Wagner und sechs Walküren.

Wallsee (A):

Schloß: Die im 14. Jh. angelegte Burg wurde im 18. Jh. von Leopold Graf Daun zum Schloß ausgebaut. Ende des 19. Jhs. wurde das Innere des Schlosses durch Erzherzog Franz Salvator im neugotischen Stil völlig umgestaltet. Durch den Kraftwerksbau wurde die Donau bei Wallsee umgeleitet.

Weißenkirchen (A):

Ferdinand I. befahl 1531 wegen der drohenden Türkengefahr den Ort mit Wall, Graben, 4 Türmen und 44 Kanonen zu befestigen. Einen guten Eindruck von dieser Wehranlage bietet heute noch die Pfarrkirche Mariä Himmelfahrt, die ein Paradebeispiel für eine alte Wehrkirche ist.

Weitenegg (A):

Ruine: Im 13. Jh. wurde die Burg Sitz der landesfürstlichen Burggrafen in der Grafschaft Persenbeug-Weitenegg. Seit dem 17. Jh. ist sie nur mehr als Ruine erhalten.

Weltenburg (D):

Kloster: Die iro-schottische Niederlassung aus dem 7. Jh. war im 8. Jh. Benediktinerabtei. Die Brüder Cosmas Damian Asam und Egid Quirin Asam schufen Anfang des 18. Jh. ein Meisterwerk des Barock. Der Weltenburger Donaudurchbruch stellt ein einzigartiges Naturerlebnis dar.

Wesenstein (A):

Ruine: Ein Passauer Ministerialgeschlecht »de Wesen« wird seit der Mitte des 12. Jh. in zahlreichen Urkunden genannt.

Wien (A):

Die Geschichte der österreichischen Bundeshauptstadt geht bis in die prähistorische Zeit zurück. Die Kelten formten die Ursprünge der Stadt, die Römer errichteten im 1. Jh. das Lager Vindobona, wo Kaiser Marc Aurel 180 starb. Unter den Babenbergern wurde Wien 976 die Hauptstadt des Herzogtums und stieg um 1200 zu den bedeutendsten Städten im deutschen Sprachgebiet auf. 1529 und 1683 wurde die Stadt vergeblich von den Türken belagert. 1438 bis 1918 war Wien Residenz der Habsburger, die Wien im 19. Jh. zur Hauptstadt der k.u.k.-Monarchie, zum Zentrum eines mächtigen Vielvölkerstaates machten. Nach den beiden Weltkriegen blühte Wien nach der Unterzeichnung des Staatsvertrages am 15. 5. 1955 wieder zum Zentrum von Kunst, Kultur und Wirtschaft auf und ist heute neben New York und Genf die dritte UNO-Stadt. Wenn man an Wien denkt, denkt man zugleich an Musik. Das ist nicht von ungefähr, da Komponisten wie Haydn, Mozart, Beethoven, Schubert, Bruckner, Brahms, Hugo Wolf, Johann Strauß Vater und Sohn, Mahler, Schönberg und viele andere die Musik in Wien zu neuen Höhen führten.

Sakralbauten:

Stephansdom: Das Wahrzeichen Wiens, der »Steffel«, wurde in mehreren Bauphasen zwischen dem 12. und dem 16. Jh. errichtet. Als Hauptbaumeister fungierten H. von Prachatitz und H. Puchsbaum. Der Chor entstand 1304 bis 1340, das Langhaus von 1359 bis 1450, der 137 m hohe Turm von 1350 bis 1433, die prächtige Sandsteinkanzel von Anton Pilgram von 1510 bis 1515. Der 60 m hohe Adlerturm beherbergt die Pummerin, eine riesige, 21.383 kg schwere Glocke. Besonders sehenswert sind der Wiener Neustädter Altar, die 70 Figurenbaldachine und die Katakomben, die unterirdischen Gänge und Kammern und Urnen mit den Eingeweiden der Habsburgern.

Weitere bemerkenswerte Sakralbauten Wiens sind Maria am Gestade, Peterskirche und die Karlskirche, die sich im Bereich der inneren Stadt befinden. Von 1858 bis 1860 wurde der mittelalterliche Befestigungsgürtel um die Stadt geschleift und die Ringstraße mit großzügigen Monumentalbauten, öffentlichen Plätzen und Parkanlagen errichtet.

Profanbauten:

Hofburg: Die Hofburg ist mit 18 Trakten, 54 Treppenhäusern, 19 Höfen und über 2.500 Räumen die gewaltigste Anlage von ganz Wien. Wo früher Kaiserin Maria Theresia und Josef II. wohnten, ist heute der Amtssitz des österreichischen Bundespräsidenten. Der Monumentalbau entstand zwischen dem 13. und dem 18. Jh., der Hauptteil nach Plänen von Johann Bernhard Fischer von Erlach.

Als besonders sehenswert gelten die Schatzkammer, wo unter anderem die Kaiserkrone gehütet wird, der Lesesaal der Österreichischen Nationalbibliothek, die Spanische Hofreitschule, das Schweizertor und die Denkmäler Prinz Eugens und Erzherzog Karls auf dem Heldenplatz.

Schloß Schönbrunn: Schloß und Park sind ein Musterbeispiel für eine kaiserliche Sommerresidenz des 18. Jhs. Johann B. Fischer von Erlach baute 1696 bis 1700 das Schloß, das unter Kaiserin Maria Theresia vom Hofarchitekten Nikolaus Pacassi ausgebaut wurde. In diesem Schloß residierte Napoleon (1805 und 1809), hier wurde Kaiser Franz Joseph 1830 geboren und starb 1916. 1918 wurde in Schönbrunn die Republik ausgerufen. Auf dem Gelände der kaiserlichen Sommerresidenz und der prachtvollen Parkanlage befinden sich auch die Gloriette, der älteste Tiergarten der Welt, ein großartiges Palmenhaus.

Staatsoper: August von Siccardsburg und Eduard van der Nüll erbauten dieses eindrucksvolle Gebäude an der Ringstraße in den Jahren 1861 bis 1869. Das prächtige Stiegenhaus und die Loggia mit Fresken von Moritz von Schwind machen es sehenswert.

Burgtheater: Wurde von Gottfried Semper und Karl Hasenauer im Neorenaissancestil erbaut und nahm das von Josef II. 1776 gegründete Hof- und Nationaltheater auf. Das Burgtheater ist eine der bedeutendsten Bühnen des deutschen Sprachraumes.

Museen: Neben künstlerisch und historisch wertvollen Museen wie dem Kunst- und Naturhistorischen Museum, der Albertina, dem Museum für Angewandte Kunst, dem Sigmund-Freud-Museum und der Sezession sind in Wien auch zahlreiche kuriose Sammlungen zu besichtigen. Dazu zählen das Fiaker-Museum, das Feuerwehr-Museum, das Clown- und Zirkusmuseum, das Kriminalmuseum und das Wiener Tramway-Museum.

Wilhering (A):

Stift: Das Zisterzienserstift wurde 1146 von den Brüdern Ulrich und Cholo von Wilhering errichtet. Die Stiftskirche ist das bedeutendste Beispiel des bayerischen Rokoko. Den künstlerischen Höhepunkt stellt der Innenraum der Kirche mit den kostbaren Deckenfresken von B. Altomonte dar.

Willendorf (A):

Im Löß wurde 1908 die prähistorische Venus von Willendorf gefunden. Sie ist im Naturhistorischen Museum in Wien zu sehen.

Ybbs (A):

Das alte Städtchen nahe der Ybbsmündung wurde bereits im 10. Jh. urkundlich erwähnt und besitzt seit 1308 das Stadtrecht. Die Pfarrkirche hl. Lorenz mit ihrem gotischen Bild der Maria auf der Mondsichel sowie das Donaukraftwerk Ybbs-Persenbeug zählen zu den meistbesuchten Plätzen des Donauortes.

Zwentendorf (A):

Atomkraftwerk. Wurde nach der Volksabstimmung 1978 nie in Betrieb genommen.

Donaukapitäne

Deutschland   Österreich
Slowakei   Ungarn

Donaukapitäne

Serbien

Bulgarien

Rumänien

Ukraine

Franz Kain

DIE DONAU

aus »Auf dem Taubenmarkt«

Dem Lied nach ist die Donau blau. Diese Farbe ist zwar nur selten auszunehmen, aber ganz abwegig ist die Behauptung auch nicht. In Passau ist die Donau entschieden dunkler als der Inn, der sich in sie ergießt. Der Inn führt den größeren Teil des Jahres mehr Wasser als die Donau und sein helles Grün ist kilometerweit zu sehen am österreichischen Ufer, und nur allmählich und widerwillig vermischt es sich, um schließlich in der Donau aufzugehen. Danach hat die Donau eine grünbraune Färbung. Bei der Schneeschmelze wird sie heller, im Sommer dunkelt sie wieder nach. Im Herbst bei Niederwasser, wenn sich die Ufer verfärben und sich ein hoher Altweibersommer über sie wölbt, ist sie dunkel und gegen Abend zu wird sie tatsächlich blau. Jetzt ist ihre Zeit gekommen.

Die nördliche Dwina bei Archangelsk ist breiter als die Donau und ebenfalls von grünlicher Farbe. Aber der Himmel darüber ist heller und weiter, sodaß der Strom auseinandergezogen wird zu einem riesigen Wasserarm in einer nur sanft gewellten Ebene. Der Mississippi wälzt sich viele Kilometer träge dahin und seine Farbe ist grau. Die Donau aber ist Strom und Fluß zugleich, mächtig in der Wasserführung, aber bachartig rauschend an den Ufern. Mitten im Strom steigen im Spiegel die begleitenden Hügel noch einmal empor.

Wenn man, von Passau kommend, im Herbst die Nibelungenstraße stromabwärts fährt oder wandert, dann kommt man in ein Land von grell leuchtenden Farben. Der kühle Wind, der über die Donau hinstreicht, bewegt die gelben Ahornblätter, daß sie zu leuchten beginnen. Die große Schlinge bei Schlögen, welche die Donau zwingt, vor den Ausläufern des granitenen böhmischen Massivs zurückzuweichen und in einem Bogen nordwärts zurückzufließen, ist heute eingestaut, sodaß das gewaltige Naturschauspiel überdeckt erscheint. Aber wenn es Abend wird, sieht man das langsame Fließen und ein leise ziehender See wandert in die groteske Schlinge hinein.

Im Herbst steigen von der Donau dicke Nebel auf. Der Strom hat auch einen strengen Geruch nach Weiden und vermodertem Holz bis zum heutigen Tag. Dieser Geruch ist nur dort überdeckt, wo die Donau durch die Industrie und den Unrat der Städte verschmutzt ist. Aber im allgemeinen ist der Strom noch besser als sein Ruf. Auf der Wassergütekarte hat er, wenigstens zwischen den großen Städten, eine grüne Farbe und das bedeutet die Sittennote »mäßig verunreinigt«. Die Donau fließt infolge der Stauräume langsamer als früher, aber sie fließt immer noch vorbei an Städten und Menschen.

Wo die Donau aus den Hügeln in die Ebene hinaustritt, bilden Himmel und Wasser den Horizont. Die Donau schlängelt sich in sanften Windungen in die Ebene hinaus, fast so, als flösse sie aufwärts, und sie blinkt wie ein Band aus glitzernden Tropfen. Und wo sie dann mit dem hellen Himmel zusammenstößt, da mündet der Strom ins Licht.

Die Donauanrainer nehmen dieses Naturspiel kaum noch wahr. Aber wer vom Gebirge hereinkommt, für den ist die Donau Meridian und Breitengrad einer völlig anderen Welt und dadurch schaut er schärfer hin. Die Donau ist so gut eine Dominante wie ein Dreitausender. Beide beherrschen das Land ringsum.

Die Donauwelt war stets voller Abenteuer. Da gibt es ein großes grafisches Werk über die Donau vom Ursprung bis zur Mündung. Geschaffen hat es der bekannte Maler und Grafiker Jakob Alt in den dreißiger Jahren des vergangenen Jahrhunderts. Er hat allerdings die markanten Punkte nur bis Belgrad aufgenommen. Weiter hinunter kam er nicht. Das war ihm, wie er freimütig bekannte, zu unsicher. Dort hat er seine Schüler hingeschickt oder sich auf Zeichner in den wilden türkischen und walachischen Gegenden gestützt. Jakob Alt hatte wohl nicht ganz unrecht: da unten wird alles immer unbestimmter, ungewisser und unübersichtlicher. Da unten und da hinten liegt nun einmal die Türkei vergangener Jahrhunderte und Rätselhaftes aus Trajans und der Draker Zeiten, jenseits der alten Militärgrenzen.

Das Eferdinger Becken, das alte Efferdingen des Nibelungenliedes, ist eine riesige Obst- und Gemüsekammer. Ganz entgegen der finsteren Grundmelodie des Nibelungenliedes ist die Gegend freundlich und zeigt stolz ihren Überfluß. Vor den Bauernhäusern sind Häufen von Sellerie, Kraut und Kohl, Möhren und Petersilie und armdicke Stangen Kren aufgetürmt.

Wie emporgewölbtes Unheil erhebt sich jedoch aus der Ebene gleich hinter Erdbeerfeldern das ehemalige Schloß Hartheim, eine der Vernichtungsanstalten der Faschistenzeit, wo die Vernichtung mit dem wissenschaftlich tuenden Namen Euthanasie umschrieben wurde. Die Asche der Verbrannten wurde weggeführt in die Donau-Auen, und von den Häufen auf den Lastwagen fiel Gebein auf die Straße. Die Einwohner sahen mit Entsetzen, daß es Kinderknöchlein waren. Die Erinnerung daran weht wie ein eisiger Hauch über die satten und fruchtbaren Fluren. Dieser eisige Hauch wird bleiben wie die Erinnerung an den finsteren Hagen.

Die großen Wirbel der Donau sind eingestaut, aber sie wirken immer noch nach. Treibgut rinnt hier im Kreis herum und nur langsam kommt es hinaus in die Strömung. Jedes Jahr sind hier Menschen ertrunken, als die Donau noch stärker floß, weil sie nicht die Geduld hatten, sich dem Strömen anzuvertrauen und auf einem Umweg zu dem Platz zurückzukehren, an dem sie ins Wasser gegangen waren. Der kürzere Weg aber war der schwerste, weil hier die Wirbelströmung nicht zu überwinden war. Von den Hunden, die hier ins Wasser gingen, waren die reinrassigen immer die dümmsten. Sie versuchten verzweifelt, gegen den Strom schwimmend, das Ufer zu erreichen, und kamen ihm doch nicht näher. Die Streuner und Straßenköter aber waren weniger heldisch veranlagt und hatten bald heraus, daß man sich gelegentlich treiben lassen muß, um mit weniger Mühe das Ziel zu erreichen.

Unterhalb von Wien gibt es den Friedhof der Namenlosen, der in der Donau Ertrunkenen, die nicht identifiziert werden konnten. Der Friedhof liegt in einem Auwald, der über den Grabhügeln zusammenwächst, während die Toten langsam versinken im feinen Sand des Stromlandes.

Die Donauschiffahrt sei eigentlich eine Bauernschiffahrt, sagen die Seematrosen herablassend. Alle anderen Ströme werden von der Mündung her erschlossen und dadurch ist auch die seemännische Sprache die Flüsse hinaufgewandert. Die Donau hatte aber im Eisernen Tor jahrtausendelang ein unüberwindliches Hindernis und die Schiffahrt entstand zwischen den einzelnen Gebirgen. Erst langsam konnten die Barrieren bis zum Schwarzen Meer überwunden werden. Das ist der Grund dafür, daß man auf dem Donauschiff nicht backbord und steuerbord sagt, sondern links und rechts oder hiebei und hiedan, »Stair« heißt hinten und »Gransel« vorne.

Die ungeheure Mühle des fließenden Wassers hat die Steine glattgeschliffen und sie weitergewälzt, immer aufs neue dem Meer zu. Härtester Granit und sprödester Quarz werden poliert von dem ewigen Fließen und die Kugeln schleifen sich ab zu flachen Gebilden, bis sie sich auflösen in Sand. Kinder und Narren scheinen dieses Stein gewordene Rinnen deutlich zu spüren und von diesem Geheimnis besonders angetan: sie schleppen schwere Ladungen von Donausteinen in die Häuser und stecken sie in Schubladen und Truhen, in denen sie oft versunken kramen.

Der Donauschlamm war ein Segen, jedenfalls für die Gärtner im Überschwemmungsgebiet. Karotten, Rettich oder Kohl, direkt in den angeschwemmten feinen schlammigen Sand gesät oder gepflanzt, erreichten Früchte von ungeheurer Größe. Der Donauschlamm ist nicht weniger fruchtbar als der Nilschlamm.

Auch die uralten Mostobstbäume danken die kräftige Nahrung bei einem Hochwasser mit Fruchtbarkeit im nächsten Jahr. Da werden die Birnen besonders groß und süß. Der Most bekommt hohe Alkoholgrade und die machen aggressiv, weil sie gleichsam aus dem schäumenden Hochwasser aufgestiegen sind.

Früher konnte die Donau im Oberlauf eigentlich nie zufrieren, weil das Gefälle so stark war. Trotzdem war sie in kalten Wintern manchmal von Eisbarrieren blockiert und zugedeckt, aber nur, weil unten in Ungarn der träge fließende Strom zugefroren war.

Weil die Donau nicht von der See her erschlossen wurde, blieb sie viel inniger mit dem Land verbunden. Von den großen Brücken fällt in der Nacht das Licht in Bündeln ins Wasser, Lichtpfeile greifen weit hinauf und hinab. Sie huschen über die Parkanlagen und über die Weidenbüsche, die sich hartnäckig noch gehalten haben. Hier verstecken sich die Liebespaare wie vor hundert Jahren, unbekümmert um die Gelsenstiche im Sommer oder um das gespenstische Rieseln im Herbst, wenn die dürren Blätter durch die Büsche rascheln. Früher, als es noch keine Stauräume der Kraftwerke gab und das Wasser noch schneller dahinfloß, konnte man in der Nacht noch die Steine gleiten hören mit einem feinen, aber melodischen Knirschen.

Quellennachweis:

Aberle, Andrea: Nahui, in Gotts Nam!, Rosenheimer Verlagshaus
Analele Stiintifice ale Institutul Delta Dunarij, Tulcea 1992
Archiv der Tageszeitung Kurier, Wien
Auinger, Sam: Donaug'schichten, CD, Bibliothek der Provinz, Weitra 1994
Balon, Eugeniusz: Urgeschichte der Donau-Ichthyofauna, Stuttgart, 1968
Buza, Peter: Die Brücken der Donau, Budapest
Canetti, Elias: Die gerettete Zunge, Hanser, München
Céline, Louis-Ferdinand: Reise ans Ende der Nacht, Hamburg 1958
Cousteau, Jacques: The Danube – for whom and for what?, Equipe Cousteau 1993
DDSG: Von Wien zum Schwarzen Meer, Wien
Dor, Milo: Leb wohl, Jugoslawien, Otto Müller, Salzburg
Draxler, Franz: Heimatbuch Niederranna, Eigenverlag
Duller, Eduard: Die malerischen und romantischen Donauländer, 1840
Esterházy, Peter: Donauabwärts, Residenz Verlag, Wien
Förster, Christian Friedrich L. (Hg.): Allg. Bauzeitung, 1841
Gayl, R./Erkyn I./Lötsch B.: Die Au, Wien 1990
Hiess, H./Korab R: Güterverkehr auf der Donau, Wien 1992
Kain, Franz: Auf dem Taubenmarkt, Bibliothek der Provinz, Weitra 1991
Kain, Franz: Die Donau fließt vorbei, Bibliothek der Provinz, Weitra 1994
Kain, Franz: Der Föhn bricht ein, Bibliothek der Provinz, Weitra 1995
Kohl, Johann Georg: Reise in Ungarn, 1842
Komlosy, Andrea (Hg.): Kulturen an der Grenze, Promedia, Wien 1995
Heimatbuch Hofkirchen im Mühlkreis, Oö. Landesverlag, Linz
Le Rider, Jacques: Mitteleuropa, Deuticke, Wien
Libal, Wolfgang: Balkan, Prestel, München
Magris, Claudio: Donau, Hanser, München
Maier/Sommer: Die Wachau, Falters Feine Reiseführer, Wien
Mehling, Marianne (Hg.): Die Donau, Droemer Knaur, 1993
Mörike, Eduard: Das Stuttgarter Hutzelmännlein
NÖN – Marchfelder Nachrichten, Jahrgang 1989, 1990
Ransmayr, Christoph (Hg.): Im blinden Winkel, C. Brandstätter, Wien
Rasputin, Valentin: Abschied von Matjora, Bertelsmann, München
Remmel, Franz: Die Roma Rumäniens, Wien 1993
Schiemer F./Jungwirth M./ Imhof G: Die Fische der Donau – Gefährdung und Schutz, BMfUJuF, 1994
Shelley, Mary: Frankenstein, London 1818
Stolz, Ruprecht: Die Walhalla, Dissertation, Halle, 1977
Trethan, Bernhard: Das schlanke rote Postschiff, 1994
Trost, Ernst: Die Donau, Molden, Wien
Völkl Ekkehard, Wessely Kurt: Die russische Gesandtschaft am Regensburger Reichstag 1576, Schriftenreihe d. Regensburger Osteuropainstituts
Wassiltschikow, Marie: Die Berliner Tagebücher, Siedler Verlag, Berlin
Wiener Zeitung Nr. 318: Ofner-Pester Brückenbau
Wischenbart, Rüdiger (Hg.): Karpaten – die dunkle Seite Europas, Kremayr & Scheriau, Wien
Wischenbart, Rüdiger: Canettis Angst, Wieser, Klagenfurt
WWF Wien Gesamtbericht der Internationalen Arbeitsgemeinschaft Donauforschung (IAD), 1993

Mella Waldstein
geboren 1964 in Paris. Lebt als freie Journalistin in Drosendorf an der Thaya.

Manfred Horvath
1962 in Eisenstadt geboren
Reportagen, Menschen- und Landschaftsportraits erschienen in internationalen Magazinen wie: Smithsonian, Stern, Vogue, Neue Zürcher Zeitung, Globo …
Ausstellungen:
  1986 »China«, Gloriette Eisenstadt
  1989 »Felsen«, Colmar, Frankreich
  1993 »Dorfbilder«, Cselley Mühle Oslip
  1994 »Die Donau. Ein europäischer Lebenslauf«, Oberösterreichische Landesausstellung Engelhartszell
  1996 »Die Donau. 1000 Jahre Österreich. Eine Reise. Stationen am Strom«, Historisches Museum der Stadt Wien – Schottenstift
Buchpublikationen:
»Wine and Food of Austria«, »Dorfgeschichten«, »Budapest«, »Eisenstadt«, »Salzburg«

Mella Waldstein & Manfred Horvath

Die Donau
Stationen am Strom

Text: Mella Waldstein
Fotos: Manfred Horvath

herausgegeben von
Richard Pils

Verlag
publication PN°1

© Bibliothek der Provinz
A-3970 WEITRA
02815/35594

ISBN 385252 049 5

printed in Austria
by
Landesverlag Druckservice
A-4020 Linz

Zum Buch gibt es auch eine Ausstellung.

*publication P*N°1
Bibliothek der Provinz

Verlag für Literatur, Kunst und Musikalien